K리그 레전드 40

초판 1쇄 펴낸 날 | 2023년 6월 16일

지은이 | 배진경, 정재은
펴낸이 | 홍정우
펴낸곳 | 브레인스토어

책임편집 | 김다니엘
편집진행 | 홍주미, 박혜림
디자인 | 이예슬
사진 | 한국프로축구 30년(한국프로축구연맹), K리그 각 구단 보도자료
마케팅 | 방경희

주소 | (04035) 서울특별시 마포구 양화로 7안길 31(서교동, 1층)
전화 | (02)3275-2915~7
팩스 | (02)3275-2918
이메일 | brainstore@chol.com
블로그 | https://blog.naver.com/brain_store
페이스북 | http://www.facebook.com/brainstorebooks
인스타그램 | https://instagram.com/brainstore_publishing

등록 | 2007년 11월 30일(제313-2007-000238호)

프로축구 40주년 특별기획

K리그 레전드 40

배진경 · 정재은 지음

한국프로축구 40년,
결코 놓칠 수 없는 40개의 스토리

bs
브레인스토어

차 례

1983년 5월 8일 동대문운동장. 한국 프로축구의 기원이 된 '슈퍼리그' 개막 현장에 22,420명의 관중이 몰려들었다. 축구계의 야심찬 프로젝트가 긍정적인 신호탄을 쏘아올린 날이었다. 한 해 먼저 출범한 프로야구의 흥행 순항과 이슈 몰이에 적잖은 자극을 받은 축구계에 국민적 관심을 되찾아야 한다는 과제가 주어졌다. 수준 높은 경기를 지속적으로 보여줄 수 있는 무대가 필요하다는 것이 시대적 열망이었다.

축구협회는 당초 유럽 프로리그처럼 1부, 2부 승강제를 구상하고 있었으나 실업팀 위주로 구성된 2부리그 수준이 1부리그를 지탱하기 어려울 것이라는 판단에 따라 변칙적인 리그를 출범시켰다. 프로 2개팀(할렐루야, 유공)과 전년도 실업리그 상위 3개팀(대우, 포항제철, 국민은행)이 참가하는 형태였다. 실업리그가 이미 '코리안리그'라는 명칭을 쓰고 있었기에 '슈퍼리그'라는 이름이 붙었다.

프로와 아마추어가 한 무대에서 뛰는 건 말이 안 된다는 지적도 있었지만, 결국 관중이 많아지고 붐이 조성되면 자연스럽게 모든 경기가 활성화될 것이라는 기대감이 슈퍼리그 태동을 부추겼다. KBS의 사전 예고와 전 경기 중계 약속은 장밋빛 미래를 그리게 했다. 대대적인 물량 공세도 이어졌다. 당시로는 파격적인 액수인 총 상금 1억 6천만 원으로 참가팀들을 독려했고 1억 원 상당의 경품으로 관중을 불러 모았다. 승용차, 피아노, 컬러 TV 등 고가의 상품들이 시즌 내내 관중들을 유혹했다. 5월 8일 할렐루야와 유공의 개막전은 그 잔치의 서막이었다.

》》 프로 1호팀 할렐루야

슈퍼리그 출범을 가능하게 했던 할렐루야의 창단 배경 역시 시대적

열망과 독특한 소명의식에 따른 것이었다. 국내 축구 무대는 경쟁력이 떨어진다는 이유로 팬들로부터 외면당하고 있었다. 김진국, 박상인, 허정무, 김강남·김성남 형제, 조영증 등 대표팀 출신 스타플레이어들은 서독, 네덜란드, 미국 등 해외에서 뛰고 있었기 때문이다. 실력만큼 대우를 받고 활약할 수 있는 국내 팀과 무대도 없었다. 이에 대한 문제의식을 갖고 있던 선수들 사이에서 프로팀 창단 움직임이 일었다. 이들은 독실한 기독교인이라는 공통점이 있었다. 이영무, 신현호를 비롯해 황정호, 손창후, 노병일, 이영길 등 기독신앙 축구인들의 모임이 프로팀 할렐루야의 모체가 됐다.

1978년부터 논의되기 시작한 내용은 최순영 당시 신동아 그룹 회장이 대한축구협회장을 맡으면서 구체화됐다. 역시 기독교인이었던 최순영 회장의 지원으로 프로팀 창단 밑그림이 그려졌다. 재단법인 한국기독교선교회, 체육인교회 등의 지원이 더해져 월 보수 50만 원이 고정적으로 지급되고 승리 수당 등 각종 보너스와 복지 혜택도 생겼다. A급 선수의 경우 계약금 1,200만 원에 월 급여 150만 원 정도의 대우를 받았다.

선수 구성도 계획대로 이뤄졌다. 기존 멤버 외에 군 전역을 앞두고 있던 홍성호, 박성화, 박민재, 김철용 등이 합류했고 대학 졸업 예정자였던 조병득, 김태환, 김진옥 등도 할렐루야 입단을 확정했다. 창단 초기에는 세례 교인 중심으로 선수단이 구성됐지만 나중에는 신앙인이 아니더라도 기독교에 입문하기로 하면 받아들였다. 초대 감독으로는 원로 축구인 김용식이 선임됐다.

할렐루야의 창단 목적은 축구를 통한 기독교 선교와 프로축구 도입에 있었다. 금욕과 절제를 강조하는 종교적 특성 때문에 자연스럽게 선수들의 훈련 외 일상은 통제되었다. 창단 멤버인 조병득은 이렇게 회상했다.

"경제적으로 여유가 있는 시절이 아니었기에 숙소 생활이 오히려 더 편했다. 좋은 재료로 만든 영양식을 섭취했고 매일 일정 시간 훈련에 집중할 수 있으니 체력 관리도 잘 됐다. 그리고 운동하기 전에 다 같이 기도하고 예배드리는 시간이 있었는데, 그런 시간을 통해 한마음으로 뭉칠 수 있었다."

》》전문 축구선수 시대 개척

프로화에 대한 열망이 높아지던 당시 할렐루야 선수들의 일상은 몇 가지 중요한 시사점을 던졌다. 하나는 말 그대로 '전문 축구선수' 시대를 열었다는 점이다. 1980년대 초까지 금융팀 또는 실업팀 소속이던 축구선수들은 직장에 출근해 생업을 배우거나 일한 후, 남는 시간에 회사의 배려로 축구를 하는 식이었다. 하지만 프로팀 할렐루야는 말 그대로 온종일 축구만 할 수 있는 팀이었다. 축구만 하면서도 돈을 벌 수 있으니 운동에 더 집중할 수 있었다. 게다가 각종 수당이 생기면서 운동만으로도 수입이 더 풍족한 상황이 됐다.

조병득은 "운동하고 쉬고, 운동하고 쉬는 일상이 고달프기보다는 훨씬 큰 동기 유발로 이어졌다. 수입이 늘었기 때문이다. 은퇴 시기도 연장됐다. 예전에는 20대 후반쯤에 빨리 은퇴하고 직장에서 일을 배우는 게 더 낫다고 생각했지만, 이제는 일찍 은퇴할수록 손해를 보는 셈이 됐다"고 증언했다. 자연스레 프로선수로서 자기 관리법을 터득하는 계기가 됐다. 오래 뛰려면 당연히 몸 관리에 충실해야 했다. 좋은 컨디션을 유지하는 만큼 수준 높은 경기력을 보이는 선순환이 이뤄졌다.

1983년 슈퍼리그 출범 후에는 팬들로부터 받는 '응원의 맛'도 체감했다. 조병득은 "팬들의 응원을 즐기다 보니 더 좋은 경기를 위해 몸 관리를 더 잘할 수밖에 없었다. 그 전에는 술이나 담배를 하는 선수들도 많았지만, 프로화 이후 금주, 금연을 하거나 술 담배를 줄이는 이들이 늘어났다. 월드컵 즈음에 대표팀에 합류하면 차범근, 허정무, 박상인처럼 해외에서 뛰는 선수들이랑 만나는데, 그들을 통해서 해외 프로선수들은 어떻게 몸 관리를 하는지 귀동냥을 하기도 했다. 점점 직업적인 축구인으로서의 책임감을 갖게 된 시절이다"라고 설명했다.

할렐루야는 이후 다른 팀들의 프로 창단을 유도하는 기폭제가 됐다. 유공이 1981년에 프로 2호팀으로 보조를 맞췄고 슈퍼리그 출범 이듬해인 1984년에 실업팀 대우와 포항제철, 현대가 프로팀으로 전환했다. 럭키금성도 프로팀을 창단하며 국내 축구 열기를 확산하는 데 힘을 실었다. 프로 시대가 열리면서 대표팀 경쟁력도 강화됐다.

단적인 예로 '탈 아시아'에 성공했다는 점을 들 수 있다. 1970년대 말까지만 하더라도 한국 대표팀은 동남아시아팀들과의 경쟁에서 승리를 장담할 수 없었다. 월드컵 아시아 예선, 아시안컵, 대통령배 등 국제대회에서 인도네시아, 태국, 베트남 등에 혼쭐나거나 발목이 잡히는 경우가 많았다. 하지만 슈퍼리그 출범 후에는 그들과 현격한 차이를 보이기 시작했다. 조병득은 그때를 다음과 같이 증언한다.

"우리끼리 훈련하고 경기를 할 때는 얼마나 좋아졌는지 몰랐다. 그런데 동남아 팀들과 경기를 할 때마다 점점 우리가 굉장히 강한 팀이 되고 있다는 걸 느꼈다. 아예 그쪽 팀들이 경쟁 상대로 신경 쓰이지 않는 정도가 되었으니까. 나중에는 그쪽 지도자들이 '대체 무슨 수를 썼기에 이렇게 강해진 거냐'고 묻기도 했다. 프로팀이 생기면서 선수들이 운동에만 전념할 수 있게 된 결과였다."

프로축구를 선도한 팀답게 슈퍼리그 첫 우승의 영광은 할렐루야에 돌아갔다. 대역전극이었다. 시즌 초부터 대우가 선두를 독주하고 있었고, 팀당 3경기씩 남겨두고 있던 9월 20일 경기까지 할렐루야는 2점차로 대우를 뒤쫓고 있었다. 이틀 뒤인 22일, 두 팀은 정면대결을 벌였다. 대우는 비기기만 해도 우승을 확정 지을 수 있었고, 할렐루야는 반드시 이겨야 최종일까지 우승 가능성을 살릴 수 있었다. 베스트 멤버가 모두 출전한 경기는 접전 끝에 할렐루야의 2-1 승리로 끝났다. 할렐루야의 오석재가 헤딩슛으로 선제골을 넣었지만 골키퍼 조병득의 반칙으로 대우 유태목에 동점골을 허용했다. 팽팽한 균형을 깨트린 이는 이정일이었다. 최종덕의 패스를 왼쪽 발등으로 밀어 넣어 극적인 승리를 완성했다. 이날 결과로 우승컵의 향방은 마지막 경기에서 가려지게 됐다.

9월 25일, 마산공설운동장은 슈퍼리그 초대 우승팀을 보기 위한 관중들로 초만원을 이뤘다. 관중이 무려 32,617명으로 집계됐다. 먼저 열린 할렐루야-포항제철전에서는 오석재의 결승골로 할렐루야가 1-0으로 승리했다. 반면 곧바로 이어진 유공-대우전은 득점 없이 무승부로 끝났다. 할렐루야가 역전 우승을 이뤄낸 순간이었다. 장운수 대우 감독은 "마라토너가 실컷 선두를 달리다 결승 테이프 앞에서 넘어져 우승을 놓친 꼴"

이라며 아쉬워했다.

사실 슈퍼리그 개막 당시 할렐루야 전력에 대한 평가는 그리 높지 않았다. 대표급 선수들이 많긴 했지만 당시로는 노장 취급을 받던 평균연령 28.5세의 기혼 선수들이 대부분이었다. 선수단 인원도 5개 팀 중에서 가장 적은 17명에 불과했다. 하지만 2대 사령탑으로 부임한 함흥철 감독의 노련한 지도력이 선수들을 하나로 묶었다. 대표팀 감독을 세 번이나 역임한 그의 저력은 프로 무대에서도 통했다. 선수들을 강압적으로 지도하기보다는 자율적인 훈련 분위기를 보장하고 팀 내 경쟁을 자연스럽게 유도하는 인화력으로 호응을 얻었다. 골키퍼 출신 감독임에도 공격 축구를 지향했던 것 역시 특이할 만한 점이었다.

할렐루야의 주전 골키퍼였던 조병득은 "우리 선수들 모두 볼을 잡으면 모두 앞으로 나간다는 마인드를 공유하고 있었다. 수비수였던 황재만 선배도 곧잘 공격에 가담했고, 나 역시 볼을 잡으면 지체하지 않고 바로 앞으로 연결해주는 식이었다"고 회상했다. 팀 우승을 견인한 조병득은 슈퍼리그 원년 우수 골키퍼상을 수상했다.

》》갑작스런 해체, 그리고 마지막 독수리

'슈퍼리그 원년 우승'이라는 영광은 할렐루야가 누린 처음이자 마지막 호사였다. 1984년 4위, 1985년 최하위 8위를 기록한 뒤 프로 무대를 떠났기 때문이다. 할렐루야의 마지막은 충격적인 팀 해체 선언이었다. 프로 1호 팀으로 축구 발전을 선도했지만 프로축구가 본격화하면서 팀 성격상 그 호흡을 따라가지 못한다는 것이 이유였다.

선교를 목적으로 한다는 팀 정신과 경기 매너가 종종 엇박자를 내기도 했다. 특히 1984년 대통령배 대회에서 '88 팀'을 거친 플레이로 압도한 인상이 너무 강했다. 88팀은 서울올림픽을 대비해 꾸려진 대표팀 상비군이었다. 이들과 맞선 할렐루야는 무차별 반칙과 상대에 위해를 주는 플레이로 지탄을 받았다. '할렐루야'라는 팀명에 걸맞지 않게 동업자 정신없이 승부에만 집착한다는 인상이 대중에 각인됐다. 여기에 모기업이나 다름없던 신동아그룹의 자금난도 선수단 운영에 압박을 가했다.

마침내 팀 해체가 발표됐다. 1985년 6월이었다. 이후 구단주였던 최순영 회장은 선교를 위한 팀 본연의 목적으로 돌아간다며 아마추어 전환을 선언했다. 할렐루야 선수단의 사기는 급격히 떨어졌다. 시즌 초 좋았던 팀 성적이 추락한 것은 너무나 당연했다. 조병득은 "프로로 전환하거나 새롭게 창단한 팀들이 있으니 다들 이적할 팀을 알아보기 시작했다. 주의가 산만해지고 경기력도 떨어질 수밖에 없었다"고 설명했다.

조병득은 팀이 아마추어로 전환한 뒤에도 1년간 할렐루야를 지켰다. 마지막 독수리로 남겠다는 마음이었다. 독수리는 할렐루야의 마스코트였다. '여호와를 앙망하는 자는 새 힘을 얻고 독수리의 날개 치며 올라감 같을 것이요 달음박질하여도 곤비치 아니하겠고 걸어가도 피곤치 아니하리로다'라는 성경 구절에서 승리의 상징으로 삼은 것이었다.

여러 프로팀에서 조병득에게 이적을 제의했지만 86월드컵은 신앙인의 정체성을 갖고 참가하겠다는 나름의 원칙이 있었다. 86월드컵에서 돌아온 후에야 포항제철로 이적했다. 이것이 1983년 할렐루야에서 데뷔한 후 1990년 포항제철에서 은퇴할 때까지, 프로 무대에서 주전으로 활약했던 조병득의 1986년 시즌 기록이 공란으로 남겨진 이유다.

프로축구 원년의 흥행 열기를 확인한 축구계는 이듬해 1984년부터 본격적인 프로 '티'를 내기 시작했다. 슈퍼리그 규모가 확대되고 운영 방식도 개선되었다. 우선 프로팀 수가 2개에서 6개로 늘었다. 할렐루야와 유공에 이어 현대와 럭키금성이 프로팀을 창단했고 대우와 포항제철은 프로팀으로 전환했다. 여기에 실업팀 국민은행과 한일은행이 참가했다. 프로팀과 실업팀이 혼재하는 과도기였지만, 팀 수가 늘어난 만큼 경기 수도 늘었고 경기 방식과 승점제에도 변화가 생겨 볼거리가 풍성해졌다.

정부의 영향도 있었지만, 대기업 중심으로 프로팀이 새롭게 창단된 것은 고무적인 일이었다. 프로축구 슈퍼리그가 출범했고, 1983년 멕시코 청소년 월드컵에서 박종환 감독이 이끄는 U-20 청소년대표팀이 4강 신화를 만들어내면서 전국적으로 축구붐이 일었다. 현대가 프로 3호 팀을 창단하자 재계 라이벌이었던 럭키금성도 서둘러 프로 4호 팀을 창단시켰다.

자연스럽게 적극적인 선수 영입이 이뤄졌고 팀마다 스타급 선수들을 확보하는 데 열을 올렸다. 대졸 스타들이 거액의 몸값에 프로팀에 입단했고 해외파 선수들도 속속 국내로 귀국했다. 국내에서 좀처럼 보기 힘들었던 대형 외국인 선수도 등장했다. 조영증은 해외에서 국내로 복귀한 스타 중 한 명이었다. 그리고 6경기 연속골이라는 특별한 기록을 세우며 이름값을 톡톡히 해냈다.

한국에 프로축구가 없던 시절, 프로 무대에 대한 동경과 열망은 선수들이 더 강하게 품고 있었다. 1970년대 독일 분데스리가로 진출한 차범근이 맹활약하자 이에 자극받은 대표급 스타들이 차례로 해외 무대에 도전장을 내밀었다. 행선지도 다양했다. 박상인, 박종원, 김진국, 김민혜가 독일(서독)을 택했고 허정무는 네덜란드에서 뛰었다. 김강남 · 김성남 형제와 최종덕, 김현복, 이강민, 박병철은 홍콩을 무대로 삼았고 조영증과 김황호는 미국으로 떠났다. 그랬던 이들이 슈퍼리그 출범과 함께 대부분 돌아왔다.

》》 해외파의 귀환과 대형 외국인 선수의 등장

사실 허정무와 조영증은 국내에 들어오지 않아도 아쉬울 것이 없었다. 허정무는 네덜란드 에인트호벤에서 3년 동안 주전으로 뛰면서 인기를 누리고 있었고 조영증도 NASL(북미축구리그) 시카고 스팅스에서 활약하며 인정받고 있었다. 한국에 프로리그가 생기지 않았다면 현지에서 몇 년 더 머물거나 아예 정착할 수도 있는 상황이었다. 하지만 슈퍼리그 출범으로 국내 축구 열기에 불이 붙자 마음이 동했다. 마음 놓고 뛸 수 있는 무대가 생겼다는 점이 가장 큰 매력이었다.

조영증의 경우 신생팀 럭키금성의 초대 사령탑인 박세학 감독과의 해병대 시절 인연을 외면할 수 없었다. 박세학 감독은 "팀을 새로 창단하는 데 간판스타가 필요하다"며 조영증을 설득했다. 실제로 럭키금성은 이적료를 포함해 계약금 1억 원에 연봉 2,400만원이라는 파격적인 조건을 내걸었다. 당시 실업팀 선수의 기본급이 월 24만원 정도였던 것과 비교하면 엄청난 대우였다.

해외파들의 귀환과 함께 대형 외국인 선수의 등장도 눈길을 끌었다. 국제대회에서나 볼 수 있었던 파란 눈에 금발의 이방인들이 많아졌다는 것은 프로 시대가 본격화되고 있음을 알리는 상징과도 같았다. 1983년 외국인 선수 공식 1~2호로 등록된 세르지오 루이스 코고와 호세 로베르토 알베스(이상 포항제철)에 이어 1984년에는 6명의 외국인 선수가 한국 무대를 밟았다. 외국인 선수 영입을 주도한 팀은 포항제철이었다. 포항제철의 원료 공급사인 브라질 CVRD 사와의 스포츠 교류 협정에 따라 루이스, 제제, 윌신요, 세자르 등 4명의 브라질 선수가 슈퍼리그를 거쳤다. 신생팀 현대도 2명의 외국인 선수를 영입했다. 네덜란드 출신 렌스베르겐과 가나 출신의 알하산이었다. 렌스베르겐은 단연 돋보였다. 네덜란드에서 뛰었던 허정무의 추천으로 현대에 입단한 그는 국내 선수들을 압도하는 체격 조건(197cm, 90kg)으로 최전방 공격수와 최후방 수비수를 번갈아 소화하며 맹활약했다. 데뷔 시즌에만 9골 9어시스트를 기록하며 득점 5위, 도움 1위에 올랐다. 렌스베르겐은 슈퍼리그 출범 후 성공적인 영입으로 평가받는 첫 번째 외국인 선수로 지금도 회자되고 있다.

》》조영증, 6경기 연속골 신기원

프로리그로서 모양새가 갖춰진 것만큼이나 의미 있는 기록도 나왔다. 그해 여름, 조영증이 6경기 연속골을 기록하면서 득점 기록의 신기원을 열었다. 조영증의 득점 행진은 7월 22일 대우와의 경기에서 터진 헤딩골을 시작으로 할렐루야, 현대, 포항제철, 한일은행, 국민은행을 상대로 6경기 동안 이어졌다. 이후 1995년 황선홍이 8경기 연속골로 새로운 역사를 만들기까지 무려 11년 동안 깨지지 않았던 기록이다.

더 놀라운 사실은 조영증이 수비수 출신이었다는 것이다. 그는 1970년대 중반부터 1980년대 중반까지 한 시절을 풍미하며 한국축구를 대표한 수비수였다. 공격수도 여간해서는 만들기 어려운 기록을 수비수가 이뤄낸 배경은 보직 변경에 있었다. 예나 지금이나 신생팀의 취약점 중 하나는 문전 해결 능력이 있는 탁월한 공격수를 확보하기 어렵다는 점이다. 당시 럭키금성도 그랬다. 박세학 감독은 조영증을 스위퍼가 아닌 최전방 공격수로 변칙 기용했다. 이 전략이 맞아떨어졌다. 탄탄하고 우람한 체구의 조영증은 힘에서는 밀리지 않았기 때문에 문전에서 몸싸움을 하고 볼을 간수하는 플레이가 가능했다. 위치만 제대로 선점한다면 최소한 슈팅할 수 있는 기회를 확보할 수 있었던 것이다.

조영증은 그 비결을 다음과 같이 밝혔다. "당시 럭키금성은 전력이 강한 팀이 아니었다. 럭키금성의 플레이는 단순하고 끈끈한 스타일이었다. 세밀하게 풀어가기보다 미드필드를 거치지 않고 전방의 나를 노리는 단순한 플레이를 즐겼다. 공격수로서 내가 특별한 능력을 가졌던 것은 아니다. 다만 문전에서의 몸싸움만큼은 다른 선수들보다 확실히 나았다고 자부한다. 수비수 출신이다 보니 체력도 좋았고 몸싸움에는 자신이 있었다. 미국에서 나보다 더 큰 체격의 선수들을 상대해 이겼던 경험도 도움이 됐다."

물론 나름의 원칙은 있었다. "골을 만들려면 슈팅 타이밍이 빨라야 한다는 점을 항상 염두에 두고 있었다. 평상시 훈련에서도 항상 원터치, 투터치 내에 슈팅이 이뤄질 수 있도록 집중적으로 훈련했다"고 한다. 한두 골 넣기 시작하면서 자신감도 붙었다. 그는 "자신감이 있으면 발에 걸릴 때 바로 슈팅할 수 있는 기량까지 올라간다. 자신감이 없으면 문전에서 위축되고, 슈팅을 때려야 할 때 접거나 내주거나 하는 불필요한 행동이 나온다. 득점 기회를 만들어줘도 골을 못 넣는 상황이 많아진다. 분명한 건 내가 전방의 공격수였기 때문에 나한테 오는 볼을 살려 골을 완성해야 한다는 사실이었다"고 회고했다.

전문 골잡이가 없었던 탓에 조영증이 해결사 역할을 맡았지만, 그의 자리가 늘 최전방이었던 것은 아니다. 상대에 따라서 또는 경기 중 이더라도 상황이나 감독의 지시별로 자리가 뒤바뀌기 일쑤였다. 센터포워드로 뛰면서 골을 넣다가도 감독이 '지키기'를 원하면 내려서서 수비를 봐야 했다. 좋게 말하면 '멀티 플레이어의 원조' 정도가 될 수 있지만 어떻게 보면 일관성 없는 기용이었다. 조영증은 "창단 첫 해이다 보니 팀이 모든 자원을 다 갖출 수는 없었다. 득점 능력이 있는 선수에 의존한 경기를 펼칠 수밖에 없는 상황이었는데, 나를 공격선상에 두는 것이 나름대로 최선이었다"고 설명했다. 어쨌든 그 덕에 프로 무대에서 처음으로 6경기 연속골이라는 의미 있는 기록이 나온 것도 사실이다.

그런데 6경기 연속골 기록은 당시 큰 주목을 받지 못했다. 조영증이 득점 행진을 벌였던 기간이 정확하게 LA 올림픽 기간과 겹쳤기 때문이다. 온 나라의 관심이 올림픽에 쏠려 있었고 언론도 올림픽 보도에만 열을 올리던 때였다. 이후 조영증의 기록에 도전하는 후배들에 의해서야 두 차례 빛을 보게 됐다. 첫 번째는 10년 뒤인 1994년 윤상철이 6경기 연속골 타이를 이뤘을 때이고, 두 번째는 1995년 황선홍이 8경기 연속골 신기록을 세웠을 때다. 스스로도 시간이 지난 후에야 그 가치를 실감할 수 있었다.

조영증은 연속골 기록에 대해 이렇게 의미를 부여했다. "기록이란 언젠가 반드시 깨지기 마련이라 그 자체가 아쉽진 않았다. 황선홍이라는 능력 있는 후배가 만든 기록이기 때문에 깰 만한 사람이 깬 것도 사실이다. 다만 그런 생각은 들었다. 수비수인 내가 6경기 연속골을 넣었는데, 이 기록이 한참 유지될 동안 전문 공격수들의 분발이 부족하지 않았나

하는 것이다. 생각해 보면 그만큼 연속골을 기록하는 게 어려운 것이기도 할 테고. 이제 K리그도 40주년이 된 만큼 8경기 연속골을 넘는 더 좋은 선수와 기록이 나왔으면 좋겠다."

》 프로시대 초창기의 진정한 프로선수

그 이듬해에 조영증은 공격수 자리를 반납했다. 럭키금성이 태국 공격수 피아퐁을 영입하면서 공격력을 보강했기 때문이다. 피아퐁은 동남아 선수들에 대한 편견을 바꿔 놓은 재간둥이였다. 체격 조건(175cm, 67kg)도 국내 선수들에게 뒤지지 않았고 문전에서의 순발력과 민첩성도 좋았다. 특히 볼에 대한 집념이나 상황 대처 능력이 뛰어났다. 슈팅 타이밍도 빨라 골을 넣을 수 있는 장면을 많이 만들어냈다. 조영증은 "모든

팀들이 피아퐁의 스타일을 알았지만, 흔히 말하는 알고도 못 막는 선수가 바로 그 친구였다"고 기억했다. 한국 문화에 대한 적응력도 뛰어났다. 붙임성이 좋아 동료들을 형이라 부르며 따랐다. 한국 무대에 빠르게 적

응한 그는 1985년 12골 6도움을 기록하며 그해 득점왕과 도움왕을 동시에 수상하는 '괴력'을 발휘했다. 피아퐁을 앞세운 럭키금성은 1985년 창단 2년 만에 우승을 차지하는 기쁨을 맛봤다.

조영증은 팀의 간판스타였음에도 86멕시코월드컵 등 대표팀 일정을 소화하느라 첫 우승에 큰 공을 세우지는 못했다. 하지만 그의 존재가 슈퍼리그 초창기에 팀과 후배들에게 좋은 본보기가 되었음은 부인할 수 없다. 그는 NASL을 경험하면서 장거리 이동 일정에서의 몸 관리 등을 깨우쳤고 프로 마인드도 확실히 배울 수 있었다. 당시 NASL은 잉글랜드 출신 선수들이 대거 몰려 있었고 베켄바워, 펠레 같은 유명 스타들이 말년을 보낸 무대였다. "미국 생활 덕분에 후배들에게 프로선수는 어떻게 해야 되는지 가르쳐줄 수 있었다. 멕시코월드컵에서 뛸 수 있었던 것도 미국에서의 경험이 있었던 덕분이다"라는 그의 말이 설득력을 갖는다.

1987년을 끝으로 현역에서 은퇴한 조영증은 계속해서 세계축구의 조류를 경험하고 파악하기 위한 시간과 노력을 아끼지 않았다. 1997년 잉글랜드 축구협회가 주관하는 프리미어 코스를 시작으로 아시아 축구연맹(AFC) A코스, 프로페셔널 코스, 인스트럭터 코스를 차례로 이수하며, 지도자 강사 자격까지 획득했다. 2002년부터 2006년까지는 한국인 최초로 국제축구연맹(FIFA) 기술위원으로도 활동했다. 이러한 노력을 발판으로 대한축구협회 기술교육국장, 파주 국가대표팀 트레이닝센터장, 프로축구연맹 경기위원장 등으로 행정 일선에서 활약했다. 일흔을 앞둔 지금도 강원FC의 전력강화실장으로 활발히 활동하며 축구계에서 커리어를 이어가고 있다.

K LEAGUE LEGEND 40

이흥실

1985

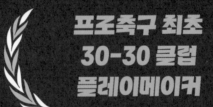

프조축구 최초
30-30 클럽
플레이메이커

1985년에 프로축구는 심한 몸살을 앓았다. 팀마다 대표선수 차출로 정상적인 전력 구성이 어려웠기 때문이다. 1년 뒤 멕시코에서 열릴 월드컵을 앞두고 한국축구에 대한 국민들의 열기가 뜨거워지던 때였다. 32년 만의 월드컵 본선 진출에 대한 기대감으로 아시아 예선 경기가 치러질 때는 8만 관중이 몰릴 정도였다. 동시에 국가대표급에 준하는 올림픽팀도 가동되고 있었다. 국내에서 개최하게 된 88서울올림픽을 겨냥해 1983년부터 유망선수들로 조직된 이른바 '88팀'을 상비군으로 운영하고 있던 터였다. 경기가 열릴 때마다 숱하게 많은 선수가 대표팀에 차출됐다. 그것도 1개월 이상의 장기 합숙훈련이 진행되는 게 예사였다. 월드컵 본선 진출이라는 숙원을 풀기 위해 주요 선수들이 총동원되어 스타를 잃은 프로축구는 활기를 잃었다. 걸음마 수준이던 3년차 프로축구가 자립하기에는 아직 이른 시기였다.

그렇다고 그림자만 드리워진 것은 아니었다. 스타가 떠나면 그를 대체할 새로운 스타가 등장하고, 누군가의 위기를 자신의 기회로 만드는 사람이 나타나기 마련이다. 대우, 포항제철 등 '스타군단'으로 명성을 날리던 팀들이 직격탄을 맞은 반면, 전년도 최하위에 머물렀던 럭키금성은 별다른 전력 누수 없이 조직력으로 우승을 차지하는 기쁨을 맛봤다. 또 대표팀에 스타들이 빠져나간 틈을 타 외국인 선수들과 신인들이 맹활약하면서 새로운 스타의 출현을 알렸다. 대표적인 이가 태국 출신의 공격수 피아퐁과 한양대를 졸업하고 포항제철에 입단한 신인 이흥실이다. 피아퐁은 득점왕과 도움왕을 동시에 수상하며 소속팀 럭키금성의 우승을 이끌었고, 득점 레이스에서 그를 추격한 이흥실은 이후 K리그의 새로운 신화 탄생을 예고했다. 특히 이흥실은 미드필더임에도 많은 골을 기록하며 프로 무대에 신선한 바람을 불러일으켰다.

》》막판 5경기 연속골, 신인왕 수상

프로팀에 막 입단한 신인이 주전으로 발탁될 기회를 얻을 수 있는 시간은 동계훈련이다. 일 년 농사를 좌우한다는 동계훈련에 얼마나 성실하게 임하는지, 어떤 특장점을 보이는지에 따라 감독의 마음이 바뀐다. 이홍실도 브라질 전지훈련에서부터 경쟁력을 인정받은 경우다. 현지 팀들과의 연습경기에서 상대에 밀리지 않고 곧잘 해내는 모습을 보이면서 코칭스태프로부터 믿음을 얻었다.

전지훈련에서 성공 경험을 늘려가면서 자신감을 갖게 된 그는 실전에서도 기회를 놓치지 않았다. 프로 데뷔 2경기 만에 데뷔골을 신고하더니 다음 경기에서 연속골을 기록하며 성공적인 출발을 알렸다. 그의 활약은 시즌 막바지에 더욱 두드러졌다. 당시 슈퍼리그는 8개 팀이 7경기씩 총 세 차례 풀리그를 치른 뒤 승점에 따라 최종 우승팀을 가리는 방식으로 진행됐다. 2차 리그까지 2승 2무 5패로 부진했던 포항제철은 3차 리그에서 7전 5승 2무, 무패를 기록하며 선두를 달리던 럭키금성을 압박했다. 그 선봉에 이홍실이 있었다. 이홍실은 3차 리그 7경기에서 자그마치 6골 2도움을 기록했다. 경기당 1개 이상의 공격포인트를 기록한 셈이다.

흥미로운 것은 이홍실의 득점 패턴이다. 이홍실은 데뷔 첫해 10골을 기록했는데, 연계 플레이에 의한 득점이 5골이고 나머지 절반은 페널티킥(4골)과 프리킥(1골)으로 만든 득점이었다. 언뜻 쉬운 방식으로 득점한 것 같지만, 들여다보면 그만큼 '강심장'이었다는 풀이도 가능하다. 이홍실은 초등학교 때부터 팀에서 코너킥과 프리킥을 도맡아 찼다. 킥에는 일가견이 있었기에 정확성과 대범함이 요구되는 페널티킥 상황에서의 성공률도 높았다. 또 그가 골을 넣는 날이면 포항제철은 한 번도 경기에서 지지 않았다(7승 3무). 데뷔 시즌부터 승리를 부르는 '행운의 사나이'로 인정받은 배경이다.

득점 행진이 두드러지는 선수들의 공통점 중 하나는 반드시 그를 자극하는 호적수가 존재한다는 사실이다. 이흥실 앞에는 피아퐁이 있었다. 피아퐁은 한 박자 빠른 패스와 슈팅으로 골과 도움 모두에 두각을 보인 공격수였다. 시즌 내내 기복 없는 득점력을 보인 피아퐁은 마지막에 2골을 몰아넣으면서 시즌 12골을 기록, 그해 득점왕을 차지했다. 김종환(현대)도 이흥실의 라이벌이었다. 같은 해 프로에 데뷔해 신인왕 타이틀을 두고 경쟁을 벌이는 관계였다. 결과는 이흥실의 승. 김종환도 4골 3도움을 기록하며 신인으로서 매우 좋은 활약을 펼쳤지만 출전수와 공격포인트에서 월등한 기록을 남긴 이흥실이 신인왕을 수상했다.

》 프로축구 최초로 '30-30 클럽'을 개설한 플레이메이커

데뷔 시즌을 화려하게 보낸 이흥실은 그 흔한 '2년차 징크스'도 겪지 않았다. 1986년 소속팀 포항제철의 우승과 함께 K리그 MVP를 수상했고, 1985년부터 1990년까지 6시즌 동안 K리그 베스트 일레븐에 5회나 선정됐다. 유일하게 베스트 일레븐에 들지 못한 1988년을 제외하고는 꾸준히 기대 이상의 활약을 보였다. 1989년에는 4골 11도움을 기록하며 도움왕 타이틀도 얻었다. 그렇게 차곡차곡 공격포인트를 쌓은 끝에 프로축구사에 또 하나의 신기원을 여는 선수가 됐다. 1991년 5월 15일 LG(럭키금성)

를 상대로 2개의 도움을 추가하며 사상 처음으로 30골-30도움 클럽을 개설했다.

　미드필더임에도 이홍실이 많은 골을 기록할 수 있었던 비결은 포지션과 역할에 대한 올바른 이해에서 출발한다. 축구를 처음 시작한 초등학교 때부터 그의 포지션은 줄곧 공격형 미드필더였다. 스트라이커 뒤에서 뛰면서 마지막 패스를 건네거나 상대팀 수비수를 따돌리고 공격의 물꼬를 트는 동시에, 항상 전방을 주시하면서 기회가 오면 슈팅을 날리는 전통적 의미에서의 공격형 미드필더다. 이홍실을 더욱 특별한 존재로 만들어준 무기는 앞서 언급한 킥력이다. 어렸을 때부터 몸집이 왜소했던 그는 힘이 아닌 기술로 승부를 걸어야 하는 운명이었다.

　다행히 일찌감치 생존 본능에 눈을 떠 초등학교 때부터 킥과 드리블 연습에 매진할 수 있었다. 특히 킥 훈련은 하루도 빼먹지 않았다. 소속 팀의 전력이 좋았던 것도 기록 달성을 수월하게 만든 배경이다. 당시 포항제철에는 조긍연, 최상국, 이기근, 최순호처럼 기술과 스피드, 득점력 등에서 골고루 장점을 보이는 공격수들이 많았다. 특히 호흡이 좋았던 최상국과 조긍연은 눈빛만으로도 서로의 움직임을 파악할 수 있을 정도였다. 이홍실은 두 선수의 스타일을 이렇게 비교했다. "최상국은 순간스피드나 슈팅력, 상대 수비를 따돌리는 페인팅이 좋아서 패스를 쉽게 넣어줄 수 있었다. 조긍연은 움직임이 적어도 결정력이 뛰어났기 때문에 좀 더 세밀한 패스를 밀어줘야 했다." 여기에 든든한 지원군이 있었으니, 수비형 미드필더로 뛰었던 윤성효다. 이홍실은 "윤성효가 뒤에서 굉장히 영리하게 상대의 공격을 잘 막아줬다. 내가 공격에만 전념할 수 있도록 뒤를 잘 받쳐준 덕분에 더 적극적으로 공격에 개입하면서 골과 도움을 많이 만들어낼 수 있었다"고 공을 돌렸다.

K리그에서의 맹활약을 발판으로 이홍실은 꿈에 그리던 태극마크를 달고 90이탈리아월드컵 본선 무대도 밟았다. 이탈리아월드컵은 한국에 세계의 벽을 실감하게 한 좌절의 무대였지만, 월드컵을 경험한 이홍실은 국내로 돌아온 뒤 한층 원숙한 플레이로 팀에 기여했다.

》 FA 혜택 누리지 못한 '희생양'

계속해서 정점을 찍을 것 같았던 그의 축구 인생은 그해 말 재계약 협상에서 불거진 문제로 발목이 잡혔다. 프로축구에서 처음 시행된 자유계약(Free Agent) 제도를 두고 구단과 선수들이 힘겨루기를 펼쳤던 이른바 '6년차 선수' 문제다. 당시 프로축구선수 관리 세칙에는 '입단한 지 6년차가 되는 선수는 다시 계약금을 받거나 자유롭게 이적할 수 있다'는 내용이 있었다. 1989년 말 이태호, 정용환, 정해원, 최강희 등이 파격적인 금액으로 재계약하고 소속팀에 잔류하면서 첫 수혜자가 됐다.

문제는 그 이후였다. 선수들과 재계약 건으로 홍역을 치른 6개 프로팀이 담합해 '6년차 선수'에 해당하는 조항을 삭제하면서 선수들과 대치하는 상황이 됐다. 1990년 말 FA 자격을 얻게 되는 90여 명의 선수들이 이에 반발했다. 이홍실도 선수들의 권익을 찾는 데 앞장섰고, 새 시즌을 앞두고 진행되는 동계훈련에도 불참했다. 하지만 장기전으로 흐르면 결국 구단이 유리해질 수밖에 없는 싸움이었다.

마지막까지 버티던 이홍실도 결국 백기를 들 수밖에 없었다. 한바탕 전쟁을 치른 끝에 복귀한 그라운드가 예전처럼 그를 맞아줄 리 없었다. 과거에 보여준 놀라운 기량을 기대만큼 보이지 못했다. 이홍실은 "동계 훈련을 착실히 했더라면 2~3년은 더 뛰었을 텐데 발목이 계속 안 좋았고 나이도 있다 보니 출전 기회가 점점 줄었다. 일본으로 이적할 생각도 있었지만 결국 1992년을 끝으로 은퇴를 택했다"며 아쉬워했다.

이 사건을 기점으로 선수들의 고과를 산정하고 몸값을 매기는 기준이 명확해져야 한다는 주장이 제기되기 시작했다. 주관적 평가가 아닌 경기 내용, 기록에 따른 공헌도가 기록화되어야 협상과 계약의 근거가 마련될 수 있다는 내용이었다. 더디지만 또 한 걸음, 성숙의 단계를 거쳐 나가는 프로축구의 단면이었다.

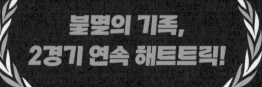

출범 4년제를 맞이한 프로축구는 고전하고 있었다. 관중 급감으로 첫 위기에 몰렸다. 프로팀과 실업팀이 함께 참가하는 기존의 슈퍼리그를 '축구대제전'으로 전환하고, 프로팀끼리 격돌하는 '프로축구선수권'을 신설했지만 프로 시대를 즐기기에는 충분하지 않았다. 그해 멕시코 월드컵과 아시안게임에서 확인한 국민적 축구 열기를 프로축구장으로 옮기지 못했다. 당시 매체들이 전한 바에 따르면 1986년 10월 19일 대구시민운동장에서 열린 경기는 유료 관중이 겨우 10여 명이었다. 공식적으로 발표된 관중은 200명대였다. 날개를 채 펼치기도 전에 위축된 상황이었다.

이런 가운데 불멸의 기록이 탄생했다. 2경기 연속 해트트릭이라는 진기하고 압도적인 활약이 나왔다. 주인공은 대우로얄즈의 공격수 정해원이었다. 공교롭게도 10월 19일 관중이 얼마 되지도 않던 그곳에서 나온 대기록이었다. 정해원은 대구에서 열린 대우-유공전에서 해트트릭을 터뜨린 뒤 사흘 만에 포항종합운동장에서 한일은행을 상대로 다시 한 번 해트트릭에 성공했다. 프로축구사의 신기원인 동시에 정해원 개인에게도 축구 인생의 전환점이 되는 계기였다.

》》 불멸의 기록에는 운이 따른다

정해원은 당시의 골 상황에 대해 "모두 운이 따른 경기들이었다"고 회고했다. 유공전 4-3 승리를 이끈 결승골이자 첫 번째 해트트릭을 완성시킨 마지막 골은 사실 '주워 먹기'였다는 것. 동료 이태호의 프리킥이 골대를 맞고 튕겨져 나온 것을 놓치지 않고 슛으로 연결한 것이 골로 이어졌다. 자세를 낮춘 말이지만, 골키퍼 앞에서 절묘한 슛으로 완성시킨 특유

의 침착함이 빛난 장면이었다.

한일은행전에서의 해트트릭은 좀 더 특별했다. 전반 36분 페널티킥으로 선제골을 기록한 뒤 상대 수비수에게 발뒤꿈치를 차인 부상으로 인해 교체 요청을 보내려던 참이었다. 하지만 후반 14분 한일은행에 동점골을 허용하면서 빠질 수 없는 상황이 됐다. 팀의 간판공격수이자 주장이던 그로서는 물러설 수 없었다. 다행히 후반 15분 박양하의 골이 터져 대우가 한 발 앞서나가자 여세를 몰아 3분 뒤 정해원이 또 한 골을 추가했다. 최태진의 슈팅이 상대 수비수의 몸을 맞고 흘러나오자 정해원이 벼락같은 오른발 슛으로 팀에 세 번째 골을 안겼다. 분위기를 완전히 뒤집고 승기를 잡은 대우는 변병주의 쐐기골로 멀찍이 달아났다. 부상의 아픔도 잊고 상대 수비진을 농락한 정해원은 후반 39분 변병주의 헤딩패스를 다시 한 번 골로 마무리하며 대기록을 완성했다. 이쯤 되자 욕심이 생겼다. 내심 다음 상대였던 포항제철전에서 3경기 연속 해트트릭도 해볼 만하겠다는 자신감이 생겼다.

3경기 연속 해트트릭 작성은 불발됐지만 앞서의 기록만으로도 전인
미답의 고지를 밟은 그였다. 1984년 자신의 첫 번째 해트트릭을 포함해
모두 세 차례 해트트릭 기록을 갖고 있는 선수도 당시로서는 유일했다.
기록의 가치는 연말 시상식에서 특별수훈상을 수상하는 것으로 인정받
았다. 2경기에서만 6골을 몰아넣은 그는 그해 모두 10골을 기록하며 득
점왕에 오르고 베스트 일레븐에도 선정됐다. 9골을 기록한 득점 2위 함
현기를 간발의 차로 제쳤으니 말 그대로 해트트릭의 위력이었던 셈이다.

》 한국의 마라도나? 마라도나 이전에 정해원이 있었다

2경기 연속 해트트릭을 기록하기 전까지 정해원은 축구를 시작한 이
래 가장 절망적인 상황에 놓여 있었다. 전년도부터 기량이 정체됐다는
지적 속에 대표팀에서 외면당했고, 86멕시코월드컵 본선에도 참가하지
못했다. 1984년 말 당한 왼쪽 발목 부상 이후 좀처럼 컨디션을 회복하지
못한 데다 그 무렵 모친상까지 당하면서 실의의 나날을 보내고 있었다.

"월드컵 아시아 최종예선 말레이시아전을 잠실운동장에서 봤다. 골대
뒤에서 경기를 보고 있자니 경기장에서 뛰어야 할 내가 왜 여기서 이러
고 있나 싶었다. 그래서인지 절박한 마음이 생겼고 1986년에 새로운 기
록도 만들 수 있었던 것 같다. 결과적으로 두 번의 해트트릭 이후 계속 좋
은 일 들이 생겼다. 득점왕도 됐고 베스트 일레븐에도 들고 대표팀에도
다시 발탁됐다."

거슬러 올라가면 정해원은 일찌감치 천재적인 감각을 가졌다며 기대
를 모은 선수였다. 다소 늦은 시기인 중학교 2학년 때 축구를 시작했지만
고교 진학 무렵 이미 또래 수준을 넘어서는 기량으로 두각을 나타냈다.

당시 고교 상비군 개념의 팀이 운영되었는데, 거의 3학년 선수들로 이뤄지는 팀에 유일한 1학년생으로 선발돼 경기를 치를 정도였다. 스스로 가파르게 기량이 성장했던 시기로는 대학교 2학년 때를 꼽았다. 그의 표현을 빌리면 '눈을 감고도 한 사람을 제치고 골을 넣었을 정 도로 무서운 게 없었던 시절'이다.

허튼소리가 아니었다. 그의 회고를 입증해주는 경기가 있다. 1980년 4월 당시 국내 최고의 권위를 자랑하던 대통령배 전국축구대회 결승전에서 소속팀 연세대를 이끌고 결승에 오른 정해원은 박성화, 조광래, 최종덕, 박창선 등 국가대표급 선수들이 포진한 육군팀 충의를 상대로 신기의 드리블을 선보였다. 하프라인부터 드리블 돌파를 시도한 그는 순식간에 상대 수비 다섯 명을 제친 뒤 골키퍼와 1대1 상황에서 화려한 플레이로 골을 성공시켰다. 정해원의 환상 드리블 골에 힘입은 연세대는 충의를 2-0으로 꺾고 우승을 차지했다. 훗날 사람들은 이날 '드리블쇼'를 보여준 정해원에게 '한국의 마라도나'라는 별명을 붙여주었다. 86멕시코 월드컵 8강전에서 마라도나가 잉글랜드를 상대로 60m 드리블을 선보인 뒤 골을 성공시킨 장면과 비견할 만한 그림이었기 때문이다. 분명한 것은 우리에게 마라도나의 플레이가 각인되기 이전에 정해원이라는 스타가 있었다는 사실이다.

연세대 시절 이미 A대표팀에 선발된 그는 1980년 대통령배 국제대회에서도 발군의 활약을 펼쳤다. 5경기 연속골로 대회 득점왕을 차지하며 한국을 우승으로 이끌었고, 그해 9월 아시안컵에서는 준결승전에서 만난 북한을 상대로 팀이 1-0으로 뒤지고 있던 후반에 2골을 터트리며 극적인 역전 드라마를 만들었다. 홀로 2골을 기록한 정해원이 '국민영웅'으로 떠오른 경기였다. 그는 1980년대 초반 한국축구가 가장 큰 기대를 걸었던 공격수였다.

》 '스타군단' 대우 2회 우승 이끈 주역

1986년 2경기 연속 해트트릭으로 제2의 전성기를 연 정해원의 기세는 1987년에도 계속됐다. 대우의 주장 완장을 차고 한층 원숙해진 플레이로 팀을 팀 우승을 이끌었다. 당시 대우는 정해원을 비롯해 이태호, 김판근, 변병주, 정용환, 김풍주에 신인으로 입단한 김주성까지 대표급 선수들이 포진한 '스타군단'이었다. 정해원은 이들을 하나로 묶는 리더십으로 팀에 우승을 안기고 MVP도 수상했다. 그가 보인 리더십이란 곧 능력에서 나오는 카리스마였다.

정해원은 1987년 우승 당시 6골 4도움을 기록했다. 대표팀에서나 프로팀에서나 큰 경기에 강한 그의 면모는 여전했는데, 1987년 11월 1일 유공전에서 전반 종료 직전 김주성의 결승골을 헤딩으로 어시스트하면서 팀 승리를 견인했다. 리그가 끝나기까지 3경기를 남겨두고 일찌감치 시즌 우승을 확정지은 승리였다. 1984년의 우승 경험도 도움이 됐다. 조광래, 박창선 등 선배들과 함께 팀의 첫 번째 우승 주역으로 활약했던 그는 스타플레이어들이 많은 팀에서, 선수들이 스타의식에 물들지 않고 결집할 때 어떤 폭발력을 가질 수 있는지 이미 확인했다. 그 경험이 1987년 주장으로 리더십을 다지는 데 밑거름이 된 셈이다.

스피디한 외곽 돌파가 특기였던 정해원은 골문 앞에서만큼은 서두르는 법이 없었다. 페널티 박스 안에서 누구보다 침착했다. 빨리 차는 것보다 정확하게 슈팅하는 게 더 중요하다는 지론을 갖고 있었다. "16.5m 페널티 박스 내에서 공격수와 수비수의 싸움은 절대적으로 공격수에게 유리하다. 수비수는 공격수의 동작에 대응해야 하고 어떻게든 한 발 더 움직여 볼을 걷어내야 하기 때문이다. 침착함만 유지하고 있으면 정확하게 슛을 때릴 수 있다."

그는 K리그 통산 34골을 기록했는데 이 가운데 70.6%에 해당하는 24골이 페널티 박스와 아크 정면에서 만들어졌다. 88서울올림픽과 아시안컵을 거치며 명예회복에 성공한 정해원은 90이탈리아월드컵에서 대표선수로 마지막 투혼을 불살랐다. 그가 대표팀에서 마지막으로 골을 넣은 것은 1989년 5월 월드컵 1차 예선 싱가포르전이었다. 좀처럼 시도하지 않던 중거리슛으로 골을 기록하며 팀의 3-0 승리에 힘을 보탰다. 이탈리아월드컵 이후 대표팀에서 은퇴한 그는 1991년 K리그에서 2경기를 더 뛰고 현역 생활을 마무리했다. 한 시대를 풍미한 공격수의 질주는 끝났지만 그가 세운 2경기 연속 해트트릭 기록은 현재까지도 깨지지 않는 대기록으로 K리그사의 한 페이지를 장식하고 있다.

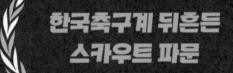

인생은 선택의 연속이다. 어떤 선택을 하느냐에 따라 성패가 갈리기도 하고 역사가 달라지기도 한다. 때로는 더 나쁜 것과 덜 나쁜 것 중에 '덜 나쁜 것'을 판단해야 하는 위기에 놓이기도 한다. '김종부 사건'이 그랬다. 김종부의 선택이 한국축구에 몰고 온 파장은 그 자신도 상상조차 하지 못한 것이었다. 역사에서 가정은 어떤 힘도 발휘하지 못한다. 그럼에도 프로축구사를 뒤적이다 보면 궁금해진다. 만약 김종부가 다른 선택을 했더라면 우리는 좀 더 일찍, 그리고 오랫동안 세계무대에서 통하는 대형 스트라이커를 품었을지도 모를 일이다.

》 "김종부를 잡아라!", 희대의 스카우트 파문

1987년은 대우가 우승컵을 들어 올린 해였다. 첫 우승이었던 1984년 이후 3년 만의 감격이었다. 한 팀이 두 번째 우승을 차지한 것은 최초의 기록이기도 했다. 당시 대우에는 국가대표 선수가 무려 7명이나 포진해 있었다. 시즌 초부터 탄탄한 수비와 화려한 공격으로 두각을 보이더니 후반기에는 12경기 연속 무패가도를 질주하며 일찌감치 우승을 확정 했다. 고정팬 확보를 위해 코치진과 선수단의 연고지를 부산으로 옮긴 것도 프로팀으로서의 모양새를 갖추는 의미 있는 작업이었다.

'화려한 시절'을 보냈던 대우가 축구계 태풍의 눈이 된 것은 11월에 있었던 축구협회의 선수등록시한 규정 개정 작업에 직접적으로 개입하면서다. 당대 초특급 스트라이커로 기대를 모으던 김종부를 대우 선수로 등록할 수 있도록 요청한 것이 협회 이사회에서 통과됐다. 여기에 현대가 이의를 제기하면서 문제가 커졌다. 이미 김종부를 스카우트해 가계약한 상태였기 때문이다. 사건은 일파만파로 퍼져 현대의 리그 마지막 경기 불참 및 팀 해체 선언으로 이어졌고, 급기야 최순영 축구협회장의 사임에 이르렀다. 도대체 어디서부터 어떻게 꼬인 것일까.

사건은 1년 8개월 전인 1986년 3월로 거슬러 올라간다. 당시 고려대 4학년이던 김종부를 놓고 현대와 대우, 럭키금성이 치열한 스카우트전을 벌이고 있었다. 김종부는 1983년 멕시코 U-20 청소년 월드컵 4강 신화의 주역으로 국민적 기대를 한 몸에 받고 있던 선수였다. 183cm의 당당한 체격을 갖췄음에도 문전에서뿐 아니라 좌우로 많이 움직이고 공간을 만들면서 한 방씩 터트리는, 현대적인 개념의 스트라이커 역할을 해냈다. 한국 특급 스트라이커 계보를 이어갈 선수로 자연스럽게 그의 이름이 오르내리던 때였다.

그런 김종부를 잡으려는 프로팀들의 경쟁은 상상 이상으로 과열됐다. 특히 대우와 현대의 신경전이 날카로웠다. 두 팀 모두 억대의 계약금을 준비하고 김종부를 설득했다. 많은 시간이 흐른 뒤 2006년 6월 김종부가 축구협회와의 인터뷰에서 밝힌 사실이지만 정서적인 친밀도로는 대우가

우위에 있었다. 고려대 시절 은사였던 이차만 감독이 당시 대우 코치로 있었기 때문. 김종부는 "나는 대우로 가고 싶었다. 대우도 그렇게 생각을 하고 있었다. 당시에는 다른 팀을 일체 생각하지 않고 있었다."고 인정했다.

하지만 행동력은 현대가 빨랐다. 현대는 김종부의 대리인 역할을 하던 매형 홍형근 씨와 고려대 측을 설득해 김종부의 마음을 사로잡는 데 성공했다. 계약금 1억 5천만 원에 연봉 2,400만 원, 졸업할 때까지 매달 200만원의 장학금을 지급한다는 조건이었다. 팀 공헌도에 따라 특별상여금까지 보장하기로 한, 글자 그대로 파격적인 대우였다. 입단 합의를 이끌어낸 현대는 "계약서에 사인하기 전 이차만 코치에게 결심을 전해야 한다"는 김종부의 주장에 따라 대우 측에 입장을 정리해 통보했다. 이후 대리인 홍형근 씨와 학교 측, 현대 관계자가 참석한 가운데 가계약서가 작성 됐고 서명도 끝났다. 김종부의 전격적인 현대행 소식에 축구계는 한바탕 술렁였다. 현대의 승리로 일단락되는 듯했던 사건은, 그러나 더 큰 파장의 예고편에 지나지 않았다.

김종부의 현대행 결심은 오래가지 않았다. 불과 12일 만에 이를 번복한 것이다. 학교의 권유로 억지로 계약했을 뿐 처음부터 자신의 의지가 아니었다는 주장이었다. 축구계가 발칵 뒤집혔다. 현대에서는 법정 투쟁도 불사하겠다며 강경하게 나왔고 김종부를 향한 여론의 시선도 싸늘했다. 모교 고려대 체육위원회에서는 김종부를 축구부에서 제명하기로 결정하고 축구협회에 선수등록취소 통보서를 발송했다. 한국에서 축구선수로 뛸 자격을 상실하게 되는 상황이었다.

공교롭게도 김종부는 86멕시코월드컵 대표팀에 선발된 상태였다. 그러나 축구협회가 "선수 자격이 없는 김종부를 월드컵 대표팀에서도 제외시키겠다"고 발표하면서 상황은 악화일로로 흘렀다. 스카우트 파동의 재발 방지를 위한 강경책이었다. 김종부는 당시를 회고하며 "사실 나와 매형은 그 A4용지가 정식 계약서인지 몰랐다. 그때는 법률문제도 제대로 몰랐기에 별 생각 없이 도장을 찍었다. 그게 그렇게 큰 파장을 일으킬 것이라고는 생각도 못했다. 우리가 경솔했다"고 말했다.

김종부의 숨통을 틔워준 것은 86월드컵이었다. 32년 만의 본선 참가를 준비하고 있던 한국은 최상의 전력을 꾸려야 했다. 3년 전 청소년 월드컵에서 세계를 놀라게 했던 김종부가 필요했다. 결국 '김종부 구제 여론'에 몰린 고려대가 한 발 물러섰다. 월드컵이 끝날 때까지 김종부의 선수등록취소 통보 효력을 유보하기로 했다. 모교의 결정에 따라 축구협회도 김종부의 선수 자격을 일시적으로 복권해 월드컵 대표팀에 합류시켰다. 기대대로 김종부는 한국에 월드컵 첫 승점을 안겼다. 불가리아와의 조별리그 2차전에서 1-0으로 끌려가던 후반전에 노수진 대신 교체 투입돼 동점골을 터트렸다. 한국의 월드컵 첫 승점이었다. 이후 3차전에서 이탈리아에 3-2로 패한 한국은 조별리그 통과에 실패하며 귀국길에 올랐다. 그것으로 김종부와 대표팀의 '밀월'도 끝이 났다. 한국으로 돌아온 김종부는 고려대 축구부에서 다시 제명됐고 86아시안게임에도 참가하지 못했다.

》 끝나지 않은 싸움, 현대 팀 해체 선언

축구부 제명 조치에 학점 미달이었던 김종부는 반 학기 늦은 1987년 가을에야 학교를 졸업했다. 이미 1년 6개월의 시간을 허비한 상황이었지만, 여전히 선수 등록이 되지 않아 경기는 뛸 수 없었다. 가계약 상태로 대우에 입단해 훈련하던 그가 또 한 번 시비에 말린 것은 친선경기에 나서면서다. 대우와 일본대표팀의 친선경기에서 대우 유니폼을 입고 출전한 것. 대우는 비공식 경기였던 데다 팬 서비스 차원에서의 투입이었다고 해명했지만 현대가 강력하게 반발했다.

여기에 불을 지핀 것은 축구협회의 선수등록 규정 개정 결의였다. 추가 선수등록은 7월 중에 이뤄져야 한다는 기존의 규정을 개정하고 김종부의 경우 기간에 상관없이 등록을 신청할 수 있도록 소급적용했다. 대우가 곧바로 선수등록에 필요한 모든 서류를 제출한 것과 달리 현대는 김종부와의 정식 계약서를 확보 하지 못해 등록 신청을 할 수 없었다. 현대는 축구협회의 '특혜성' 개정 결의를 강하게 비난하며 극단적인 조치를 취했다. 원정지에서 리그 경기를 준비하고 있던 선수단을 철수시키고 경기를 보이콧한 데 이어 팀 해체를 선언했다. 현대의 강경한 태도에 축구협회는 또 다시 긴급이사회를 열었다.

사회적으로도 파장을 일으켰는데, 당시 충격의 강도와 사안의 심각성은 체육부장관과 청와대 관계자, 대한체육회장, 축구협회장을 비롯해 프로축구단장들이 모두 모여 간담회를 열었다는 것에서도 확인할 수 있다. 이날 회의 끝에 현대는 팀 해체 선언을 철회하기로 했다. 대신 김종부도 대우 선수가 될 수 없었다. 스카우트 '파동'에서 직접적인 이해관계가 없는 제3구단에서 뛰어야 한다는 게 중론이었다. 대우도 양보할 수밖에 없었다. 결국 김종부는 포항제철에 트레이드되는 것으로 기나긴 싸움에 마침표를 찍었다.

김종부 스카우트 파문은 일단락됐지만 불똥은 다른 곳으로 튀었다.

앞서 현대의 팀 해체 선언으로 위기감을 느낀 축구인들이 축구협회의 무능함을 비판하며 시위를 벌였다. 최순영 축구협회장을 비롯한 집행부의 퇴진을 요구했다. 최순영 회장은 결국 9년 가까이 지켜왔던 축구협회장 직에서 물러났다. 파문이 또 다른 파문을 낳고 끝내 축구협회장의 사임으로 마무리된 전대미문의 사건이었다.

》》 파문의 가장 큰 피해자는 김종부

김종부도 인생에서 가장 고달픈 전쟁을 치르고 있었다. 그는 축구협회와의 인터뷰에서 "혼자로는 도저히 감당할 수 없는 충격이었다. 충고를 해주는 사람도 없었다"며 마음의 상처를 드러냈다. 또 "한창 축구에 눈을 뜨는 시기였다. 선수들의 움직임이나 수비수들의 태클 들어오는 다리가 보였다. 그럴 때 선수 실력이 크게 향상되는 건데, 그 좋은 시기에 경기를 뛰지 못했다"며 안타까워했다.

성장기에 정체가 되어버린 김종부는 포항제철에서 두 시즌을 보내는 동안 1골 7도움을 기록했다. 기대에 미치지 못하는 활약상이었다. 1990년에 대우로 복귀해 5골 1도움을 기록했지만, 대우는 이미 '김주성의 팀'이 되어 있었다. 이후 주전 경쟁에서 밀리고 부상과 재활을 반복하면서 평범한 선수가 되어 갔다. 대우(1990~1993)에서 일화(1993-1994)를 거친 끝에 다시 대우(1995)로 돌아와 은퇴했다. 한국의 스트라이커 계보를 이어줄 것이라던 기대주치고는 초라한 퇴장이었다.

김종부는 "내 키가 183cm였는데 당시에는 무척 큰 선수였다. 다들 대형 센터포워드가 나타났다고 했는데 스카우트 파동을 겪으면서 팬들의 기대를 저버리고 말았다. 그 일만 없었더라면 팬들의 기대에 부응할 수 있었을 것이다"라고 회고했다. 결국 스카우트 파문의 가장 큰 피해자는 김종부 자신이었다. "당시 스카우트 문제로 인한 충격, 그리고 억울함과 분노를 삭이는 데 15년이 걸렸다. 마음을 비우는 데 15년이라는 세월이 걸린 것이다."

김종부 사건은 축구계에 몇 가지 시사점을 던졌다. 스카우트 과열 경쟁이 불러오는 폐해가 극단적으로 드러났다는 것과 경영진의 판단에 따라 하루아침에 팀이 사라질 수도 있다는 기업구단의 한계를 여실히 확인했다는 점이다. 김종부 파문으로 각성한 축구계는 1988년부터 프로선수 선발에 드래프트제를 도입했다. 스카우트 과열 경쟁을 방지하겠다는 목적이었지만 선수의 직업 선택의 자유권을 침해하고, 우승 경쟁에서 밀어진 팀들의 태업 가능성(최하위 팀은 다음 시즌 드래프트에서 1순위로 선수 지명 가능) 등 경기와 리그의 수준이 질적으로 하락할 수 있다는 점에서 언제라도 문제가 될 불씨를 안고 있었다.

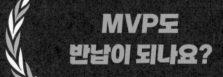

K LEAGUE LEGEND 40

박경훈

1988

MVP도
반납이 되나요?

　　프로축구 선수라면 누구나 한 번쯤은 최고의 자리에 오르는 꿈을 꾼다. 최고 연봉으로 자신의 가치를 인정받는 것이라든지 연말 시상식장에서 MVP를 수상한다든지 하는 그림은 상상만으로도 가슴 뛰는 일이다. 아무나 그런 영광을 누리고, 스포트라이트를 독점할 수 있는 것은 아니다. 그런데, 일생에 한 번 있을까 말까 한 그 기회를 외면한 이가 있었다. 1988년 MVP에 선정된 포항제철의 박경훈이다.

　　1988년 11월 12일, 동대문운동장에서 유공과 포항제철의 시즌 최종전이 열렸다. 유공의 2-1 승리로 끝난 경기였지만 마지막 무대의 주인공은 포항제철이었다. 이미 시즌이 끝나기 전에 우승을 확정한 상태였기 때문이다. 경기 후 이회택 감독을 헹가래치고 우승 세리머니를 펼칠 때만 해도 좋았던 분위기는 MVP를 발표하는 순간 어색해지고 말았다. 프로축구위원회에서 선정한 MVP는 박경훈이었는데, 선수 본인이 상을 받을 수 없다며 수상을 거부한 것이다.

》 MVP도 반납이 되나요

　　1988년 프로축구는 국가적 대사로 치러진 서울올림픽과 국내 유일의 국제축구대회였던 대통령배에 밀려난 상황이었다. 여느 때와 마찬가지로 축구계는 대표팀 위주로 돌아갔다. 전년도에 비해 경기 수가 줄었고 경기 일정도 변칙적으로 운영됐다. 최순호, 이태호, 김주성, 정해원 등 프로팀 간판스타들이 대표팀에 차출되는 것도 피할 수 없었다.

　　팀마다 전력 누수로 고민에 빠졌다. 하지만 이런 위기 상황은 다른 누군가에게는 새로운 기회를 열어주는 법이다. 스타플레이어들이 빠진 틈을 비집고 올라선 유망한 전력들의 활약이 두드러졌다. 유공의 신인 황보관(7골 4도움)과 4년차 백업 공격수였던 신동철(8골 4도움)은 김용세와 노수진의 공백을 메웠고 현대의 3년차 공격수 함현기도 10골 3도움을 기록하며 팀의 주득점원으로 떠올랐다. 럭키금성의 강득수(3골 5도움), 드래프트 파문을 딛고 일어선 포항제철의 김종부(5도움)도 알토란같은 활약을 펼치며 팀에 기여했다.

그중에서도 가장 빛나는 이는 포항제철의 2년차 공격수 이기근이었다. 이기근은 24경기 중 23경기에 출전해 12골 1도움(4경기 연속골 포함)을 기록하며 팀 우승에 결정적인 공을 세웠다. 당시 박경훈과 최상국을 대표팀에 내준 데다 주전들의 줄부상으로 베스트 멤버를 꾸리기조차 어려웠던 포항제철은 수비력에 약점을 안고 있었다. 이기근은 수비 불안을 압도하는 공격력으로 이회택 감독의 부담을 덜어주는 존재였다. 그의 골은 대부분 극적인 동점골 또는 승리로 이끄는 결승골이어서 순도도 높았다. 우승을 조기에 확정지었던 11월 2일 대우전에서 선제결승골을 넣은 이도 이기근이었다. 그해 MVP 후보 영순위로 손꼽히기에 부족함이 없었다.

그런데 프로축구위원회가 선정한 MVP는 이기근이 아니라 박경훈이었다. 팀 관계자들은 물론 박경훈도 당황스러워했다. 시즌의 절반을 대표팀에서 보낸 그가 프로축구 12경기 출전 기록만으로 수상자가 되는 것은 여러모로 낯 뜨거운 상황이었다. 내심 MVP 수상을 기대하고 있던 이기근도 서운함을 감추지 못했다. 박경훈은 수상을 거부했고 시상식에도 불참했다. 그는 당시 상황에 대해 "대표팀에 차출돼 소속팀 경기를 절반밖에 뛰지 못했다. 그때만 하더라도 경기장에서 MVP를 선정하는 방식이다 보니 그런 해프닝이 있었다. 나보다는 1년 동안 꾸준히 뛰면서 팀 우승에 결정적인 역할을 한 후배 이기근이 받는 게 옳다고 생각했다"고 설명했다.

그러나 수상자가 번복되지는 않았다. 박경훈을 멋쩍게 하고 이기근에게 쓴잔이 된 MVP 트로피는 결국 시상식 때 전달되지 못한 채 팀을 통해 주인에게 전달되는 애물단지가 되고 말았다.

》》한국축구 오버래핑의 창시자

프로축구사에 웃지 못할 해프닝으로 남았지만, 박경훈의 수상이 얼토당토 않은 것만은 아니었다. 경기 출전 수는 차치하고 공격수도 아닌 수비수가 MVP로 지목됐다는 점에서 역설적으로 그 존재감이 드러난다. "출전 수가 적었어도 팀에서 뛸 때는 최선을 다해 뛰었다. 대표팀에서 돌아와 경기에 나설 때면 우리 팀이 진 적이 별로 없었다"는 그의 말에서 힌트를 찾을 수 있다. 실제로 그해 박경훈이 출전한 12경기에서 포항제철은 6승 3무 3패의 좋은 성적을 거뒀고, 이 가운데 7경기는 실점이 없었다.

박경훈은 공격과 수비에 모두 기여도가 높은 선수였다. 우리나라에서 현대적인 풀백의 개념을 처음으로 그라운드에서 시현한 선수이기도 하다. 맨투맨 마크나 수비 진영에서 자리를 지키며 볼을 걷어내는 것에 급급했던 전통적인 수비수들과 달리, 박경훈은 측면을 타고 공격에 가담하는 적극성이 돋보이는 수비수였다. 단순히 치고 달리는 것뿐만 아니라 돌파 후에 날카로운 크로스를 보내거나 슈팅까지 시도하는 것으로 마무리하는 능력이 있었다.

공격에 가담했다가 수비 진영으로의 복귀가 빠른 것도 장점이었다.

그 덕에 박경훈의 이름 앞에는 '오버래핑의 명수' 또는 '오버래핑의 창시자'라는 수식어가 붙었다. 박경훈이 공격에 적극적일 수 있었던 건 체력과 스피드에 자신이 있었기 때문이다. 중학교 때 태권도와 육상을 했는데 단거리 종목뿐 아니라 멀리뛰기, 높이뛰기도 하면서 체력과 순발력, 점프력을 고루 갖출 수 있었다. 정식으로 축구에 입문한 것은 청구고에 진학하면서다. 남들보다 한참 늦은 시기에 출발선에 섰지만 빠르다는 강점을 살려 독보적인 영역을 구축할 수 있었다.

공격력이 부각돼서 그렇지, 수비에서도 제 몫을 해냈다. 돌파력이 좋은 그에게 공격수로 전업하라는 주변의 권유도 있었지만 그는 수비 본연의 임무를 즐겼다. "순발력과 스피드가 좋았고 예측도 잘했기 때문에 누

구라도 막아설 수 있다는 자신감이 있었다. 치고 올라가서 크로싱하는 플레이도 좋았지만, 수비할 때 철저하게 마크하면서 돌파 당하지 않고 볼을 끊어내 다시 공격으로 나가는 게 재밌었다." 수비수를 고집했던 박경훈의 변이다.

대표팀에서든 프

로 무대에서든 그의 능력은 빛났다. 프로 1세대인 그는 포항제철과 함께 세 차례 우승을 경험한 멤버이기도 하다. 1986년에는 럭키금성과의 챔피 언결정전 1차전에서 결승골을 성공시키며 팀이 통합챔피언에 오르는 데 결정적인 공을 세웠고, 1988년에는 팀의 두 번째 우승과 함께 MVP를 수 상하는 것으로 가치를 인정받았다. 세대교체가 이뤄진 1992년에는 주장 완장을 차고 팀의 세 번째 우승을 이끌었다.

》》 과도기 통과하는 프로축구

MVP 수상 거부 해프닝은 과도기를 통과하는 프로축구의 현실을 그대 로 보여주는 단면이었다. 제도와 행정, 환경 모두 본격적인 프로 시대를 열기에는 미비한 상태였기에 시행착오가 많았다. 홍역을 치르고서야 개 선이 이뤄지고 최선, 차선의 대안이 나오는 일들이 이어졌다. 박경훈의 소신발언 이후 'MVP나 개인상 수상자를 선정하는 데 객관적인 자료와 근거가 필요하다'는 공감대가 형성되었고, 지역연고제가 정착돼야 한다 는 주장이 설득력을 얻은 것도 이 즈음이다.

프로 출범 초기에는 전국을 순회하며 축구 열기를 확산시키는 것에 목적성이 있었지만, 본격적인 프로화를 표방하며 홈앤드어웨이(home and away) 개념을 적용한 1987년에도 전국을 유랑하듯 전전한 것은 달리 설명할 길이 없다. 경기 일정도 지금으로서는 상상도 할 수 없는 강행군 의 연속이었다. 주말에 한 장소에서 2연전을 벌이는 일정이었는데, 천안 에서 럭키금성과 대우가 토요일에 경기를 하고 일요일에 다시 한 번 맞 붙는 식이었다.

축구는 90분 풀타임을 소화할 경우 운동량이 마라톤을 완주하는 것과 비슷한 정도로 알려져 있다. 그만큼 체력 소모가 심한 운동이라 국제축구연맹(FIFA)에서도 선수 보호차원에서 경기 후 48시간 이내에 다시 경기를 갖지 않도록 하고 있다. 그런데 일주일 단위로 대구, 마산, 강릉, 천안, 포항, 부산, 대전, 안양, 인천, 원주, 수원, 청주 등에서 주말 2연전을 펼쳤으니 죽어나는 것은 선수들이었다.

이런 가운데 연고 정착을 위해 노력한 두 팀의 행보는 주목할 만했다. 바로 1987년 대우와 1988년 포항제철이다. 1987년 부산을 연고지로 택한 대우는 당시 프로팀 가운데 가장 먼저 코치들과 선수들의 숙소를 부산으로 옮겼다. 대우에서 뛰었던 정해원은 "처음에는 서울에서 부산으로 가는 것을 선수들이 내켜 하지 않았다. 하지만 부산에서 안정적으로 지내면서 전용 훈련장도 생기고 홈이라는 의식이 생기니까 훨씬 편하게 경기를 할 수 있게 됐다"고 회고했다. 대우는 그해 프로축구 우승팀이 됐다.

포항제철은 1988년 대구에서 포항으로 연고지를 옮기고 적극적인 팬 서비스로 관중을 불러 모았다. 다른 경기장의 관중수가 3천 명에서 5천 명이 정도였던 시기에 포항제철은 10차례의 홈경기에서 경기당 평균 1만 7천여 명이라는 놀라운 관중 동원력을 과시했다. 1988년 우승컵을 차지한 것도 포항제철이었다. 프로팀의 생명력이란 팬들이 존재할 때 유지될 수 있다는 진리를 깨닫게 된 시점이었다.

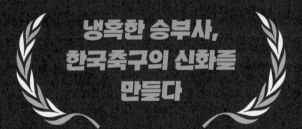

K LEAGUE LEGEND 40

박종환

1989

냉혹한 승부사,
한국축구의 신화를
만들다

침체의 늪에 빠져 있던 프로축구에 모처럼 활기가 돌았다. 출범 7년째를 맞은 1989년, 일화가 여섯 번째 프로팀으로 K리그에 합류했다. 창단비용으로 투자한 금액만 50억 원으로 다른 팀들의 두 배가 넘는 수준이었다. 초대 사령탑으로는 '승부사' 박종환 감독을 선임했다. 1983 세계청소년축구대회에서 4강 신화를 일궈낸 지도자였다. 박종환 감독을 영입하는 데만 계약 총액 1억 4천 8백만 원을 썼는데, 역시 다른 팀 감독들보다 2배가량 높은 수준이었다.

일화가 파격적인 조건으로 박종환 감독을 영입한 이유는 명백했다. 신생팀을 우승 전력으로 끌어내는 지도력에 대한 신뢰가 있었기 때문이다. 갓 창단한 일화가 겪을 시행착오를 최소화하고 우승까지 닿을 수 있는 시간을 단축하겠다는 의지였다. 학원축구와 실업축구, 연령별 대표팀을 차례로 지휘하며 다양한 무대에서 풍부한 경험을 쌓았다는 점도 그에 대한 기대감을 높이는 배경이었다.

》》냉혹한 승부사? 다혈질 감독!

신생팀 일화가 '우승청부사'를 원한 것은 당연했다. 박종환 감독도 자신감을 보였다. 20년 넘게 쌓은 지도자 노하우를 발휘해, 선수 구성부터 남달랐다. 스타플레이어들을 불러 모으는 것보다 선수단의 전체의 기량을 평준화하는 데 초점을 맞췄다. 유공에서 '골잡이' 김용세를 데려오고 드래프트를 통해 고정운, 유승관, 임종헌 등 유망자원들을 영입했지만 그보다 서울시청 등 실업팀의 알짜 선수들과 무명의 선수들로 채워지는 경우가 더 많았다.

여기서 두 가지 사실을 확인할 수 있다. 하나는 선수 장악력의 비결이다. 갈증이 많은 선수들일수록 개선의 여지가 많고 감독을 잘 따르는 법이다. 현실과 이상의 간극을 메우기 위해서는 고통스러운 과정을 거쳐야 하는데, 이를 기꺼이 감내할 수 있는 자세를 보이는 선수들을 활용했다. 다른 하나는 자연스럽게 내부 경쟁을 유도했다는 점이다. 감독이 원하는 수준으로 올라온 선수들에게는 기회를 주는 것으로 보상했다. 주전 선수들도 자신의 자리를 보장받을 수 없었다. 자연스럽게 팀 전력이 상향 평준화됐다.

박종환 감독은 일화를 베스트 11이 아닌 '베스트 22 팀'이라고 칭했다. 모든 포지션에 걸쳐 2명씩 경쟁구도를 만들고 모든 선수의 정예화를 추구한다는 의미였다. 이렇게 되면 경기 중 감독의 신호에 따라 수시로 위치를 바꾸고도 조직적이고 유기적인 움직임이 가능해진다. 궁극적으로는 압박과 기동력을 바탕으로 한 '파상 공세'가 펼쳐지는 그림이다. 따지고 보면 1983년 청소년대표팀을 4강의 기적으로 이끈 것도, 서울시청에서 최강의 신화를 만들어낸 것도 모두 같은 맥락이었다. 기동력과 팀워크를 바탕으로 다양한 전술전략을 준비한다면, 전력이 강한 상대라도 얼마든지 제압할 수 있다는 지론이었다. 이른바 '번개작전'으로 통하는 박종환 감독 특유의 전술 운영은 1983년 6개의 버전에서 1989년 12가지 버전으로 업그레이드 된 상태였다.

그렇게 잘 준비된 일화는 축구팬들의 기대를 저버리지 않았다. 미드필드에서 볼을 지체하지 않는 짧은 패스와 측면을 활용한 빠른 공격과 전진패스로 상대를 공략했다. 기동력과 조직력을 바탕으로 '돌풍'을 일으키는 신생팀에 다른 팀들은 바짝 긴장했다. 일화의 화끈한 공격축구는 1989년 초반 K리그의 주요 이슈였다.

그러나 돌풍은 끝까지 유지되지 못했다. 신생팀의 한계이기도 했지만 박종환 감독이 시즌 도중 장기간 출장정지 징계를 받았기 때문이다. 사건의 발단은 8월 15일 럭키금성전에서 동점골을 허용하면서 벌어졌다. 일화가 2-1로 리드하고 있던 상황에서 전광판 시계가 멎었는데, 추가시간에 터진 럭키금성 이인재의 헤딩슛이 동점골로 인정됐다. 격분한 박종환 감독은 경기를 마치고 주심을 따라가 따졌고, 이를 지켜보던 일화팬들도 심판실로 몰려가 유리창을 깨고 기물을 파손하는 등 격렬하게 항의했다.

축구협회는 그 모든 책임을 물어 박종환 감독에게 리그 잔여경기(18경기) 출전정지 징계를 내렸다. 가혹한 처사라는 여론에 축구협회가 형량

을 낮추던 날 또다시 문제가 터졌다. 포항제철과의 경기에서 김용세가 퇴장 당하자 분노한 박종환 감독이 그라운드로 달려 나가 주심을 걷어찬 것이다. 징계가 완화되던 날 벌어진 이 사건으로 박종환 감독은 1년간 자격정지 처분을 받았다. 결국 일화는 초기의 돌

풍을 이어가지 못하고 데뷔 시즌 5위를 기록했다. 전통의 팀 현대에 앞서 꼴찌를 면한 것이 그나마 위안이었다.

박종환 감독은 이후에도 몇 차례 판정 시비에 휘말렸다. 1992년 대우-일화전에서 오프사이드 판정에 불만을 품고 항의하다 대기심을 떠밀어 6개월 출장정지 징계를 받기도 했다. 석연찮은 판정에 거침없이 불만을 표하는 감독의 매너도 문제였지만, 정당한 이유로 항의한다고 하더라도 물리력이 동반된다는 게 더 큰 문제였다. 당시 중징계는 정규리그 우승 다툼이 막바지로 치달을 때 내려진 것이어서 타격이 컸다. 심판에 대한 박종환 감독의 불신은 꽤 골이 깊었는데, 한참 뒤인 2003년 대구의 사령탑으로 있을 때도 심판실에 들어가 판정에 항의하며 4경기 출전정지 징계를 받는 악연이 계속됐다. 훗날 박종환 감독은 "성격이 직선적이고 주변과 친화력이 부족해 이런저런 갈등이 많았다"고 말하기도 했다.

》》 K리그 첫 3연패 신화

등장부터 수많은 화제를 만들어낸 박종환 감독이 '승부사' 본연의 위치를 재확인한 것은 프로 감독이 되고 4년이 지나서였다. 앞서 3년 동안 매 시즌 절반 가까운 시간을 그라운드 밖에서 보냈던 그는 1992년 아디다스컵에서 팀에 첫 우승컵을 안겼다. 정규리그를 2위로 마무리한 아쉬움을 아디다스컵 챔피언이 되는 것으로 풀었다.

그 즈음 일화는 공격 일변도의 화끈한 축구에서 실리 축구로의 전환을 꾀하고 있었다. 화끈한 공격 축구는 팬들의 환호를 끌어냈지만 성적까지 책임지지는 못했다. 프로 무대에서는 화끈하게 골을 넣는 것만큼이나 승리를 챙기는 게 중요했다. 박종환 감독이 러시아에서 골키퍼 사리체프를 데려오고 현대에서 방출당하다시피한 수비수 이종화를 영입한 것은 '신의 한 수'였다. 1991년 40경기에서 63골을 내주며 최다실점 팀의 불명예를 썼던 일화가 1992년에는 40경기에서 31실점밖에 허용하지 않는 짠물수비의 팀으로 변 했다. 곧 다음 시즌부터 시작될 '일화 전성시대'의 서막이었다.

1993년, 집권 5년차를 맞은 박종환 감독은 드디어 정규리그 우승컵을 들어올렸다. 실점률을 0점대로 떨어뜨린 골키퍼 사리체프의 맹활약에 더해 이종화, 안익수가 버티는 수비라인은 철벽이었다. 박종환 감독은 경기 후 실점 상황에 대해 선수들과 복기하면서 한 골 한 골 끝까지 책임을 추궁했다. 같은 실수를 반복하는 것은 용납하지 않겠다는 의도였다. 박종환 감독 특유의 승부 근성과 오기는 모든 선수들에게 이식됐다.

당대 최고의 공격수로 손꼽히던 스타플레이어들도 투지로 무장한 일화 수비 앞에서는 좀처럼 힘을 쓰지 못했다. 수비가 안정되자 공격도 힘을 받았다. 신태용, 이상윤, 고정운 같은 선수들이 제 몫을 해줬다. 공격과 수비가 균형을 이루는 '실리축구'를 추구하면서도 과감한 공격축구로 다시 전환해 정상을 정복했다. 무엇이든 미지의 영역에 첫발을 내딛는 것이 어렵지 막상 경계를 넘어 서면 그 다음부터는 거칠 것이 없는 법이다.

정규리그 첫 패권을 안은 일화의 강세가 계속됐다. 1994년에도 정규리그 우승타이틀을 지켜내면서 대회 2연패에 성공했다. 창단 초기부터 강조했던 '베스트 22 팀'의 힘이 폭발한 시즌이었다. 스타플레이어는 많지 않았지만 무명인 선수들을 결집시켜 고른 경기력을 유지했던 데에서 박종환 감독의 저력을 확인할 수 있었다. 박종환과 함께 한 일화의 '신화'

는 1995년 사상 첫 3연패의 위업으로 완성됐다.

1995년 우승은 글자 그대로 극적으로 이뤄냈다. 그해 정규리그는 단일리그가 아닌 전후기리그를 치른 뒤 챔피언결정전에서 우승팀을 가리는 방식으로 진행됐는데, 일화는 전기리그에서 우승한 뒤 후기리그 우승팀 포항과 맞대결을 벌였다. 무려 3차전까지 끌고 간 챔피언결정전은 지금까지도 회자되는 명승부로 손꼽힌다. 1차전에서 득점 없이 비긴 뒤 2차전에서 엎치락뒤치락 역전에 재역전을 펼치며 무승부를 기록한 두 팀의 운명은 3차전에서야 갈렸다.

후반에 교체 투입된 이상윤이 연장전 14분에 사실상의 골든골을 터뜨리며 극적인 드라마의 주인공이 됐다. 이 과정에서 단연 돋보인 것은 박종환 감독의 용병술이었다. 부상 중이던 신태용의 출전 시기를 조율한 것이나 시즌 내내 중용하던 장신 스트라이커 황연석을 빼는 대신 특유의 기동력으로 승부를 건 것, 외국인 란코비치를 전격 투입해 상대의 허를 찌르고 마지막 경기에서 이상윤을 교체 투입한 것 등 예상을 뒤엎는 선수 기용이 주효했다. '우승청부사' 박종환의 명성을 재확인하는 시간들이었다.

》》 존재 자체로 전설인 감독

이제 다시 처음, 일화와 박종환 감독이 손을 잡았던 순간으로 돌아가보자. 시작과 처음의 중요성은 아무리 강조해도 지나침이 없다. 첫인상이 결정되는 시간은 5초에 불과하지만 그 5초 동안 느낀 이미지가 대개 평생을 가는 법이다. 사람과 사람 사이의 관계, 사물을 대할 때의 느낌, 익숙지 않은 것들에 대한 경험 모두 이러한 '각인효과'에서 자유롭지 못하다. 난데없이 웬 첫인상 타령인가 싶겠지만, 실은 일화에 뿌려놓은 박종환 감독의 축구철학에 대한 이야기를 하려는 것이다.

시간이 흐르고 박종환 감독이 팀을 떠난 후 여러 차례 사령탑이 바뀌면서 세밀한 변화가 있었던 것은 부인할 수 없다. 그래도 근성과 투지를 최고의 미덕으로 여기는 고유의 컬러는 달라지지 않았다. 오히려 다양한 형태로 강화됐을 뿐이다. 코치로 박종환 감독을 보좌했던 이장수 감독이 지휘봉을 물려받았을 때도 그랬지만 일화에서 성장한 신태용, 안익수 등이 지도자 생활을 하면서 본보기로 삼은 인물은 말할 것도 없이 박종환 감독이었다.

시대가 바뀌고 운영 철학이 달라져도 선수들을 장악하는 '기술'이나 심리전은 유효했다. 신태용은 훗날 성남 감독으로 지내던 시절 "전략, 전술을 잘 짜는 것도 중요하지만 이를 선수들에게 주입하는 게 더 중요하다. 선수 한 명 한 명에게 전하는 말투와 표현이 모두 달라야 하는데 세게 나가야 먹히는 선수가 있는가 하면 부드럽게 달래줘야 효과가 있는 선수가 있다. 이런 밀고 당기기는 박종환 감독 특유의 방식이다. 굉장히 엄한 호랑이 선생님이었지만 부드러울 때는 한없이 자상한 분이었다. 생각지도 않은 방식으로 선수들을 끌고 가는 노하우나 실제 경기에서 선수를 교체하는 타이밍 같은 것도 많이 배웠다"고 고백한 바 있다.

따지고 보면 강인한 승부 근성과 스파르타식 훈련에 대한 이미지가 워낙 독하게 느껴질 뿐, 핵심 내용은 현대축구에 그대로 적용해도 될 만큼 선도적인 부분이 있었다. 체력과 기동력은 압박과 스피드로 승부를 볼 때 필수적인 요소이고, '베스트 22 팀'을 요즘 말로 풀면 더블 스쿼드를 확보하고 로테이션 시스템을 정착시켰다는 의미다. 박종환 감독의 트레이드마크인 전원공격-전원수비의 '벌떼축구'를 외래어로 바꾸면 '토탈사커'다.

그래서 현장을 떠난 지 7년 만인 2003년, 대구FC 창단 감독으로 다시 돌아왔을 때도 그의 축구는 고루한 느낌이 없었다. 열악한 환경 또는 무명이거나 다른 팀에서 방출된 선수들을 데리고 출발선에 서는 것도 여전했고 그런 선수들을 데리고 돌풍을 일으킨 것도 비슷했다. 홍순학, 오장은, 진경선, 하대성, 임중용 등이 박종환 감독 밑에서 대표선수가 되거나 리그 정상급 선수로 다시 태어났다.

고희를 바라보는 나이까지 현장에서 왕성한 힘을 보일 수 있었던 것은 축구에 대한 끝없는 열정과 자기 확신이 있었기 때문이다. 감독들의 리더십을 통해 인재경영을 통찰하게 만드는 책 『90분 리더십』에 따르면 세계적으로 위대한 감독들은 '아우라'를 갖고 있다는 공통점이 있다. 그 감독이 있다는 사실만으로도 선수들에게 힘을 주는 존재감을 말한다. 여러 차례 한국축구의 신화를 연출하고 그 자체로 팀 전력의 핵심이었던 박종환 감독이야말로 그런 존재가 아니었을까.

1990년 10월 30일, 서울 동대문운동장에서 럭키금성과 대우가 치열한 맞대결을 펼치고 있었다. 승점 4점차로 1, 2위를 기록 하고 있던 두 팀의 승부에 따라 우승 향방이 뒤바뀔 수도 있는 중요한 한 판이었다. 팽팽하게 유지되던 0의 균형은 전반 44분 최진한(럭키금성)이 정용환(대우)의 파울로 얻어낸 페널티킥을 성공시키면서 깨졌다. 럭키금성이 1-0의 리드를 잡는 순간 응원석에서는 우승을 예감한 듯 축포가 터졌다. 물론 호락호락 쓰러질 대우가 아니었다. 후반 시작 1분이 채 지나지 않은 시점에 동점골을 기록하며 따라붙었다. 김주성이 골 지역 오른쪽 에서 혼전 중에 넘어지며 찬 볼이 왼쪽 골대를 맞은 뒤 다시 오른쪽 골대를 튕기며 골라인을 통과했다. 다시 밀고 밀리는 접전이 이어졌지만 더 이상 골문은 열리지 않았다. 최종 승자는 럭키금성이었다. 마지막 한 경기를 남겨두고, 럭키금성이 5년 만에 우승 축배를 드는 순간이었다.

프로축구는 여전히 시장성을 확보하지 못한 상태였다. 정책적인 필요에 따라 급조한 프로리그는 태생적으로 뿌리가 약할 수밖에 없었고, 국가대표 위주로 움직이는 행정과 대표팀 성적에 따라 축구계 흥행이 좌우되는 것은 어쩔 수 없는 현실이었다. 1990년에는 이탈리아월드컵과 북경아시안게임, 남북통일축구대회 등 굵직한 이벤트가 연달아 벌어졌다. 시즌 내내 이어지는 국제대회 때문에 프로경기는 관심의 사각지대로 밀려났다. 스타플레이어들을 내준 프로팀들은 관중 동원과 경기력 유지에 어려움을 겪었다. 이들에 비해 럭키금성은 탄탄한 전력을 확보하고 있었다. 최순호의 대표팀 차출로 생긴 공백을 잘 메운 윤상철이 그 예였다. 윤상철은 고비마다 중요한 골을 터뜨리며 주역으로 활약했다. 이후 프로축구가 성숙기에 접어들면서 맞이하게 될 'K리거 전성시대'를 개척한 주인공이기도 하다.

》 1990 득점왕 윤상철, 31경기 연속골 이끌다

윤상철은 1990년 30경기에 출전해 12골을 넣으며 득점왕을 수상하고 시즌 베스트 일레븐에도 이름을 올렸다. 프로 3년차에 공격수로 정상의 기쁨을 누린 것이지만, 실은 전년도부터 눈독을 들이던 자리였다. 1989년은 윤상철에게 여러모로 아쉬운 시즌이었다. 17골 6도움을 기록하는 대활약을 펼쳤지만 '마의 20골' 고지를 돌파한 조긍연에게 밀려 득점 2위에 머물렀고, 팀도 시즌 막판 우승 다툼에서 미끄러지며 준우승에 그쳤기 때문이다.

우승을 가시권에 두고 있던 만큼 새 시즌을 앞두고 있는 팀의 목표 의식은 명확했다. 윤상철도 최고의 공격수로 인정받을 날을 벼르고 있었다. 동기 부여가 충만했던 만큼 출발이 좋았다. 1990 시즌 개막 후 4경기 만에 1위로 올라선 럭키금성은 이후 단 한 번도 선두 자리를 내주지 않고 우승컵을 품에 안았다. 윤상철 역시 개막 후 3경기 만에 시즌 첫 골을 뽑아내더니 4경기 연속골을 포함해 고비마다 골을 넣으며 팀 승리에 힘을 보탰다.

윤상철 외에도 득점원이 많다는 것은 럭키금성의 전력을 안정적으로 만들어주는 또 다른 힘이었다. 미드필더 최진한(6골 5도움)과 최대식(4골 7도움), 수비수 최태진(4골 2도움) 등이 득점 루트를 골고루 분산시켜준 덕에 다른 팀을 압도하는 득점력(40골)을 보일 수 있었다. 그 시절 럭키금성은 1989년 9월 23일부터 1990년 9월 1일까지 무려 31경기 연속 득점에 성공했다. 처음에는 이 연속골 기록에 누구도 큰 의미를 두지 않았지만 4

월 고재욱 감독이 "연속골 신기록을 세우겠다"고 공언한 후 팀을 끌고나가는 새로운 동력이 됐다. 윤상철은 "우리 팀이 계속 1위를 하고 있어서 자칫 해이해질 수 있는 분위기였는데 연속골을 놓치면 안 된다는 목표의식이 생기면서 동기 부여가 됐다. 공격수들뿐만 아니라 최태진, 조민국처럼 공격적인 수비수들도 많았다. 골을 넣을 줄 아는 선수들이 여러 포지션에 있으니 연속골 신기록이 나올 수 있었다"고 회고했다. 럭키금성의 31경기 연속골 기록은 현재까지도 깨지지 않는 역대 팀 최다 연속 득점 기록으로 남아 있다.

》》 윤상철 vs 라데, 불멸의 '해트트릭 쇼'

1990년 득점상 수상 후 윤상철의 플레이는 한층 더 원숙해졌다. 꾸준히 공격포인트를 올리며 이름값을 했고 1993년에는 도움상도 차지했다. 그해 9골 8도움을 기록했으니 팀 득점(33골)의 절반을 책임졌던 셈이다. 윤상철의 활약에 힘입어 팀은 준우승했다. 물 오른 감각으로 1994년에는 다시 한 번 득점상의 주인공이 됐다. 컵 대회까지 포함해 24골은 시즌 최다골 기록이었다. 이 기록은 2003년에야 김도훈(28골)에 의해 깨졌다.

새로운 기록은 으레 전설적인 장면과 함께 탄생하고 회자된다. 1994년의 윤상철이 그랬다. 그해 윤상철은 포항제철의 라데와 득점왕 자리를 두고 용호상박의 레이스를 펼치고 있었다. 윤상철은 국내 공격수의 자존심을 걸고 골몰이 중이었고 라데는 절정의 기량으로 골과 도움에서 모두 두각을 나타내며 '유고특급'다운 활약을 보이고 있었다. 팽팽한 득점 다툼은 시즌 막바지까지 이어졌다. 결국 정면 대결에서 프로축구사에 길이 남을 극적인 드라마가 연출됐다.

1994년 11월 5일 동대문운동장. LG(럭키금성)와 포항제철이 맞대결을 벌였다. 두 팀 모두 우승 경쟁에서는 미끄러진 상태여서 윤상철과 라데의 득점왕 다툼에 초점이 쏠렸다. 두 선수 모두 시즌 18골을 기록하고 있었지만 정규리그에서는 윤상철이 15골로 라데(14골)보다 한 발 앞선 상태. 전반 7분 윤상철이 최대식의 프리킥을 오른발로 연결하며 선제골을 터뜨린 것은 이날 득점 경쟁의 신호탄에 불과했다. 이에 질세라 라데가 페널티킥으로만 두 골을 추가하며 득점수를 맞춰놓았다. 라데는 후반 6분에도 최문식의 패스를 받아 30미터 이상 특유의 드리블로 돌파한 끝에 골망을 가르며 해트트릭을 작성했다.

순식간에 경기에서도, 득점왕 레이스에서도 역전 당한 윤상철의 오기가 발동했다. 불과 1분 뒤 페널티킥을 얻어낸 윤상철은 직접 골을 성공시키며 다시 라데와 나란히 섰다. 이어 후반 21분 김동해의 패스를 장기인 번개 같은 헤딩슛으로 연결하며 골을 추가, 이날 경기에서 두 번째 해트트릭을 만들었다. 해트트릭을 주고받는 진기명기에 관중들의 넋이 빠졌지만, 아직 쇼는 끝난 게 아니었다. 후반 38분 라데가 황선홍의 도움으로 왼발 슛을 성공시키며 팀 승리를 확정짓는 결승골을 만들었다. 경기 종료를 알리는 휘슬이 울렸을 때 라데와 윤상철 모두 정규리그 18골씩을 기록하고 있었다. 숨가빴던 당시 상황은 아직도 윤상철의 기억 속에 생생하게 남아 있다.

"그해 포항제철을 만나면 내가 유난히 골을 많이 넣었고 라데도 우리 팀만 만나면 골을 몰아넣었다. 양 팀 수비수들이 우리한테 골을 안 먹으려고 서로 바짝 긴장했던 기억이 난다. 공교롭게도 득점 경쟁까지 치열해져서 라데한테 득점왕은 뺏길 수 없다는 생각으로 뛰었다. 마지막 맞

대결 에서 내가 먼저 골을 넣었는데 라데가 뒤집으니까 나도 오기가 생
겼다. 도망가고 따라잡고 하면서 엎치락뒤치락했다. 그날 동대문에 오셨
던 관중들은 아주 재밌는 경기를 보셨을 거다."

최종 승자는 윤상철이었다. 그날 시즌 마지막 경기를 치른 라데와 달
리 윤상철은 2경기를 남겨놓은 상태였다. 윤상철은 다음 경기에서 대우
를 상대로 2골을 추가하며 득점왕을 확정했다.

》 K리그 최초 개인통산 100골-300경기 돌파

윤상철의 득점 활약은 1996년 다시 한 번 화제가 됐다. 개인통산 98골
로 시즌을 마무리하면서 K리그 최초의 100호 골 작성이 가능할지 여부
에 관심이 쏠렸다. 당시만 해도 윤상철처럼 꾸준히 득점 활약을 펼치는
선수가 없었거니와 독일 분데스리가에서 10년 동안 뛰면서 한국축구의
전설이 된 차범근의 득점 기록도 98골에서 멈췄기 때문에, 축구팬들에게
나 공격수에게나 100골은 꿈의 기록이나 마찬가지였다. 1997년 4월 9일
99번째 골을 기록하자 축구팬들은 새해를 앞두고 카운트다운을 외치는
이들처럼 초조하게 그의 신기록을 기다렸다.

하지만 샴페인을 터뜨리기까지는 꽤 오랜 시간이 걸렸다. 출전 기회
가 좀처럼 주어지지 않았기 때문이다. 팀이 세대교체를 단행하면서 기동
력이 뛰어난 젊은 선수들을 중용하는 분위기였고, 어느덧 서른셋의 노장
이 된 윤상철은 벤치를 지키는 날이 더 많아졌다. 팀이 이기고 있으면 교
체 출전이라도 했겠지만 그마저 여의치 않았다. 그해 팀 사령탑에 오른
박병주 감독이 7월 중순까지 1승도 거두지 못했기 때문이다. 고대하던
100호 골이 터진 것은 99호 골을 기록한 후 약 4개월이 지난 8월 13일 전

북전에서였다. 모처럼 선발 출전한 윤상철은 팀이 2-1로 이기고 있던 후반 25분 올레그가 띄워준 볼을 멋진 백헤딩슛으로 연결하며 마의 벽을 깨트렸다. 그것도 모자라 후반 추가시간이 적용된 48분, 함상헌의 패스를 받아 통렬한 왼발슛으로 1골을 더 보탰다. 프로 데뷔 10년 만에 프로축구사상 처음으로 100골을 돌파하는 주인공이 된 순간이었다.

사실 100골 작성 시기는 좀 더 앞당겨질 수 있었다. 4월 19일 전북전에서 서정원이 페널티킥을 얻어내자 박병주 감독이 키커로 윤상철을 지목했다. 이를 거절한 것은 윤상철이었다. 필드골로 대기록을 완성하겠다는 공격수로서의 자존심이었다. 그는 "99골을 넣고 나니까 더 어려워졌다. 모든 팀들이 내가 새 기록을 만드는 것에 희생양이 되지 않겠다고 죽

기 살기로 막아섰기 때문이다. 그래도 골게터로 자존심이 있는데 페널티킥으로 100번째 골을 넣고 싶지는 않았다. 축구를 하는 동안 한두 번 포기하고 싶었던 적도 있었지만, 그래도 10년 동안 한 팀에서 뛰면서 100골을 만들어냈

다는 것에 무한한 자부심을 느낀다"고 소회를 밝혔다.

윤상철은 문전에서 고감도의 슛 감각을 보이는 스트라이커였다. 스크린플레이에 이은 순간 동작이 빨랐고, 슈팅을 해야 할 위치와 시점에 어김없이 그가 있었다. 골 지역 안에서 상대의 호흡을 뺏는 슈팅 타이밍과 감각은 최고였다. 당대 독보적인 골게터가 될 수 있었던 비결을 물었다. 윤상철은 타고난 능력이라기보다 반복된 훈련의 결과라고 설명했다.

"신체조건(178cm, 73kg)이 좋은 것도 아니고 주력이 뛰어난 것도 아니고 파워도 없었다. 천부적인 재능은 없었지만 끊임없는 훈련으로 결정력을 높인 게 내 비결이다. 중고등학교 때부터 대학을 거쳐 프로에 들어올 때까지 골을 넣을 수 있는 많은 상황들을 가정하고 끊임없이 훈련했다. 상대 약점을 파악하는 것도 중요했지만 우리팀 동료들의 습관을 세세하게 파악하는 것이 훨씬 더 도움이 됐다. 미드필더가 어느 방향으로 어떻게 움직이는지, 윙이 움직일 때는 어느 쪽으로 패스가 올지, 어떤 상황에서 동료들의 패스 습관은 어떻게 나타나는지, 돌파를 할 때 습관적으로 나오는 행동은 무엇인지를 모두 파악했다. 역으로 상대 수비는 우리 동료들에 대해 나만큼 잘 알지 못하니까 역동작이 걸리면 항상 내가 이기는 싸움이었다."

윤상철은 100골의 벽을 허문 뒤 또 한 번 프로축구사 최초의 기록을 세운다. 9월 27일 전남전에서 개인통산 300경기 출장을 달성했다. 10년 동안 매 시즌 평균 30경기씩을 소화해야 이뤄낼 수 있는 대기록이다. 그는 철저한 자기 관리와 꾸준한 기량 유지가 최고 덕목인 프로 선수의 교과서였다. 아쉽게도 그의 기록 행진은 101골과 300경기에서 멈췄다. 노장인 그에게 전해진 것은 소속팀으로부터의 결별 통보였다. 당시 상황에 대해 윤상철은 "내 몸 상태는 아직 더 뛸 수 있는 컨디션을 유지하고 있었고 다른 팀에서 이적 제의도 있었다. 구단과 옥신각신하면서 상처도 받았지만, 그래도 10년을 한 팀에서만 뛰었는데 마지막을 K리그 다른 팀에서 보내고 싶지는 않았다. 그래서 호주에서의 마무리를 택했다"고 설명했다.

럭키금성에서 LG치타스, 다시 안양LG로 팀명이 바뀌는 동안 꿋꿋하게 자리를 지키며 프로축구의 과도기를 통과한 그의 시대는 그렇게 막을 내렸다. 하지만 윤상철이 남긴 족적은 이후 K리그에서 헌신하고 장수하는 선수들에게 또 하나의 기원이 됐다.

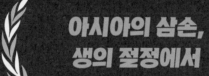

김주성 전성시대였다. 대표팀과 프로 무대를 오가며 물오른 기량을 과시한 그에게 모든 것이 호의적이었다. 생애 한번쯤 허락되는 '뭘 해도 잘 되는 때'가 있다면 김주성에게는 1991년이 그런 해였다. 해외 클럽들로부터 이적 제의가 들어왔고, 소속팀 대우에서도 모처럼 거의 전 경기를 소화하며 에이스다운 활약을 펼치고 있었다. 1989년부터 3년 연속 '아시아 최고 선수상(AFC 기자단 선정)'을 수상한 것은 그 화려한 시절에 정점을 찍는 것이었다. 글자 그대로 전설이 만들어진 시간들이었다.

스포츠에서 스타가 탄생하고 전설적인 인물이 되는 이야기에는 공통점이 있다. 춥고 배고픈 역경의 시간과 무명의 설움을 딛고 어느 날 혜성처럼 등장해 팀을 구하고 영웅이 된다는 인생 역전의 신화다. 김주성이 그런 선수였다. 중앙고를 졸업할 때까지만 해도 주목을 받지 못해 조선대에 진학했고 객지에서 라면으로 끼니를 때우며 축구에만 몰두했던 성장 과정이 그렇다. 1985년 대표팀 평가전을 통해 깜짝 활약을 펼치기 전까지 철저한 무명이었던 그의 '신화'는 부산에서 시작된다.

》》전설이 시작된 그곳, 부산

1985년 1월 1일, 부산 구덕운동장에서 86월드컵대표팀과 88올림픽팀 (1988년 서울올림픽을 대비해 1983년부터 구성한 대표팀 2진)의 평가전이 열렸다. 32년 만의 본선 진출에 사활을 걸고 있던 월드컵대표팀에는 최순호, 이태호, 허정무, 조광래, 박창선, 정용환 등 한국축구 스타들이 모두 모여 있었다. 하지만 결과는 예상 밖이었다. 이경남, 김주성이 연달아 골을 넣은 동생 격인 88팀이 최순호의 골로 체면치레한 월드컵대표팀을 눌렀다. 결승골로 팀 승리를 확정지은 김주성이라는 스타가 탄생한 순간이었다.

강렬한 인상을 남긴 김주성은 그해 6월 월드컵대표팀과 88팀이 모두 참가한 대통령배 국제축구대회에서 다시 발군의 활약을 펼쳤다. 무명의 시간 동안 갈고 닦은 견실한 기본기에 탁월한 공격 센스, 스피드를 활용한 돌파로 매 경기 눈길을 사로잡았다. 4골을 기록한 그는 대회 최고 스타로 인정받으며 A대표팀에도 발탁됐다. 그의 나이 열아홉. 이듬해에는 86월드컵 최종엔트리에 포함돼 본선 무대를 밟았다. 가장 막내였음에도 조별리그 3경기에 모두 선발 출장했고 멕시코, 불가리아전에서는 풀타임을 소화했다. 세계의 높은 벽을 실감했지만 김주성에게는 새로운 도약대가 된 무대였다. 이후의 성공 스토리는 우리가 익히 아는 대로다. 말하자면 부산은 김주성의 전설이 태동하고, 정점을 찍고, 완성된 본향이라 할 수 있다.

김주성과 부산이 좀 더 내밀한 관계를 맺은 것은 1987년이다. 부산을 연고지로 삼은 대우에서 김주성의 프로 인생이 시작됐다. 김주성의 데뷔 시즌이던 그해, 대우는 슈퍼리그 첫 우승을 일궈냈다. 프로 초년생이었던 김주성은 '호화군단' 대우에서 주전 자리를 꿰차며 10골 4도움의 활약으로 신인상을 차지했고 베스트 일레븐에도 선정됐다. 성공적인 프로 데뷔 후 자신감을 얻은 그는 헤어스타일에도 힘을 주면서 상품가치를 높였다. 1988년부터 머리카락을 기르기 시작하며 장발의 헤어스타일을 트레이드마크로 만들었다. 호쾌하게 그라운드를 달린다고 해서 '야생마'로 불렸던 별명은 '삼손'으로 바뀌었다. 흥미로운 것은 머리카락을 기른 후부터 좋은 일이 연달아 생겼다는 사실이다. 1988년 카타르 아시안컵에서 최우수선수에 뽑혔고 이듬해부터 3년 연속으로 아시아 최우수선수상을 수상했다. 그 운이 닿았을까. 소속팀과 대표팀을 오가며 맹활약하던 그는 프로 5년차가 된 1991년 대우에서 두 번째 우승컵을 들어올렸다.

팀과 개인 모두 전성기를 쓰고 있던 때였다. 대우는 헝가리 출신 비츠케이 감독을 사령탑에 앉히고 우승 레이스에서 독무대를 꾸몄다. 1991년 시즌 개막 후 3경기 만에 1위로 올라선 후 시즌 내내 선두를 독주했다. 대우의 거칠 것 없던 기세는 21경기 연속 무패(13승 8무) 기록에서도 확인할 수 있다. 1997년 전남이 타이(11승 10무)를 이룬 것 외에 현재까지 깨지지 않고 있는 최다 연속무패 기록이다.

팀과 함께 김주성의 인생 그래프 역시 상승곡선을 그렸다. 모처럼 소속팀에만 온전히 집중할 수 있었다. 시즌 40경기 중 37경기를 소화했고, 원숙한 플레이로 팀의 중심에 섰다. 최전방 공격수로 나서 14골 5도움을 기록하며 팀 우승에 결정적인 공을 세웠다. 당시 대우는 공격과 수비에 걸쳐 최고의 균형을 유지하고 있는 팀으로 평가받았다. 김주성과 함께 이태호, 하석주로 이어지는 공격진의 연계 플레이도 돋보였고 박현용

과 정용환을 중심으로 하는 짠물수비도 팀 우승을 뒷받침했다. 연말 K리그 시상식의 주인공도 대우의 우승 주역들이었다. 김주성이 베스트 일레븐 미드필더 부문에 선정됐고 정용환과 박현용이 수비 부문에, 김풍주가 골키퍼 부문에 이름을 올렸다.

김주성의 K리그 생활은 1991년 대우의 우승으로 일단락됐다. 꿈에 그리던 독일 분데스리가 진출의 길이 열렸기 때문이다. 86아시안게임 금메달 획득으로 병역을 면제받은 그는 이미 여러 차례 유럽으로 이적할 기회가 있었다. 1991년 초에는 뒤스부르크와 가계약을 맺기도 했으나, 5년간 전문분야 종사 의무기간을 마친 후에 해외로 나갈 수 있다는 당시 법률에 발이 묶여 이적이 불발되었다. 기간을 다 채우고 4주간의 군사훈련까지 받은 후, 1992년 6월에야 독일로 향할 수 있었다. 행선지는 VfL 보훔이었다.

》》 공격수에서 스위퍼로 변신

김주성이 다시 K리그의 중심에 선 것은 그로부터 5년 뒤인 1997년이다. 이번에도 부산과 함께였다. 그해 부산은 프로축구사상 처음으로 전관왕(3관왕)의 위업을 이뤘다. 시즌 개막 첫 대회인 아디다스컵에 이어 프로스펙스컵을 손에 넣었고 정규리그인 라피도컵까지 석권했다. 1991년 우승 후 5년 동안 중하위권을 맴돌며 어려운 시절을 보냈지만 세대교체에 성공하면서 탄탄한 전력을 꾸릴 수 있었다. 샤샤와 마니치, 뚜레 등 수준 높은 외국인 공격수들이 화력을 선보였고 군에서 복귀한 정광석과 김귀화의 분투도 돋보였다. 정재권, 윤희준, 김재영, 김학철 같은 신진 선수들의 성장도 팀의 동력이 됐다.

무엇보다 주장으로서 팀 우승을 이끈 김주성의 리더십이 빛났다. 한때 아시아 최고 스트라이커로 이름을 날렸던 그는 국내 무대 복귀 후 수비수로 변신했다. 30대 중반으로 접어들면서 체력의 한계를 극복하기 위한 나름의 고육책이었다. 과거 공격수나 미드필더로 뛸 때도 수비 가담 능력이 좋았던 터라 새로운 포지션에 대한 적응은 빠른 편이었다. 오히려 공격수로 활약했던 경험이 지능적이고 안정적인 수비에 도움이 됐다. 그해 컵대회를 포함해 프로 무대에서 38경기를 치른 대우는 26실점밖에 허용하지 않았다. 정규리그에서는 더 독했다. 18경기에서 단 9실점만을 기록했다. 경기당 1실점도 내주지 않는 빗장수비의 핵이 김주성이었다. 수비수로, 또 주장으로 맹활약한 그가 K리그 베스트 일레븐과 MVP에 선정된 것은 당연한 일이었다. 이로써 김주성은 공격수(1987), 미드필더(1991), 수비수(1996, 1997, 1999)로 각각 베스트 일레븐에 이름을 올린 최초의 선수가 됐다.

훗날에 김주성은 스트라이커로 홀로 빛날 때보다 팀을 위해 희생하고 헌신했던 1997년의 영광이 더 달콤했다고 고백했다.

"아시아 최우수선수에 세 차례 선정되고 1987년 프로에 입단하자마자 우승했던 것도 소중한 기억이지만 1997년 우승의 감정이 가장 크고 특별했다. 과거에는 내 감정, 내 영광에 만족했다면 1997년에는 동료와 팀, 팬들에 대한 감정을 복합적으로 느꼈기 때문에 상상을 초월하는 큰 감동을 받았다. '나의 팀 부산'이 우승했다는 행복한 감정이었다."

》》 프로축구 첫 은퇴 기념 경기

공격수에서 수비수로 변신해 제2의 전성기를 연 김주성은 1999년 한 차례 더 베스트 일레븐에 이름을 올렸다. 노익장을 과시하며 부산의 정규 리그 준우승을 이끈 해였다. 이를 끝으로 현역 생활에 마침표를 찍었다. 선수로서 이룰 것은 모두 이뤘기에 미련이 없었다. 박수를 받으며 떠날 최고의 적기였다. 아닌 게 아니라 프로축구연맹이 움직였다. 1980년대와 1990년대를 풍미했던 전설의 은퇴를 기념하기 위해 특별한 이벤트가 마련됐다. 프로 올스타팀과 부산대우의 맞대결이 김주성 은퇴 기념 경기로 치러졌다.

1999년 11월 27일, 김주성의 고향 속초에 국내 최고의 축구스타들이 모두 모였다. 프로 올스타팀에는 고종수, 이동국, 최용수, 신태용 등이 포함됐다. 결과는 올스타팀의 3-1 승리. 김주성은 올스타팀 일원으로 나선 전반전 46분에 신태용의 코너킥을 헤딩골로 연결하며 말 그대로 유종의 미를 거뒀다. 사실 결과는 중요하지 않았다. 오롯이 한 선수를 위한 기념 경기가 벌어질 만큼 리그의 문화가 성숙하고 역사가 깊어졌다는 것만으로도 의미가 있었다. 김주성의 은퇴 경기는 공중파 TV로 생중계됐고, 부산대우는 그의 등번호였던 16번을 영구결번으로 지정했다. 국내 축구계에서 영구결번이 나온 것은 김주성이 최초였다. 부산의 모기업이 대우에서 현대산업개발로 바뀐 지금까지도 16번은 영구결번으로 보존되고 있다.

한편 프로축구연맹 주관의 은퇴 기념 경기는 더 이상 보기 어려워졌다. 2002년 한일월드컵을 기점으로 한국축구에 크게 공헌한 선수들에 대한 기념 이벤트는 대한축구협회에서 주관하는 것이 자연스러워졌기 때문이다. A매치에 70경기 이상 출전한 선수들의 경우 축구협회에서 은퇴식을 마련하고 있다. K리그에서 대단한 족적을 남긴 선수들의 경우 이제 소속팀에서 은퇴식을 치르는 것이 일반적이다. 어쨌든 김주성의 은퇴 경기는 한국 축구사에 특별한 그림으로 남아 있다. 당대 선후배와 축구인, 축구팬들이 한마음이 되어 한 시대의 영웅과 아름답게 작별한, 최초이자 유일한 경기였기 때문이다.

》》 김주성 스카우트 파문, 그리고 해피엔딩

신인왕부터 은퇴 기념 경기까지 영광스러운 기억으로만 나열되는 것 같은 김주성의 프로 생활에도 위기는 있었다. 정확하게는 프로 입단을 앞두고 벌어진 이른바 '스카우트 파문'이다. 1985년 1월, 조선대 3학년에 재학 중이던 김주성은 유공과 입단 가계약을 맺었다. 계약금 3천만 원에 연봉 2천 4백만 원, 졸업할 때까지 장학금을 받는다는 조건이었다. 문제는 유공과 계약서에 사인한 후 김주성이 대표팀에 발탁되고 주가가 폭등하면서 불거졌다.

대우, 포항제철, 현대 등 자금력을 동원한 타 팀에서 1억 원이 넘는 계약금을 제시하며 김주성의 마음을 흔들었다. 그중 대우가 가장 적극적이었다. 물론 유공도 지키기에 나섰다. 당초 계약금보다 3~4천만 원 인상한 금액으로 성의를 보이며 김주성에게 '신의'를 요구했다. 하지만 김주성의 마음은 대우 쪽으로 기울었다. 위약금을 물고서라도 대우로 가겠다는 의지만 더 확고해질 뿐이었다. 유공과 김주성 사이에 법정 공방까지 벌어질 판이었다.

첨예한 대립은 유공의 양보로 극적인 타결을 이뤘다. 양 팀 단장이 직접 만나 의견을 조율한 끝에 대우가 유공에 위약금을 물어주고 유공은 김주성과의 계약을 해지하기로 했다. 당시 유공은 '축구 선수 영입을 둘러 싼 프로 구단들의 과열경쟁이 사회적 물의를 일으킨 것에 책임을 지고 김 주성과의 계약을 해제한다'는 변을 밝혔다. 실제로 '김주성 스카우트 파문'은 1986년 내내 축구계에서 비중 있게 다뤄진 이슈였다. 비슷한 시기에 김종부를 두고서도 대우는 현대와 '쟁탈전'을 벌이고 있었다. 그 결말은 익히 알려진 대로다. 1983년 멕시코 U-20 청소년 월드컵 4강 신화를 통해 차세대 공격수로 주목받았던 김종부는 재능을 꽃피워보지 못한 채 시들고 말았다. 만약 유공과 김주성의 대립이 장기전으로 흘렀다면 이후 오랫동안 우리를 행복하게 했던 '아시아의 삼손'을 만나지 못했을지도 모를 일이다.

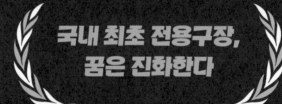

K LEAGUE LEGEND 40

박태준
그리고 스틸야드

1992

국내 최초 전용구장,
꿈은 진화한다

경북 포항시 남구 동해안로 6261번길. 포항에서 축구를 보러 가려면 포스코 본사를 찾아야 한다. 이곳으로 향하다 보면 한국 경제 성장의 상징으로 손꼽히는 제철소가 한눈에 들어온다. 정문에는 이런 슬로건이 큼지막하게 쓰여 있다. '자원은 유한, 창의는 무한.' 고(故) 박태준 포스코 명예회장의 어록에서 발췌한 이 문구는 창의의 시대를 사는 지금 더 큰 울림이 있다. 고개를 건너편으로 돌리면, 포스코 본사 뒤쪽으로 환한 조명 빛이 새어 나오는 축구장 지붕이 눈에 들어온다. 바로 그곳에서 '창의의 향연'이 펼쳐진다. 한국 축구를 대표하는 수많은 스타플레이어들이 탄생하고 거쳐간 곳, 공 하나에 울고 웃는 명승부가 영원히 전설로 남은 곳, 그리하여 30년 전의 함성이 오늘도 살아있는 곳. 포항스틸러스의 홈구장 스틸야드다.

》》 한국 최초의 전용구장, 관전 개념을 바꾸다

1992시즌 K리그 왕좌에 오른 팀은 포항제철이었다. 매체들은 팀의 우승 비결로 타 팀을 압도하는 선수 구성과 감독의 리더십, 프런트의 지원 등을 어김없이 거론했다. 여느 때와 다른 요소가 있었다면 축구전용구장의 위력을 언급한 것이었다.

축구전용구장은 말 그대로 축구만 할 수 있도록 지어진 경기장이다. 다양한 경기를 소화할 수 있는 종합운동장에는 그라운드와 관중석 사이에 육상트랙이 있다. 트랙의 너비는 8레인 기준 76미터 이상이다. 스틸야드의 그라운드와 관중석 거리는 6미터에 불과하다. 그라운드에서 뛰는 선수와 관중석에서 응원하는 팬들이 밀접하게 교감할 수 있다. 공을 차는 소리부터 거칠게 호흡하는 숨소리, 뛰고 구르고 태클을 걸고 부딪히는 움직임까지 눈과 귀의 감각을 충족하는 경험이 이뤄지는 곳이다.

　스틸야드는 국내 최초의 축구전용구장이었다. 1988년 착공해 1990년 11월 완공했다. 전용구장에 관한 인식조차 희박하던 시절, 작지만 큰 위용을 가진 구장의 등장은 그 자체로 신선한 충격이었다. 어느 위치에서든 녹색 그라운드가 훤히 보이는 시야가 확보됐다. 2층 맨 꼭대기에서도 30미터 내에서 경기를 보는 것과 같은 구조로 만들어졌다. 이후로 축구장의 관전 개념을 영원히 바꿔 놓은 경기장이었다.

　스틸야드 개장을 기념하는 경기는 포항제철과 고려대의 경기였다. 이날 경기에서 '스틸야드 1호골'이자 팀의 1-0 승리를 이끈 결승골의 주인공은 고졸스타 최문식이었다. 그는 "전용구장 탄생은 그 자체로 굉장한 이슈였다. 경기장에 들어선 역사적 순간에 느낀 선수들의 감격은 이루 말할 수 없었다"며 당시 감흥을 떠올렸다.

　전용구장의 위력은 당시 그라운드에서 활약한 선수들의 증언으로 좀

더 생생하게 확인할 수 있다. 황선홍은 이렇게 말했다.

"포항 선수들보다 상대 선수들이 더 힘들어했다. 다른 경기장에서는 볼이 아웃되는 경우 한참 있다가 다시 그라운드로 투입됐다. 스틸야드에서는 아웃된 볼이 금방 되돌아왔다. 관중석에서 곧바로 던져주는 경우도 많았다. 볼이 아웃되면 선수들도 한숨 돌리는 시간을 갖는데, 포항에서는 그럴 틈이 없으니 상대가 버거워 했다. 박태준 회장님의 각별한 관심으로 잔디도 잘 관리되는 편이었다. 1990년대 초반 포항이 빠른 공수 전환과 기술을 선보일 수 있었던 것은 고른 잔디 덕이다."

포항에서 현역 생활을 마무리하고 훗날 포항의 12대 감독이 된 김기동은 이렇게 회고한다.

"부천SK에서 뛰던 시절 포항을 상대할 때면 팀보다 스틸야드 분위기가 더 강렬했다. 스틸야드에 오면 답답했다. 팬들의 기운이 응집되어 있었다. 나를 압박하는 분위기였다. 내가 포항 선수가 되어 뛸 때는 그게 나의 에너지가 됐다. 홈구장 덕을 봤다."

》》 한 기업인의 축구 사랑법

국내 최초의 축구전용구장은 박태준 회장의 깊은 관심과 애정으로 탄생했다. 그는 축구에 대한 사랑이 남다른 기업인이었다. 1973년 포항제철 축구단 창단했다. 최초의 외국인 선수 영입(1983), 축구전용구장(1990년)과 클럽하우스(2000년) 건립, 유소년 육성 시스템 도입(2003년) 등 프로축구사 '최초'의 기록들을 지원했다. 광양축구전용구장 건립(1993년)과 전남드래곤즈 창단(1995년)으로 이어진 애정은 프로축구의 양적인 성장과 질적인 도약을 이끌었다. 1973년 포항제철 축구단 창단 멤버인 이회택(OB축구회장)은 축구에 대한 박 회장의 관심을 이렇게 기억한다.

"처음에는 일본과 한국을 오가면서 야구에 관심을 가졌던 것으로 안다. 그런데 유럽 출장을 다니면서 생각이 바뀌었다고 한다. 유럽에선 일상 화제가 온통 축구였다. 월요일이나 화요일에 미팅을 하면 축구 얘기가 빠지지 않는다. 자연스럽게 회장님도 축구단 창단을 생각했던 것 같다. 나를 보시면 '지금은 우리가 일본에 기술을 배워 오지만, 축구만큼은 일본에 이겨야 한다'라고 말씀하셨다."

축구전용구장 탄생 배경은 좀 더 극적이다. 1986 멕시코 월드컵에서 아르헨티나가 우승할 당시 현장에 있던 박태준 회장은 경기장에 흩날리던 꽃가루와 관중들의 열기를 보고 충격에 가까운 감동을 받았던 것으로 전해진다. 한국에도 그런 분위기를 낼 수 있는 경기장이 필요하다고 판단한 그는 전용구장 건립을 추진했다. 전용구장을 만드는 데 든 비용은 총 110억원이었다. 포스코에서 박태준 전 명예회장을 오랫동안 보좌한 김태만 전 포항 사장의 증언에서 그 진심을 엿볼 수 있다.

"당시 포항제철의 자금 사정은 절대로 넉넉하지 않았다. 광양에 제철소를 만드는 데 모든 자금력을 동원하면서 긴축 재정을 펼치던 시절이었다. 광양제철소를 만드는 데 들어간 돈이 경부고속도로를 짓는 데 드는 돈의 서너 배에 달했을 거다. 그 시기 포항에 전용구장을 만든 거다. 축구에 대한 어르신의 애정과 뚝심이 대단했다."

정작 박태준 회장이 전용구장에서 축구를 즐긴 것은 그로부터 약 20년이 지난 뒤였다. 1993년 문민정부 출범과 함께 정치적 이유로 포스코 명예회장직에서 물러났기 때문이다. 일본 망명 생활과 정치적 영욕의 세월을 거친 뒤에야 스틸야드를 찾을 수 있었다. 2011년 5월 15일 포항과 전북의 박태준 회장이 홈에서 직접 관전한 첫 경기였다. 그리고 마지막 경기가 됐다. 박태준 회장은 그해 12월 영원히 눈을 감았다.

2년 뒤인 2013년 5월, 포항은 축구단 창단 40주년을 기념해 K리그 구단 최초로 명예의 전당을 만들었다. 1호 헌액자는 당연히 박태준 회장이었다. 구단은 또 스틸야드 본부석 맞은편(E석)을 '청암존'으로 명명했다. 축구에 대한 박태준 회장의 열정을 영원히 기억할 수 있도록 그의 호를 따 붙인 이름이었다.

》》 스틸야드의 꿈은 진화한다

다시 10년 뒤, 포항스틸러스는 창단 50주년을 맞았고 프로축구 역사는 40년이 되었다. 한국프로축구연맹은 리그 출범 40주년에 명예의 전당을 신설하고 초대 헌액자 6명을 선정했다. 최순호, 홍명보, 신태용, 이동국(이상 선수 부문), 김정남(지도자 부문), 그리고 고(故) 박태준 포스코 명예회장(공헌자 부문)이다. 축구인 일색인 자리에서 이질적인 한 명의 이름을 언급한 최순호(수원FC 단장)는 그를 이렇게 소개했다. "최초의 시도를 두려워하지 않고 최선의 시스템을 마련한 선각자였다."

최초의 시도로 늘 첫머리에 등장할 스틸야드는 K리그가 벌어지는 경기장들 중에서 가장 오랜 역사를 자랑한다. 1990년대 초반부터의 풍경과 감흥, 명승부를 오롯이 품고 있는 유일한 경기장이다. 추억으로 박제된 역사가 아니라 지금도 살아 움직이며 써 나가는 역사다. 1990년에 아빠를 따라 스틸야드 개장 경기를 관람했던 어떤 꼬마는 20년이 지나 포항 구단 직원이 되었다. 1990년대 중반 황금기를 열었던 선수 황선홍은 21세기에 감독이 되어 포항의 벤치를 지켰다. 1995년 일화와의 챔피언결정전에서 골을 성공시킨 뒤 철조망에 매달려 포효했던 그가 2012년 감독으로 FA컵 우승트로피를 들어올린 뒤 다시 한 번 철조망을 붙들고 감격을 재현한 것은 오직 스틸야드였기에 가능한 일이다. 황선홍 감독 시절 포항 유니폼을 입고 K리그 501경기 출전 대기록을 썼던 김기동은 2023년 '기동타격대'의 수장으로 역사를 이어가고 있다.

포항에서 활약한 신화용의 사연은 또 어떤가. 포항에서 나고 자라 포철동초-포철중-포철공고 등 포항의 유스시스템을 거친 그는 어린 시절부터 포항의 팬이었다. 황선홍과 홍명보, 라데, 박태하 등이 뛰던 경기를 직접 보고 자란 선수이기도 했다. 신화용은 "포항 경기가 있을 때마다 보러 다녔다. 집에서부터 스틸야드까지 걸어간 날도 있었다. 그때부터 나는 대표팀 선수가 되는 것보다 훌륭한 프로 선수가 되는 게 꿈이었다. 경기가 끝난 뒤 선수들이 가방을 메고 구단 버스에 올라타는 걸 보면 그렇게 멋있어 보일 수가 없었다. 어느 날 보니까 내가 그 버스 안에 누워있었다. 나도 됐구나 싶어 감격스러웠다"라고 고백했다.

K리그 명예의 전당 헌액식에 박태준 회장을 대신해 참석한 아들 박성빈 씨는 이렇게 소감을 전했다.

"오늘도 어김없이 들판에서 수많은 아이가 공을 차고 뛰어 논다. 가족들은 주말마다 작지만 큰 행복을 경험한다. 이 모습이 선친께서 생각하신 프로축구의 미래였을 것이다."

과거의 약속과 미래의 희망이 대화를 나누는 것, 그것이 현실로 이루어지는 것, 어떤 축구 클럽이 한 사람의 인생과 하나가 되어 가는 것. 스틸야드에서는 익숙한 풍경이다. 스틸야드의 꿈은 그렇게 진화하고 있다.

K LEAGUE LEGEND 40

사리체프 혹은 신의손

1993

일화 시대의 서막을 연 최초의 귀화 선수

역사는 언제나 특별한 한 사람에 의해 획이 그어지고 완성된다. 이 책 『K리그 레전드 40』의 구성도 그 틀을 따르고 있다. 그중에서도 이번에 소개할 인물은 좀 더 특별하다. 한국 프로축구의 물줄기를 몇 차례나 바꿔 놓았기 때문이다. 발레리 사리체프, 별명이었던 '신의 손'이 곧 한국 이름이 된 골키퍼에 대한 이야기다.

》》'일화 시대'의 서막을 열다

2020년대 전북현대가 리그 9회 우승의 대업을 달성하기 전까지, 성남 일화는 K리그에서 가장 많은 우승컵을 품에 안은 클럽이었다. 팀의 마스코트 천마 위에 새겨져 있던 7개의 별이 아직 선명하다. 이 중 절반에 가까운 세 개의 우승컵을 1990년대 초중반에 쓸어갔다. 그 시작은 1993년이었다. 1989년 K리그 6번째 팀으로 창단해 5년 만에 맺어낸 열매는 또 새로운 씨앗이 되어 정규리그 3연패라는 위업으로 이어졌다.

일화가 1993년 우승을 차지한 비결은 대략 세 가지로 정리된다. 우선 창단 때부터 팀을 이끌었던 박종환 감독의 카리스마 넘치는 리더십을 꼽을 수 있다. 포항제철, 현대, 대우, LG 등이 모두 서너 명의 대표급 스타들을 보유하고 있었던 것과 달리 일화는 감독의 존재감을 넘어서는 스타가 없었다. 역설적으로 스타가 없었기에 그것이 장점이 되어 탄탄한 조직력을 만들 수 있었다. 박종환 감독은 일화 지휘봉을 잡기 전 몸담았던 서울시청에서 데려온 선수들과 고정운, 이상윤, 신태용, 한정국 등 대학을 갓 졸업한 신예들을 적극적으로 활용했다. 대부분 창단 때부터 발을 맞춰온 터라 5년째이던 1993년의 조직력은 정점에 오른 상태였다. 이것이 팀 우승의 두 번째 비결이었다.

여기에 마지막 퍼즐 조각이 된 이가 있으니 사리체프다. 1992년 일화에 입단한 그는 K리그 데뷔 첫 해부터 인상적인 활약을 펼쳤다. 시즌 40경기에 출전해 31실점을 기록하며 0점대 실점률을 선보였다. 엄청난 활약상은 기록으로 보면 좀 더 직접적인 비교가 가능해진다. 전년 1991 시즌 정규리그에서 일화는 40경기를 치르는 동안 63실점을 내줬다. 6개 팀중 꼴찌 다음인 5위로 시즌을 마감했다. 하지만 사리체프가 합류한 1992년에는 정규리그 실점 기록이 21골로 전년 대비 3분의 1 수준으로 낮아졌다. 눈에 띄게 안정감을 찾은 일화는 창단 후 처음으로 패배보다 승리기록이 더 많은 팀으로 변모했다. 정규리그에서도 준우승을 차지하며 본격적인 상승의 발판을 마련할 수 있었다. 이듬해 일화가 우승컵을 들어올리는 것은 예고된 수순이었던 셈이다.

》》 4년 연속 경이적인 '0점대' 실점률

일화의 3연패 주역이자 1993년 프로축구 최우수선수상을 수상했던 이상윤은 사리체프에 대해 "팀 전력의 50%였다"는 말로 존재감을 설명했다.

"아무리 수비가 좋아도 한두 골은 먹기 마련이다. 그런데 사리체프는 여지없이 골이다 싶은 결정적인 상황에서도 막아냈다. 뒤에서 그렇게 막아주면 선수들의 사기가 올라가고 안정감이 생길 수밖에 없다. 그 당시우리 선수들은 사리체프가 지켜준 덕에 어떤 팀이랑 붙어도 진다는 생각을 하지 않았다. 국내에도 좋은 골키퍼들이 있었지만 사리체프는 K리그골키퍼의 수준 자체를 끌어올린 선수였다."

사리체프의 경이로운 활약상은 기록으로 증명된다. 데뷔 첫해부터 4

년 연속 0점대 실점률을 기록했다. 1993년(35경기 33실점), 1994년(36경기 33실점), 1995년(34경기 27실점)까지 이어진 대기록은 일화의 3연패 시기와 정확히 일치한다. 언론에서는 공격축구라는 색깔을 내면서 승점도 챙기는 내실 있는 팀이 되었다는 찬사 가득한 분석을 내놓았다. 사실 그의 이력을 살펴보면 새삼스러운 일도 아니다. 사리체프는 러시아 '야신 클럽(100경기 이상 무실점 기록자)'의 여덟 번째 회원이기도 하다. 100경기 이상 '클린시트' 무실점 경기를 이끌어낸 골키퍼에게만 가입 자격이 주어지는 명예로운 경력이다. 전설의 골키퍼 레프 야신의 나라에서 인정받은 방어 실력이 한국에서도 재현되었으니 동료 이상윤의 찬사는 흰소리가 아니다.

1992년 데뷔 후 4년 동안 사리체프가 출전하지 못한 경기는 딱 한 경기 밖에 없었다. 1995년에 경고 누적으로 한 경기를 쉬었을 뿐이다. 더욱 놀라운 것은 4년 내내 무교체 출장했다는 사실이다. 골키퍼 포지션의 특성상 교체가 잦을 수는 없지만, 4시즌 동안 거의 전 경기를 풀타임으로 소화하는 것은 꾸준한 관리가 뒷받침되지 않으면 불가능하다. 이런 활약상을 바탕으로 1992년부터 4년 연속으로 프로축구 베스트 일레븐 골키퍼 부문에 선정됐다. 4년 연속 베스트 일레븐 수상은 이전에도, 이후에도 없는 기록이다. 믿을 수 없는 선방 활약을 펼치던 그의 이름 앞에 언제부터인가 '신의손'이라는 수식어가 붙었다.

》 '긴급조치 96호', 골키퍼를 보호하라

사리체프의 등장은 K리그에 새로운 시사점을 던졌다. 골키퍼의 존재감에 대한 재고는 말할 것도 없고 골키퍼의 적극적인 개입이 경기에 어떤 영향을 미칠 수 있는지 눈으로 또 체험적으로 확인했다. 사리체프의 활약에 자극받은 다른 팀들은 경쟁적으로 외국인 골키퍼들을 영입했다. 부천의 샤샤, 포항의 드라간, 부산의 일리치, 전북의 알렉세이, 전남의 페트로 등이 비슷한 시기 K리그의 골문을 지켰다. 한때는 외국인 골키퍼 간 대결이 경기 승패를 좌우할 정도로 비중이 커지기도 했다.

외국인 골키퍼 붐이 일자 이번에는 내부에서 볼멘소리가 나왔다. 국내 골키퍼들의 입지가 좁아졌기 때문이다. 당장 프로 무대에서 설 자리를 잃는 것도 문제였지만 장기적으로는 국제무대에서 경쟁력이 떨어질 판이었다. 국내 골키퍼들의 기량 저하를 우려하는 목소리가 커지자 급기야 프로축구연맹이 제동을 걸었다. 국내 골키퍼 보호 육성이라는 명분을 내걸고 외국인 골키퍼 출전 제한 정책을 실시했다. 1996년에는 시즌 총 경기수의 2/3, 1997년에는 1/2, 1998년에는 1/3로 출전 기회를 축소했고, 1999년부터는 아예 외국인 골키퍼 출전이 전면 금지되었다.

반대급부로 위기의식을 느꼈던 국내 골키퍼들의 비약적인 성장이 이뤄지기도 했다. 외국인들과의 경쟁에서도 뒤지지 않고 0점대 실점률을 기록한 김병지를 비롯 이운재, 서동명, 이용발, 최은성 등이 자존심을 지켰고, 훗날 젊은 자원들이 경쟁력을 갖고 성장할 수 있는 토대를 만들었다. 흥미로운 것은 이 모든 진통의 원류를 거슬러 올라가면 단 한 사람, 사리체프에게로 초점이 맞춰진다는 점이다. 역사와 정책에 획을 그을 만큼 대단한 존재감이었음을 방증하는 사례다.

》》'신의 손', 한국인 신의손이 되다

외국인 골키퍼 제한 조치에 직격탄을 맞은 이는 역시 사리체프였다. 30대 중반의 나이에도 왕성한 활동을 보였던 그는 점점 축소되는 출전수에 위축될 수밖에 없었고, 사실상 타의에 가깝게 유니폼을 벗어야 했다. 잘 나가던 사리체프에게는 방황의 시기였다. "골키퍼는 컨디션과 밸런스를 유지하는 게 정말 중요한 포지션인데, 출전 기회 자체가 줄어드니 일정한 경기력을 유지할 수 없었다"는 설명이다. 언제 출전할지 모르는 긴장 속에 들쭉날쭉한 경기력으로 스스로에 대해 갖게 되는 회의감, 불투명한 미래에 대한 불안감이 교차했다. 한국에 남아도 경기에 출전할 수 없었고 새로운 나라에서 현역으로 새로운 길을 모색하기에는 나이가 너무 많았다. 고민이 깊던 그를 다시 그라운드에서 서게 한 이는 조광래 감독이었다.

당시 안양LG의 사령탑이었던 조광래 감독은 사리체프를 골키퍼 코치로 불러들였다. 선수 복귀는 그야말로 우연한 기회에 이뤄졌다. 연습경기에서 골키퍼 빈자리를 대신해 나섰던 것이 감독의 눈길을 사로잡았다. 1999년 내내 불안한 골키퍼 포지션 문제로 초조했던 조광래 감독은 팀과 사리체프의 문제를 한꺼번에 해결할 수 있는 묘안을 찾아냈다. 사리체프를 한국인으로 귀화시켜 선수로 다시 뛰게 하는 것이었다. 사리체프의 실력과 열정이 뜻밖의 출구를 만난 순간이었다.

한국에서 얻은 별명 '신의손'은 그대로 그의 한국 이름이 됐다. 구리 신 씨의 시조가 된 그는 '최초의 귀화 축구선수'로 또 한 번 새로운 역사를 만들었다. 그라운드로 복귀한 2000년, 신의손은 한결 노련한 운영과 대처 능력으로 팀의 골문을 지켰다. 그 덕에 안양은 시즌 초반부터 10연승을 달리는 등 강세를 보였고 1990년 프로축구대회 이후 10년 만에 K리그 우승을 차지했다. 당시 신의손의 나이는 41세였다.

"한국에서 네 번의 우승을 경험했는데 안양에서의 우승은 남다른 감격이 있었다. 2년 동안 쉬다가 동계 훈련에서 불과 열흘 정도 몸을 만든 게 전부였던 상태에서 팀 우승을 도왔으니까. 다시 선수로 뛸 수 있을 거라고는 상상도 못했는데 기적적으로 복귀했고, 그해 최우수 골키퍼 상을 받았다. 나이 마흔이 넘어서도 무언가를 이뤄냈다는 게 감동적이었다."

신의손의 활약은 이듬해에도 계속됐다. 35경기 출전에 29실점으로 0점대 실점률을 회복했다. 1995년 이후 6년 만의 대기록이었다. 큰 위기를 딛고 만들어낸 인간 승리였다. 2000년 말 말 무릎 후방 십자인대 파열로 수술대에 오른 그는 당초 회복에 7개월이 걸릴 것이라던 의료진의 예상을 깨고 단 3개월 만에 그라운드로 복귀했다. 선수로 뛰는 시간이 얼마나 소중한지 알고 있었기에 간절한 마음으로 재활에 매달려 복귀를 앞당길 수 있었던 것이다. 2001년의 '0점대' 기록으로 명예 회복에는 성공했지만 슬슬 세월의 무게를 느끼기 시작했다. 2002년을 기점으로 순발력과 체력이 예전 같지 않다는 걸 알게 됐고, 결국 2004년 8월 포항전을 끝으로 골키퍼 장갑을 벗었다.

》 신의손이 젓가락질을 못하는 이유

현역 은퇴 후에도 한국과의 연은 계속됐다. 서울과 경남을 거쳐 2008년부터는 여자축구 대교 캥거루스의 골키퍼 코치를 맡았다. 한때는 중 · 고교를 순회하며 땡볕 아래 모래 바닥에서 '골키퍼 클리닉'을 개최하는 수고도 마다하지 않았다. 중 · 고 축구팀들이 골키퍼 전담 코치를 두기 어렵다는 현실을 알고 있었기 때문이다. 제2의 조국이 된 한국, 축구선수로서 부와 명예를 누릴 수 있게 해준 한국에 작은 것이라도 돌려주고 싶었던 마음이 컸다.

"한국에서 지내는 동안 재능 있는 선수들을 많이 봤다. 하지만 그걸 키우지 못하는 선수들을 더 많이 봤다. 한국의 골키퍼 코칭은 기초 교육에 소홀한 편인데, 골키퍼 기본기 교육을 지금보다 더 충실하게 할 필요가 있다."

신의손은 자신의 인생을 '축구'와 '한국'이라는 두 단어로 압축한다. 하지만 아직도 한국 문화에서 넘지 못한 벽이 하나 있으니 그건 바로 '젓가락질'이다. 그 사연은 이렇다. 신의손은 옛 소련의 토르피토에서 뛰던 1985년 오른쪽 팔목뼈가 부러지는 부상을 당했다. 골키퍼에게는 치명적인 부상이었다. 하지만 당시 2군 선수였던 그가 쉬어가는 여유를 부릴 수는 없었다. 오히려 반드시 성공하겠다는 오기로 버텼다. 고통 속에서도 어떻게 공을 잡아야 할까를 연구하며 2군 리그 출장을 강행했던 그의 성실성과 집념은 결국 2년 뒤 1군 엔트리 진입이라는 결실로 돌아왔다.

1987년 리그 막바지에 주전 골키퍼의 기복을 불안해하던 감독이 신

의손을 선발로 기용했다. 결말은 예상하다시피 동화 같은 해피엔딩 이
다. 신의손은 입단 4년 만에 찾아온 기회를 살려 팀에 UEFA컵 티켓을 안
겼다. 이후 주전으로 활약하며 '야신 클럽'에도 가입했다. 1991년에는 옛
소련 최우수 골키퍼에도 선정됐다. 하지만 '야신의 후예'가 되는 대신 팔
목뼈가 제대로 붙지 않는 후유증을 겪어야 했다. 손가락에 제대로 힘이
들어가지 않는 탓에 섬세한 움직임이 필요한 젓가락질이 불가능한 것이
다. 이제는 부상 투혼이 미덕인 시대는 지났지만, 신의손의 굽혀지지 않
는 손가락은 끊임없는 노력으로 낯선 무대에서 눈부신 성과를 올린 그에
게 특별한 훈장 같은 것이었다.

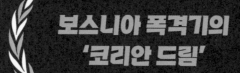

흐릿한 기억보다 선명한 잉크가 낫다는 말이 있다. 시간의 퇴적 속에 소멸하는 기억보다, 무미건조할지언정 뚜렷하게 자국을 남기는 기록이 더 신뢰할 만하다는 의미다. 하지만 기록이 모든 것을 말해주지 않을 때도 있다. 이를테면 역대 K리그 득점왕들의 기록 비교라든지 역대 최고 외국인 선수를 가리는 일 따위의 논쟁이다. 지역방어가 대세인 현재와 맨마킹이 주를 이뤘던 과거 사이에서 골을 넣기 위해 움직였던 공격수들의 투쟁은 수치로 우열을 따질 수 있는 내용이 아니다.

외국인 선수를 비교하는 잣대 역시 일관성을 갖기는 쉽지 않다. 그럼에도 라데 보그다노비치에 대해서는 공통적으로 엄지손가락을 치켜든다. 잘생긴 외모, 탁월한 축구실력, 거침없는 성격으로 그라운드 안팎에서 화제를 몰고 다녔던 그는 K리그에서 뛰었던 5년 동안 강렬한 인상을 남긴 스타였다. 2009년 한 축구전문지에서 역대 득점왕들을 대상으로 실시한 설문에서 역대 최고의 외국인 선수로 선정됐을 정도다. 라데 이후 그보다 훨씬 많은 골을 넣고 뛰어난 기록을 남긴 선수들은 끊임없이 등장했다. 그래도 여전히 전설적인 외국인 선수로 첫손에 꼽히는 이는 라데다. 그가 한국에서 남긴 발자국은 이렇다.

》》 코리안 드림 이룬 보스니아 폭격기

라데는 진정한 의미에서 '코리안 드림'을 이룬 선수다. 그가 한국 땅을 밟았던 1992년, 조국 보스니아(옛 유고연방)는 내전의 소용돌이에 빠져 있었고 라데 역시 선수로서의 미래를 장담할 수 없는 상황이었다. 스물 세 살의 어린 나이에 축구화 한 켤레만 달랑 들고 온 그는 매일같이 부모에게 전화를 걸어 생사를 확인해야 할 정도로 불안한 날들을 보냈다. 한국에서 반드시 성공해야 하는 데에는 절박한 이유가 있었다. 그것은 자신을 믿고 따라온 세 살 연하의 아내 산드라와 조국에 있는 가족들을 안전하게 지켜주고 싶다는 꿈이었다. 절박함 때문이었을까? 라데에게는 별다른 적응기간이 필요 없었다. 1992년 7월 포항제철에 합류한 후 후반기에만 17경기에서 3골 3도움을 기록하며 성공적으로 K리그 연착륙을 신고했다. 한국축구 특유의 강력한 태클과 투지에 고전할 법했지만 라데 역시 승부욕과 투혼에서는 밀리지 않았다. 여느 외국인 선수들처럼 몸을 사리지 않고 맞서는 모습에서는 오히려 한국인처럼 억척스러운 기질이 엿보이기도 했다.

그 힘으로 달렸다. 데뷔 시즌에는 미드필더로 활약했지만 파워와 돌파력, 패싱력, 결정력에서 두루 두각을 나타내며 차츰 공격 진영으로 올라섰다. 당시 포항제철의 사령탑이었던 허정무 감독은 라데가 더욱 적극적으로 공격에 가담할 수 있도록 수비 부담을 덜어주고 자유롭게 움직이도록 배려했다. 1993년 꾸준한 출전 기회를 얻은 라데는 9골 3도움을 기록하며 기대에 보답했고 1994년에는 22골 6도움이라는 폭발적인 활약을 펼치며 팀의 공격을 이끌었다. 그 공을 인정받아 K리그 시상식에서 베스트 일레븐에 선정되기도 했다. 특수 포지션에서 활약한 골키퍼 사리체프(신의손)를 제외하고 외국인 선수가 베스트 일레븐에 선정된 것은 1985년 피아퐁 이후 9년 만이었다.

1994년은 공격수로서 라데의 진가가 여실히 드러난 해였다. 득점 기록부터 경이로웠다. 아디다스컵에서 전북을 상대로 첫 해트트릭을 기록한 그는 정규리그에서 LG를 상대로 두 차례나 4골씩을 뽑아냈다. 한 경기에서 홀로 4골을 기록한 것은 당시 K리그 13년 역사에서 처음 있는 일이었다. 이후에도 한 시즌에 세 번이나 해트트릭을 기록한 선수는 나오지 않았다. 실로 대단한 기세였다. 94미국월드컵을 마치고 팀에 합류한 황선홍과도 시너지를 내기 시작했다. 사실 처음부터 둘의 호흡이 좋았던 것은 아니다. 자존심 싸움이 있었다. 황선홍은 포항의 간판공격수였지만 대표팀 차출과 부상으로 팀을 비운 시간이 많았다. 반면 포항에서는 라데가 '황제'였다. 역할로나 기록으로나 라데가 황선홍보다 우위에 있었고 전국구 스타플레이어로 인정받고 있던 터였다. 경기장에서 서로를 누르기 위한 기 싸움이 벌어졌다. 완벽한 기회를 눈앞에 두고도 서로가 골을 넣겠다는 욕심에 볼을 건네지 않는 경우가 많아졌다. 둘 중 어느 한 명도 포기할 수 없었던 허정무 감독이 중재에 나섰다. 한 발씩 물러나 팀플레이에 집중할 것을 주문했다.

》》 라데-황선홍, K리그 역대 최강 투톱

이후 라데와 황선홍도 훈련을 통해 조금씩 마음을 열기 시작했다. 황선홍은 "라데의 스타일을 파악하고 그의 장점을 내 플레이에 활용하자는 생각을 하니까 경기하기가 훨씬 편해졌다. 연계 플레이가 되면서 둘의 호흡이 극대화됐다"고 설명했다. 라데가 저돌적인 돌파와 폭발적인 드리블로 상대를 허물면 황선홍은 슈팅할 공간을 찾아 해결하는 식이었다. 라데는 183cm의 장신이었음에도 드리블할 때 발에 볼이 붙어 있는 듯한 움직임과 속도를 보였다. 특히 사이드에서의 돌파를 좋아했는데, 힘이 좋아 상대를 곧잘 제쳤다. 라데의 플레이에 황선홍의 결정력이 더해지면서 둘은 환상의 투톱이 됐다. 라데가 막히면 황선홍에게 기회가 생기고, 황선홍이 멈칫하면 라데가 골을 넣었다. 둘을 광폭하게 막았던 수비수 중

한 명인 박광현(당시 일화)이 훗날 "라데와 황선홍은 내 실력으로 막을 수 있는 선수들이 아니었다. 그때는 몸을 쓰는 파울이 아니면 막을 방법이 없었다"고 고백했을 정도다.

1995년 황선홍의 폭발적인 득점 활약을 지원하는 데 주력했던 라데는 1996년에 스스로 또 한 번 새로운 역사를 썼다. 한 시즌 동안 골과 도움에서 모두 두 자리 숫자를 기록하는 '10-10 클럽'을 창설했다. 골을 전문적으로 넣는 공격수인 동시에 2선에서 전방을 지원하는 역할도 훌륭하게 수행했다는 의미다. 현대축구에 비해 역할 분담이 더 분명했던 과거였다는 점에서 그 파괴력은 배가된다. 골보다 도움 기록이 더 많았다는 것도 주목할 만하다. 7월 28일 전북전부터 9월 4일 부천전까지 6경기 연속으로 동료들의 골을 어시스트했는데, 2012년 서울의 몰리나가 새 기록을 작성하기 전까지 최다 연속 도움 기록으로 남아 있었다. 그 덕에 당시 기준으로 역대 최다 도움(16개) 신기록도 만들었다. 기록을 위한 기록이

아니었다. 욕심을 버리고 동료들에게 더 좋은 기회를 열어줬던 결과였다. 라데는 1994년 이후 2년 만에 베스트 일레븐에 또다시 이름을 올렸다.

라데가 한국 팬들의 사랑을 받을 수 있었던 이유는 여느 외국인들과 달리 빠른 적응력을 보였기 때문이다. 한국 음식에 금방 입맛을 들여 한여름에는 보신탕으로 무더위를 이겨낼 줄 알았다. 서두에 언급했던 투지와 승부욕은 '깡'으로 묘사되곤 했는데, 자신을 향한 태클에도 절대 몸을 사리지 않았다. 다혈질이라는 점에서도 한국인과 비슷한 데가 있었다. 특히 파울을 당한 뒤에는 반드시 거친 플레이로 응수했다.

스스로 분을 이기지 못해 억울한 일을 당하기도 했다. 1995년 일화와의 챔피언결정 3차전이 대표적인 예. 황선홍이 경고 누적으로 결장한 상황에서 고군분투하던 라데는 후반 19분 자신을 괴롭히던 박광현을 걷어차고 퇴장 당했다. 전반에 이미 상대가 잡아당기는 바람에 찢어진 유니폼 하의를 주심에게 집어 던진 터였다. 결국 황선홍과 라데 없이 남은 시간을 버티던 포항은 연장전에서 이상윤에게 골든골을 허용하며 우승컵을 넘겨주고 말았다. 1996년 4월 아디다스컵 대우전에서도 비슷한 상황이 벌어졌다. 김주성에게 걸려 넘어진 뒤 항의하다 오히려 경고를 받았다. 이에 앙심을 품고는 김주성을 골라인 밖까지 쫓아가 밀치고 퇴장을 당했다. 때로는 그 정도가 지나칠 정도로 거칠었지만 라데의 분풀이는 관중들에게 묘한 긴장감을 안겨주는 맛이 있었다.

그라운드에서는 거친 모습을 보이기도 했지만 팬들에게만큼은 세련된 매너로 즐거움을 안겼다. 라데가 유니폼 상의를 뒤집어쓰고 두 팔을 활짝 벌려 질주하는 장면은 축구팬들에게 유명한 의식이었다. 그것은 그가 조금 전 골을 넣었다는 의미이기 때문이다. 일명 '마스크맨 세리머니'

로 알려진 익살스러운 골 뒤풀이는 라데의 전매특허였다. 지금은 FIFA가 금지한 세리머니여서 더 이상 볼 수 없는, 그래서 라데와 함께 더욱 향수가 짙어지는 장면 중 하나다.

》》 라데의 한국 사랑

라데는 뛰어난 기량과 친화력으로 1983년 프로축구 출범 이후 가장 성공한 외국인 스타가 됐다. 많은 축구팬들이 그의 귀화를 희망하기도 했다. 이회택-허정무-박성화로 이어지는 감독들로부터 줄곧 신임을 얻었던 만큼 축구계도 우호적인 분위기였다. 하지만 스스로는 유고 대표로 뛰고 싶다는 열망이 더 강했다. 1996년 말 포항과 계약이 만료되자 적극적으로 해외 이적을 타진했다. 결국 J리그 제프 유나이티드로 이적하며 한국에 작별을 고했다.

라데가 1992년 젤레주이카 클럽에서 포항제철로 옮길 당시 이적료는 고작 8만 달러. 한국 돈으로 1억 원도 채 안 되는 헐값이었다. 초기에는 월봉 4천 달러도 구단과 4 대 6으로 나눴을 정도로 인색한 평가를 받았지만 1996년 해외 이적이 거론될 당시에는 연봉만 80만 달러가 매겨질 정도로 몸값이 치솟았다. 이후 J리그를 거쳐 스페인 아틀레티코 마드리드, 네덜란드 NAC 브레다, 독일 베르더 브레멘 등으로 이적하며 유럽 무대에서 인정받았다. 꿈에 그리던 유고 대표팀에도 선발됐다. 한국에서의 성장을 발판으로 축구의 본류로 편입한 그의 행보는 한국 팬들을 절로 흐뭇하게 만들었다. 처음 한국에 발을 디뎠을 때 그의 곁을 지켰던 이는 아내뿐이었지만 일본으로 떠날 때는 가족도 네 명으로 늘었다. 글자 그대로 '코리안드림'의 완성이었다.

한국에 대한 애정은 떠난 후에 더 각별해졌다. 1997년 코리아컵에 참가할 유고 대표팀의 일원으로 방한한 그는 "한국은 날 키워준 곳"이라며 벅찬 소감을 밝혔다. 이후 유럽에서 한국 선수들을 살뜰하게 챙긴 것으로도 미담을 만들었다. 특히 2001년 이동국이 브레멘에 입단했을 당시, 포항 출신 한국 선수라는 이유만으로 숙소 룸메이트를 자청하고 친형제처럼 적응을 도와준 것으로 알려졌다. 네덜란드 브레다에서는 노정윤, 독일에서는 빌레펠트 시절 차두리와 교분을 쌓았다고 한다.

현역에서 은퇴한 후에는 에이전트와 건설사업으로 제2의 인생을 살고 있다. 2012년에는 자신의 조카 요반치치를 성남에 입단시킨 것으로 화제를 모았다. 하지만 요반치치는 라데의 전설을 뛰어넘지 못했다. 라데만큼의 근성을 요구하기에는 라데가 너무나 독보적인 선수였던 때문인지도 모르겠다.

K LEAGUE LEGEND 40

노상래

1995

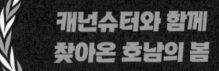

캐넌슈터와 함께
찾아온 호남의 봄

서울에서 광양으로 가려면 자동차로 꼬박 5시간을 달려야 한다. 비행기를 타면 시간이 조금 단축되기는 하나, 여수공항에서 내려 택시나 다른 교통편으로 이동해야 한다. KTX는 어떨까? 호남선이 개통한 지금도 여수역이나 순천역에서 내려 다시 다른 교통편을 이용해야 광양에 닿는다. 인구수는 꾸준히 늘어 2022년 기준으로 약 15만 명이지만, 경기도 구리시(약 18만 명)보다 적은 수준이다. 외지인에게는 접근성도 떨어지고 사람도 많지 않은, 활력이 떨어지는 도시처럼 느껴질지도 모른다.

그렇다면 확실히 이 도시를 오해하는 것이다. 광양은 산업도시다. 포스코의 두 번째 제철소인 광양제철이 이곳에 터를 잡고 협력 업체들과 함께 대규모 산업 단지를 꾸렸다. 무역항인 광양항은 부산항에 이어 국내 2위 규모의 물동량을 소화한다.

그리고, '축구도시'라는 정체성이 있었다. 지금의 한산한 축구장 풍경을 떠올리면 다소 이질적인 말로 들릴지 모른다. 한때 광양에서는 축구 경기가 열리는 수요일 저녁이나 주말이 되면 두 집에 한 집 꼴로 축구장을 찾는 풍경이 일상이었다. 경기가 있는 날 광양전용구장 뒤편 공터에는 장이 들어섰고, 먹거리촌에는 사람들로 넘쳐났다. 이곳에서 축구는 단순한 공놀이 이상이었다. 소도시의 각종 커뮤니티를 결집시키는 힘이 있었다.

》》 제8구단 전남드래곤즈 창단, 쇳물보다 뜨거운 광양의 열기

1994년 12월 16일 전남드래곤즈가 프로축구 여덟 번째 구단으로 창단했다. 광양과 여수, 순천 등 전라남도 동부를 연고로 삼는 팀으로, 1995

년은 그들의 데뷔 시즌이었다.

1990년대 중후반 신생 축구팀 대부분이 그렇듯 전남 구단도 2002 월드컵 유치 열기를 등에 업고 탄생했다. FIFA가 인정하는 프로리그는 최소 10개 팀이 참가하는 규모여야 했다. 월드컵 유치 경쟁국이었던 일본은 1993년에 10개 팀으로 프로리그(J리그)를 출범시켰다. 한국보다 10년 늦은 출발이었지만 규모와 체계, 흥행 열기 등 성장세는 한국보다 앞섰다. 이듬해에는 12개 팀으로 늘어났다. 그에 비해 한국은 1993년까지 6개 팀이 참가하는 소규모 리그였다. 리그 규모 확장의 필요성이 대두됐다. 월드컵 유치 열망 혹은 당위성을 입증하려면 그에 걸맞은 분위기도 연출해야 했다. 축구인들은 서울과 영남권에 몰린 연고지를 전국으로 확장해야 한다고 주장했다.

말하자면 전남은 축구 불모지 호남의 갈증을 해소해줄 팀이었다. 앞서 전북을 연고로 하는 제7구단이 창단했지만 운영 주체가 수차례 바뀌는 파행을 겪었다. 완산푸마로 창단한 팀이 완산엑스터가 되었다가 전북버팔로로 다시 전북다이노스로 바뀌는 등의 우여곡절이 있었다. 선수단 급여 미지급에 운영 부실로 한 차례 해체되었다가 재창단하는 등 어려움이 많았다.

전남은 태생부터 달랐다. 신생팀이지만 창단 움직임은 벌써 프로팀다운 면모였다. 포항제철 자매사인 광양제철을 대주주로 하는 독립법인으로 출범했다. 광양제철이 일정 액수의 법인 예산을 내고 전남 도내 기업과 주민이 기부금을 내는 방식으로 운영안을 만들었다. 광양제철이 참여하는 팀이 되면서 광양에 건립된 전용구장도 홈구장으로 활용할 수 있게 됐다. 연고지 출신 선수와 코칭스태프로 선수단을 꾸린 것도 주목할 만했다. 프로팀 창단과 운영에 관한 성공 매뉴얼이 있다면, 전남은 그에 충실한 출발을 보인 최초의 팀이었다고 평가할 수 있다.

흥미로운 것은 당시 프로축구연맹에서 신생팀에 제공한 특혜다. 기존 팀과 어느 정도 대등하게 겨룰 수 있는 출발선에 설 수 있도록 선수 구성을 지원했다. 신생팀은 실업무대 선수 영입에 우선권을 가질 수 있었고, 기존 프로팀으로부터 베스트 일레븐 급의 주전 선수를 각각 1명씩 받을 수 있었다. 대학선수 드래프트에서도 6명을 우선 지명할 수 있었다. 요즘으로 치면 2부리그 최고 선수들과 1부리그 각 팀에서 선발한 스타들, 특급 유망주를 모아 팀을 창단한 셈이다. 데뷔 시즌부터 돌풍을 일으킬 힘이 충분한 팀이었다.

전남드래곤즈를 향한 지역민들의 관심은 뜨거웠다. 제1연고지인 광양은 산업적인 발전상이나 재정 규모에 비해 문화 시설이나 위락 시설이 거의 없는 곳이었다. 축구가 그 갈증을 해소해줄 수 있었다. 기록으로도 확인할 수 있다. 전남의 데뷔 시즌 경기당 평균 관중수는 10,132명이었다. 그해 리그 경기당 평균 관중수(9,890명)보다 많았다. 1996년에는

12,422명으로 늘어 리그 2위였다. 1997년에는 12,589명으로 관중 동원 1
위 팀에 올랐다. 1997년 리그 전체 평균 관중수(6,713명)의 두 배에 가까
운 숫자다. 당시 호남의 북쪽을 담당한 전북의 관중수가 2,561명에 그쳤
던 것과 비교하면 더욱 놀랍다.

전남드래곤즈는 지역의 자랑이자 커뮤니티를 규합하는 구심점이었
고, 그들의 경기는 축제였다. 입소문 난 영화가 흥행에 성공하듯 전남 축
구는 '재미있다'는 이미지로 프로무대에 연착륙했다. 짜임새 있고 탄탄
한 축구라는 호평이었다. 지역민들의 발걸음이 꼬리에 꼬리를 물고 다
음 경기로 이어졌다. 경기가 있는 날이면 식당과 상가가 밀집한 광영동
과 중마동 거리에 인적이 없다는 자영업자들의 한탄이 기사로 나오기도
했다. 거리 곳곳에 전남 선수들을 응원하는 플래카드가 내걸리는 풍경도
연출됐다. 급기야 지역의 경계도 넘어섰다. 하동, 남해, 진주 등 이동거리
가 1시간 내외인 경남 서부권에서도 광양으로 향하는 발걸음이 이어졌
다. 6경기 연속 티켓 매진이라는 신화까지 만들었고, 경기장 수용 인원을
초과해 입장하지 못한 팬들이 항의하는 소동이 벌어지기도 했다. 과장이
아니다. 프로축구사에 존재하는 실화였다.

그렇게 축구와 함께 호남에도 봄이 찾아왔다. 축구 열기를 지핀 선봉
에 노상래가 있었다.

》 캐넌포 앞세운 노상래, 데뷔 시즌 단숨에 신인왕과 득점왕 등극

노상래는 프로무대 늦깎이 신인이었다. 1993년 숭실대 졸업과 함께
실업팀 주택은행에 입단했다. 당시 노상래 외에도 대어급 선수 다수가

실업무대로 향했다. 직장을 고려할 때 안정적인 선택이 최고라는 인식이 강한 때였다. 운동 환경과 보수가 나쁘지 않았고, 은퇴 후에는 실무직으로 전환해 사회생활을 이어갈 수 있었기에 선수들이 선호하는 무대이기도 했다.

1990년대 중반에는 실업 무대로 향하는 대졸 특급 선수나 대표급 선수가 많았다. 드래프트 지명을 피하려는 의도라는 시선이 있었다. 어느 정도는 사실이다. 부실한 준비 상태로 K리그에 참가한 완산푸마는 창단부터 해체 위기를 거쳐 전북 연고 프로팀으로 재창단하기까지 축구계의 근심거리였다. 선수들은 불안한 미래의 프로팀 대신 안정적인 실업팀을 직장으로 택하곤 했다. 결과적으로 전남은 창단 준비를 잘 마쳤고, 시기적으로도 운이 따라 실업 무대에서 맹활약한 우수 선수들을 대거 확보할 수 있었다. 노상래와 함께 김인완(한전), 김태영(국민은행), 유동우(기업은행) 등 대표급 자원들이 전남 창단 멤버로 합류했다.

노상래는 호남 출신이라는 상징성도 있었다. 전주동초등학교에서 축구를 시작해 군산초등학교, 군산제일중, 군산제일고를 거친 선수였다. 무엇보다 캐넌포라는 무기를 갖고 있었다. 유소년 시절부터 킥과 슈팅 파워가 일품이라는 소문이 자자했다. 대학 진학 후에는 동급 최고 수준으로 성장했다. 골키퍼가 막을 수 없는 방향과 강도로 슈팅하는 연습을 반복한 결과였다. 노상래가 "내가 원하는 방향으로, 차고 싶은 대로, 강하고 빠르고 정확하게 찰 수 있게 됐다"고 기억하는 시절이다.

대학 졸업 후 주택은행에서 2년을 보낸 노상래는 1995년 프로 리그에 데뷔했다. 응축된 힘이 폭발했다. 데뷔 시즌부터 단숨에 주전 자리를 꿰차고 통렬한 슈팅과 정확한 결정력으로 센세이션을 일으켰다. 33경기에 출전해 16골 6도움을 기록했다. 폭발적인 득점 행진에 상대팀들이 노상래를 견제했지만, 특유의 '알고도 막을 수 없는 슛'으로 상대 골망을 흔들었다. 8월 30일 대우를 상대로는 해트트릭을 작성하기도 했다. 1995 시즌에 해트트릭을 작성한 선수는 노상래와 황선홍, 단 두 명에 불과했다. 노상래는 신인임에도 김현석, 황선홍 같은 특급 공격수들과 나란히 득점 경쟁을 벌이는 괴력을 발휘했다. 결과는 어떻게 됐을까? 신인왕도 득점왕도 모두 노상래의 것이었다.

노상래는 "여러 가지가 잘 맞아떨어졌는데, 특히 운이 좋았다"고 회고했다. 데뷔 2경기 만에 득점을 신고하면서 자신감이 생겼고, 그 자신감이 계속해서 다음 득점 활약으로 이어졌다는 설명이다. "당시 언론사들이 선정하는 월간 MVP 같은 타이틀이 있었다. 그해 매체별로 받은 상이 모두 15개나 됐다. 득점포가 주춤하다 싶으면 그런 상을 받고 새로운 동기를 얻었다."

공격진의 파트너십도 좋았다. 특히 프로 경험에서 앞선 김봉길과 김상호는 노상래의 든든한 조력자였다. "김상호 선배는 내가 어떤 식으로 움직이든 슈팅할 수 있는 패스와 공간을 만들어줬다. 김봉길 선배의 강점은 스피드였다. 공간 침투가 좋아서 수비벽을 허물거나 수비수들을 달고 다녔다. 그 사이에서 내가 할 수 있는 것들을 할 수 있게 만들어줬다."

무엇보다 폭발적인 열기를 보여준 전남 팬들의 애정이 그를 달리게 했다. 홈구장 광양전용구장은 선수와 관중 사이 친근한 교감이 이뤄지는 곳이었다. 경기 중에 선수와 관중이 대화를 나누는 장면도 심심찮게 나왔다. 노상래는 이렇게 기억한다.

"내가 터치라인 쪽으로 가면 관중석에서 나이 지긋하신 분들의 '상래야~ 한 골 넣어라!' 하는 목소리가 들렸다. 그럼 나는 '직접 한 번 차보세요'라고 농담했다. 코너킥을 준비하면 '상래야~ 오늘 골 넣고 술 한 잔 하자!' 하고, 내가 실수를 하면 '야, 너 오늘 몸이 영 안 좋으냐~ 뭐더냐?' 라는 말이 나왔다. 그럼 또 '죄송합니다!' 말하고 꾸벅 인사했다. 전용구장이었기에 가능한 풍경이었다."

팬들의 사랑을 먹고 자란 노상래의 최고 미덕은 꾸준함이었다. 데뷔 이듬해인 1996년에도 그 흔한 2년차 징크스 없이 13골 7도움을 기록했다. 2002년까지 전남에서 뛴 8년 동안 거의 매 시즌 두 자릿수 공격포인트를 기록하는 꾸준함을 보였다. 간판 공격수 노상래의 득점 활약 외에도 전남은 끈끈하고 짜임새 있는 축구로 강렬한 인상을 남긴 팀이었다. 신생팀이었지만 전남을 만만하게 보는 상대가 없었다. 1995년 당시 디펜딩 챔피언이자 강력한 수비와 역습으로 무적의 질주를 이어가던 천안일화를 꺾은 팀도 전남이었다. 물론 그 경기를 승리로 이끈 결승골의 주인공은 노상래였다.

전남을 상징하는 팀 컬러는 노랑이다. 노랑은 또 축제의 즐거움과 열정을 연상시키는 색이기도 하다. 그 시절 노상래의 캐넌슛은 광양을 들썩이게 한 축포였다. 그의 슛에 전용구장 골대 뒤에 자리한 노랑물결이 춤을 췄다. 축구가 어떻게 지역민의 축제로 자리잡을 수 있는지 보여 주는 사례였다. 1995년은 영원히 끝나지 않을 것 같은 광양의 축제가 이어지는 날들이었다.

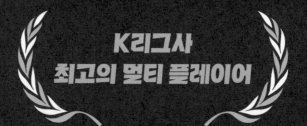

K LEAGUE LEGEND 40

유상철

1996

K리그사
최고의 멀티 플레이어

　대한민국 축구 역사상 가장 짜릿한 승부를 꼽으라면 사람마다 답이 제각각일 수 있다. 그러나 명승부의 기억을 거슬러 올라가면 필연적으로 같은 순간을 떠올린다. 2002한일월드컵 16강전이다. 세상의 모든 처음은 강렬하다. 2002년 한국은 처음으로 월드컵 16강에 진출했다. 그리고 단숨에 4강까지 올랐다. 그 여정은 신화로 남았다. 그중에서도 16강전은 이후 한국 축구의 물줄기를 영원히 바꿔 놓은 분수령이었다. 역사적 성취로 남을 뿐만 아니라 한국 축구사에 전술적으로 두고두고 회자할 일전이었다.

　당시 경기에서 한국은 이탈리아에 선제골을 내줬다. 1-0으로 끌려가던 경기 후반 18분부터 히딩크 감독은 신기의 교체술을 선보였다. 김태영 대신 황선홍, 김남일 대신 이천수, 홍명보 대신 차두리를 차례로 교체 투입했다. 이렇게 정비된 한국 대표팀의 전방에는 공격 자원만 다섯 명이 포진했다. 홍명보까지 그라운드를 떠난 후 대형은 4-2-4로 바뀌었다. 이 전까지 한국은 백스리 전술을 기반으로 한 팀이었다. 대범한 교체 전술은 성공했다. 후반 43분 설기현이 동점골을 넣었다. 연장전까지 접전이었다. 양팀 도합 옐로카드 9장에 레드카드 1장이 나오는 혈전이었다. 긴 승부에 마침표를 찍은 이는 안정환이었다. 역전골을 터뜨리며 8강행이라는 기적을 현실 세계로 가져왔다.

　안정환이 경기를 끝내버린 골든골로 스포트라이트를 독점한 탓에 간과하기 쉽지만, 공격적인 선수 교체에도 한국의 균형이 무너지지 않았던 점을 기억해야 한다. 센터백으로 내려 선 유상철의 수비 센스와 리더십 덕분이었다. 이날 중앙 미드필더로 선발 출전한 유상철은 김태영이 물러나는 순간 왼쪽 스토퍼로 백스리 일원이 됐다. 홍명보마저 나간 후에는 오른쪽 중앙 수비로 자리를 옮겼다. 백포 기반의 전술로 바뀐 팀의 뒤를 지켰다. 팀의 상황과 전술에 따라 자리를 바꿔가며 자신이 맡은 역할을 무리 없이 소화했다. 히딩크 감독의 과감한 전술은 유상철을 비롯한 멀티 플레이어들에 대한 신뢰가 있었기에 가능했다. 유상철은 골키퍼를 제외한 필드 위 모든 포지션을 소화할 수 있는 선수였다.

우리는 그를 한국 축구 최고의 멀티 플레이어로 기억한다.

》》 울산에 첫 우승 안긴 유상철의 결승골

1996년 11월 16일 수원종합운동장. 라피도컵 프로축구대회 챔피언결정 2차전이 벌어졌다. K리그가 새로운 역사를 준비하는 무대였다. 그해 K리그는 전·후기 리그로 나눠 정규리그를 펼친 뒤 챔피언결정전을 통해 우승팀을 가리는 방식이었다. 전기리그 우승팀 울산현대와 후기리그 우승팀 수원삼성이 맞붙었다. 울산은 1984년부터 수퍼리그에 참가한 전통의 팀이었지만 10년이 넘도록 우승컵이 없었다. 숙원을 풀 기회였다. 수원은 1995년 12월 프로축구 제9구단으로 창단한 신생팀이었다. 데뷔 시즌이었던 1996년부터 돌풍을 일으켰다. 전기리그에서 3위에 오르더니 후기리그에서는 아예 우승을 차지했다.

심지어 챔피언결정전에서는 유리한 고지를 선점하기까지 했다. 울산 공설운동장에서 열린 1차전에서 먼저 1-0으로 승리했다. 신생팀이 단숨에 우승컵(통합)까지 들어 올릴 기세였다. 2차전에 뜨거운 관심이 쏠렸다. 누가 우승하더라도 역사였다. 경기 이상의 경기이기도 했다. 현대와 삼성이라는 재계 라이벌의 대리전 성격을 띠었다. 김광호 수원 구단주(당시 삼성전자 부회장)와 정몽준 울산 구단주(당시 현대중공업 고문)가 경기장 본부석에 나란히 앉아 경기를 관전했다. 경기장은 만석이었다. 말 그대로 발 들여놓을 데가 없을 정도로 관중이 들어찼다.

시작부터 접전이었다. 1차전 패배의 부담을 안고 있던 울산의 공세가 거셌다. 수원은 길목을 틀어막는 수비로 대처했다. 신생팀의 패기는 파울도 불사할 정도로 거칠고 뜨거웠다. 주심은 쉴 새 없이 휘슬을 불어댔다. 이런 흐름 속에 먼저 기회를 잡은 팀은 울산이었다. 전반 30분 박스 앞에서 볼을 받은 유상철이 골대를 바라본 순간 수원 수비수가 뒤에서 발을 걸었다. 유상철이 얻어낸 프리킥을 살린 이는 김현석이었다. 아크 오른쪽에서 수비벽을 깔끔하게 넘기는 슈팅으로 골망을 흔들었다. 수원도 물러서지 않았다. 후반 2분 만에 이기근이 동점골에 성공했다. 경기는 점점 가열됐다. 발목이나 정강이를 노리는 고의적 태클도 이어졌다. 수원의 박충균과 바데아가 연이어 레드카드를 받았다. 거친 플레이는 더 거친 플레이를 불러왔고, 보복성 태클과 몸싸움이 난무했다.

　팽팽한 균형은 후반 16분 깨졌다. 수원 진영 페널티 지역까지 올라선 유상철이 동료와 월패스 후 아크 왼쪽에서 중거리슛을 시도했다. 두 명이 모자란 수원의 선수들 대부분이 박스 안에 진치고 있었지만, 유상철의 기습적인 슈팅에는 속수무책이었다. 점점 힘이 빠지는 쪽은 수원이었다. 시간이 흐를수록 두 명의 공백을 메워야 하는 선수들의 부담이 커졌다. 승부의 추는 울산으로 기울었다. 후반 35분 황승주의 중거리포가 다시 한 번 수원 골망에 꽂혔다. 3-1로 벌어진 스코어가 경기 종료까지 유지됐다. 합계 스코어 3-2. 울산이 역전 우승에 성공했다.

　창단 첫 우승의 역사를 만든 울산의 감격과 별개로 이날 경기는 많은 상흔을 남겼다. 경기 종료 10여 분을 남겨두고 수원 윤성효가 또 레드카드를 받았다. 경기는 이제 축구가 아닌 감정싸움으로 치닫고 있었다. 공과 상관없는 몸싸움과 태클이 쏟아져 나왔다. 울산의 윤재훈과 김상훈도 레드카드를 안고 퇴장했다. 경고 14회, 반칙 57회. 경고 누적을 포함한 퇴장 선수만 자그마치 5명에 이르는 최악의 난투극이 되고 말았다.

　난장인 그라운드에서도 유상철이 빛났다는 사실은 부인할 수 없다. 프로 3년차 유상철은 결승골을 포함해 1골1도움으로 울산의 역전을 주도했다. 윙백으로 출전해 공격과 수비를 넘나들며 맹활약했다. 그의 축구 인생을 영화로 만든다면 이날의 경기는 2002월드컵 16강전의 프리퀄쯤 되지 않을까.

》》 유상철의 멀티 플레이어론

　유상철은 프로축구사에서 독보적인 인물이다. 김주성과 더불어, K리그 역대 시즌 베스트 일레븐 명단에 수비수(1994), 미드필더(1998), 공격수(2002) 등 각각 다른 포지션으로 선정된 유일한 선수다. 1998년에는 득점왕(20경기 14골)과 최우수선수(MVP)상까지 차지했다.

정확한 킥과 묵직하고도 벼락같은 슈팅은 그의 트레이드마크였는데, 1998년은 골감각에 물이 오른 때였다. 98프랑스월드컵 조별리그 3차전에서 하석주의 프리킥을 골로 완성하기도 했다. 월드컵 후 소속팀으로 돌아와서는 아예 전방에서 뛰었다. 당시 울산의 고재욱 감독은 유상철이 감각을 이어갈 수 있도록 사실상 프리롤을 맡겼다. 유상철은 "고재욱 감독님이 '너 하고 싶은 대로 해'라고 하셨다"라고 회고했다. "월드컵에 다녀온 뒤 자신감이 넘쳤다. 위치 선정도 좋아야 하고 운도 따라야 하는데, 내가 움직이면 볼이 다 그 쪽으로 왔다. 확신을 갖고 움직였다. 그만큼 정신도 맑았다."

2002년 활약상도 경이롭다. 2002월드컵이 끝나고 유럽행 뜻을 이루지 못한 그는 친정팀 울산으로 복귀했다. K리그가 종반으로 향하던 10월이었다. 10경기도 채 남지 않은 상황에서 그는 "경기당 한 골"을 공언했다. 그리고 8경기에서 9골을 넣었다. 특히 부산과 마지막 경기에선 4골을 몰아넣는 괴력을 과시했다.

2017년 유상철과 '멀티 플레이어론'을 주제로 인터뷰를 한 적 있다. 미드필더로 축구를 시작한 그는 상급 학교 진학과 프로 입단을 거치며 포워드에서 센터백, 사이드어태커, 윙백으로 좌우종횡 포지션을 옮긴 끝에 센터포워드까지 소화하는 올라운더가 됐다.

"가장 편하게 생각했던 포지션은 미드필더였다. 사람으로 치면 허리 쪽인데, 허리가 아프면 걷지도 못하고 뛸 수도 없고 제대로 움직일 수 없지 않나. 축구에서도 마찬가지다. 무언가를 연결해 주는 고리 역할이다.

모든 포지션에 대해 밸런스를 맞춰주는 게 가장 중요하다. 영리해야 하고 재치도 있어야 한다. 미드필더는 본질적으로 다양성을 갖고 있어야 하는 포지션이다. 대학 진학 당시에는 포워드로 스카우트됐는데 2학년 때는 센터백으로 뛰었다. 키나 다른 신체조건 때문에 맡겨진 자리겠지만 내가 생각하기엔 재능도 있었다. 어떤 자리에서든 마찬가지였다. 처음엔 남의 옷을 입은 것처럼 어색한데, 그 자리에서 뛰다 보면 또 재미있었다. 새로운 포지션마다 계속 매력을 찾아냈던 것 같다. 프로에 입단해서는 왼쪽 사이드어태커로 뛰었다. 그러면서 모든 자리를 다 소화할 수 있는 선수가 됐다. 그냥 서기만 하는 게 아니라 그 자리에서 잘하고 싶었다. 그런 식으로 한 자리에서 만족하고 나면 또 다른 자리에 도전하고 새로운 재미를 찾았다."

그에게 한국 축구사에 어떤 존재감을 가진 선수로 기억되고 싶은지도 물었다. 그의 답은 지금 우리가 알고 있는 모습 그대로다. "음… 최초로 멀티 플레이를 했던 독보적인 선수? 어느 포지션에 세워도 다 소화했던, 아니 그냥 소화한 정도가 아니라 다 능숙하게 잘해냈던 그런 선수였다고 기억되면 좋겠다."

K LEAGUE LEGEND 40

홍명보

1997

한국 최고의 스타,
전격 J리그행

'홍명보'라는 이름 석 자가 한국축구에서 차지하고 있는 존재감에 대해 생각한 적이 있다. 현역 시절 최고의 선수로, 은퇴 후에는 지도자로 성공적인 행보를 이어가고 있는 그는 예나 지금이나 한국축구의 가능성과 한계를 동시에 품고 있는 '아이콘'적인 존재다. 홍명보가 진보할 때마다 한국축구는 새로운 지평을 열었다. 그가 성장하는 만큼 한국축구도 영역을 확장해왔다. 선수로서, 또한 감독으로서 변방의 한국축구를 세계 무대 중심으로 올려놓는 데 공을 세운 것이나 축구인으로는 최초로 장학재단을 설립해 그라운드 밖으로 축구의 외연을 확대한 것을 들 수 있을 것이다. 선수의 권익을 찾는 일에도 앞장섰는데, 그 이름이 갖는 대표성 때문에 꽤나 파격적인 이슈로 회자되었던 일들이 많았다. 홍명보라는 사람이 가진 특별한 존재감 때문에 그가 하는 일들을 기대하고 기억한다. 돌이켜보면 그 기원은 K리그에서부터 찾을 수 있다.

》 홍명보, J리그행 러시 물꼬 트다

1997년 5월 14일, 포항 스틸야드에서 홍명보의 국내 무대 고별전이 치러졌다. 오른쪽 발목 부상으로 한 달 넘게 그라운드를 떠나 있었던 그는 포항과 안양의 맞대결이었던 이날 경기에 모처럼 선발로 출장해 90분 풀타임을 소화했다. 경기 후 그라운드 위에 홀로 선 홍명보는 꽃다발 속에 파묻힌 채로 홈팬들에게 마지막 인사를 고했다.

"일본에 가서도 팬들의 기대에 어긋나지 않도록 열심히 하겠습니다."

짧은 인사를 마치고 두 팔을 흔드는 그에게 관중석을 가득 메운 관중들은 기립박수를 보냈다. 어디선가 시작된 '홍명보'라는 외침은 곧 경기장을 울리는 함성으로 번졌다. 그렇게 의식을 치르고서야 떠나는 이나 보내는 사람이나 작별을 실감할 수 있었다.

홍명보의 행선지는 일본 J리그의 벨마레 히라쓰카. 이적료 11억 원에 연봉 6억 4천만 원이라는, 당시 역대 최고액의 거래였다. 그의 일본행은 연초부터 축구계를 술렁이게 만든 '사건'이었다. 한국을 대표하는 선수의 행선지가 일본이 될 수도 있다는 사실 자체가 국내 축구계의 자존심을 건드렸다. 아시아 축구를 선도한다고 자부하던 한국은 내심 '탈 아시아'를 외치며 성장을 거듭하는 일본 축구에 두려움을 느끼고 있었다. 특히 1993년 출범한 J리그는 K리그를 자극하기에 충분했다. 지쿠와 리네커, 스토이코비치, 스킬라치, 둥가 등 세계적인 스타들이 몰린다는 사실은 동경의 대상이었고, 선진적인 시스템을 도입한 리그 운영 방식도 시사하는 바가 컸다. 말하자면 홍명보로 상징되는 축구 스타들을 더는 품지 못하는 자국 리그의 한계를 직시하게 된 것이었다.

홍명보의 일본 이적은 곧 또 다른 이적의 신호탄이었다. 1997년 시즌이 끝난 뒤 대표선수들의 J리그행이 러시를 이뤘다. 김도훈이 비셀 고베, 하석주가 세레소 오사카로 이적했고 1998년에는 황선홍이 세레소 오사카에 합류했다. 김대의, 최성용 등 대학을 졸업하고 J리그에서 프로 생활을 시작하는 선수들도 있었다. 이후 윤정환, 김현석, 최용수, 유상철 등 국내 무대에서 정점을 찍은 선수들이 차례로 일본행을 선언했다.

축구 스타들의 J리그 진출 러시는 어느 정도 예견된 일이었다. 해외 진출에 대한 욕망이 커지던 시기였다. 특히 94미국월드컵에서 인상적인 활약을 펼쳤던 홍명보, 고정운 등에게는 유럽 진출 기회도 있었다. 그것도 이탈리아, 독일 등 세계 축구의 흐름을 주도하던 무대에서의 러브콜이었다. 하지만 소속팀의 반대로 뜻을 이루지 못했다. 이적료 협상 등에 이견차를 좁히지 못한 것도 있지만 이들의 이적으로 생길 당장의 전력 약화를 우려한 부분이 더 컸다. 그러던 차에 1996년 야구계의 국보급 투수 선동렬이 일본 진출에 성공하자 축구선수들 사이에서도 해외 진출 바람이 거세게 일었다. 1993년 노정윤이 고려대를 졸업하고 J리그로 직행 한 후 1997년 2월 고정운의 이적 때까지만 해도 조심스럽게 진행되던 선수들의 일본행은 홍명보의 합류를 기점으로 활발하게 성사됐다. 국내보다 높은 연봉을 받을 수 있다는 것이 가장 큰 매력이었고 시스템 등 제반 환경이 훌륭하다는 것도 선수들의 마음을 사로잡았다. 다른 문화를 경험하며 성장할 수 있다는 점도 선수들의 욕구를 충족시킬 만한 요소였다.

》》 한국 스타들의 J리그 성공기

1990년대 후반 일본으로 건너가 2000년대 초반까지 활약한 선수들은 대부분 성공기를 써내려갔다. J리그 출범 초기에 활약했던 월드스타들이 빠져나가면서 한국스타들이 자연스럽게 그 뒤를 잇는 분위기가 됐다. 대표팀에서든 K리그에서든 커리어하이를 찍었던 시점이었던 만큼 일단 실력으로 일본 무대를 평정했다. 경이로운 득점 활약을 펼치는 공격수들과 특급 패스와 프리킥으로 활력을 불어넣는 미드필더들, 안정감 있는 수비력으로 리더십을 보이는 수비수들이 혼재했다. 이들 모두 특별한 책임감을 갖고 있었다는 공통점이 있다.

비셀 고베에서 뛰었던 김도훈은 "당시만 해도 조국에 누를 끼치면 안 된다는 의식이 있었다. 노정윤 선수 때부터 홍명보, 황선홍 같은 선배들이 활약하면서 한국인 선수들의 가치를 높여 놓은 부분이 있었는데, 그에 모자라면 안 된다는 생각이 강했다. 인성이나 도덕적인 면으로도 모범을 보여야 했고, 실제로 그렇게들 살았다. 팀에 도움을 줄 수 있는 능력들이 있고 태도도 좋으니 J리그에서 한국인 선수들에 대한 선호도가 높았다"고 설명했다.

홍명보 역시 특유의 카리스마로 리더십을 발휘하며 뚜렷한 족적을 남겼다. 1999년에는 벨마레 히라쓰카에서 가시와 레이솔로 이적해 수비벽을 재건하는 데 공을 세웠다. 만년 하위권이었던 팀은 홍명보 합류 후 안정을 찾았다. 2000년에는 J리그에서 외국인 최초로 주장 완장을 찼다. 단합과 소통을 중시하는 팀 스포츠에서 외국인 주장이 탄생한 것은 상징적인 의미가 있었다. 가시와는 그해 리그 3위권으로 도약했다. 황선홍과 유상철이 합류했던 2001년은 지금까지도 가시와 역사상 가장 빛나는 황금기로 회자되고 있다. 홍명보는 2001년까지 J리그에서 활약하다 2002한일월드컵을 앞두고 친정팀 포항으로 복귀했다. 1년간 머물다 다시 미국 프로축구 LA갤럭시로 이적한 뒤 선수 생활을 마무리했다.

》》 프로축구 드래프트 거부 파동

프로축구사에서 홍명보의 이름이 굵직하게 거론되는 또 하나의 사건이 있다. 황선홍과 함께 드래프트를 거부한 일이다. 둘은 1991년 신인 드래프트에 응하지 않고 프로 데뷔를 유보했다. 홍명보는 고려대 졸업 후 먼저 병역 문제를 해결하고자 상무에 입대했고 황선홍은 건국대 졸업 후 독일 레버쿠젠으로 진출했다. 한국축구의 공격과 수비를 책임질 스타로 각광받았던 둘의 행보는 '파문'으로 비화됐다. 드래프트제의 치명적인 결점이 그대로 드러난 사건이었기 때문이다. 일방적인 지명에 의한 프로팀 입단은 직업 선택의 자유를 제한한다는 문제점이 있었다. 드래프트 1

순위 선수의 계약금 상한선이 3천만 원이라는 당시 규정 역시 몸값 현실화를 요구하는 선수들의 기대치에 미치지 못하는 것이었다.

제도에 정면으로 반기를 든 것은 홍명보와 황선홍이 최초였다. 일단 선례가 생기자 다음해까지도 파장이 일었다. 서정원, 김병수, 정광석 등 대학 무대 최고 스타들이 줄줄이 드래프트 신청에 응하지 않았다. 1992년 드래프트 1순위 선수에 대한 계약금 상한선이 5천만 원으로 상향 조정됐음에도 계약금과 연봉이 타 종목과 비교해 형평을 잃었다는 게 그들의 주장이었다. 프로위원회의 우수선수 보호 취지에 따라 추가신청 기간을 두고 물밑 협상을 벌인 끝에 서정원은 마감일에 신청서를 제출했지만 제도의 모순점을 지적하고 선수의 권익을 찾는 초기 사례로 남았다는 점에서 의미 있는 사건이었다.

사실 홍명보와 황선홍의 행보가 독단적으로 이뤄진 것은 아니었다. 두 선수와 포항 사이에 프로축구 선수 관리 규정의 틈을 이용한 모종의 협의가 있었다. 당시 세칙에 따르면 드래프트를 거치지 않아도 2군 선수로는 입단이 가능하며, 이 경우 3년 후에는 1군 선수로 등록할 수 있었다. 포항제철은 드래프트 신청서를 내지 않은 두 선수를 1991년에 2군 격인 아마팀으로 스카우트했다. 이후 황선홍과 홍명보를 차례로 독일로 유학 보냈고, 3년간 이들의 유학 비용을 부담하겠다는 계획까지 공개했다.

독일 유학을 끝내면 자연스럽게 포항으로 복귀하는 수순이었으니 사실상 드래프트제를 피해간 편법이었다. 당연히 포항을 제외한 타 구단들의 반발이 거세게 일었다. 하지만 어느 팀도 변칙 스카우트가 활개를 치는 판에서 자유로울 수 없었다. 포항은 각 팀으로부터 일일이 양해를 얻어내는 공을 들인 끝에 두 선수를 정식으로 영입했다. 유례없는 1 대 3, 1 대 8 트레이드가 전격적으로 이뤄진 배경이었다.

홍명보는 대학 졸업연도보다 1년 늦은 1992년 프로 입단 신청서를 냈다. 유공에 1순위로 지명됐지만 드래프트 당일 포항이 1순위로 뽑았던 김진형, 조정현, 이석경 등 3명과 맞트레이드되면서 포항 유니폼을 입었다. 황선홍은 더욱 극적이었다. 1993년 한국 복귀를 앞두고 있던 그는 신생팀 완산푸마의 우선지명 대상이었다. 하지만 완산푸마가 황선홍을 포항에 내주는 대신 무려 8명의 선수를 받기로 하면서 팀 간 거래가 이뤄졌다. 최대한 많은 수의 선수를 확보해야 했던 완산푸마와 황선홍에 대한 소유권을 주장하던 포항 간의 이해가 맞아떨어졌다.

그렇게 두 선수를 확보한 포항은 1990년대 중반까지 최고의 스타군단으로 명성을 날리며 전국구 인기를 누렸다. 우여곡절 끝에 K리거가 된 홍명보는 1992년 입단과 함께 팀 우승에 공을 세우며 차세대 간판스타로서의 활약상을 예고했다. 신인으로는 최초로 MVP에까지 선정되었으니 포항의 투자가 헛된 것은 아니었던 셈이다.

K LEAGUE LEGEND 40

고종수
이동국
안정환

1998

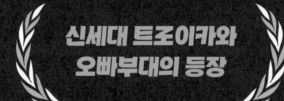

신세대 트로이카와
오빠부대의 등장

1998년 여름, K리그는 진풍경을 연출하고 있었다. 경기장마다 관중이 가득 들어차며 연일 관중 신기록을 세웠다. 포항, 부산 등 오래된 축구 도시는 물론이고 물론이고 신흥 강호로 떠오른 수원의 홈구장에도 관중들의 발길이 이어졌다. 심지어 대전에서는 전년도 평균 관중수의 6배를 기록하는 날도 나왔다. 프랑스월드컵에서의 좌절(1무 2패 조별리그 탈락)이 국내 축구 침체로 이어질 거라고 예상했던 것과는 딴판이었다. 가히 '이상 열기'였다.

무엇보다 이전에도 없었고 이후에도 좀처럼 재현되지 않은 특이한 현상을 주목할 만했다. 이른바 '오빠부대'로 불리는 대규모 팬덤의 등장이었다. 과거 축구장은 오빠부대와는 무관했다. 1세대 아이돌이 주도하던 연예계 팬덤 문화는 차치하고라도, 농구장과 배구장에서는 흔히 볼 수 있었던 오빠부대였지만 축구장만큼은 예외였다. 30~50대 남성팬이 주를 이루던 당시 축구장의 야성적인 풍경은 소녀팬들이 적응하기 쉬운 분위기가 아니었다. 관중석과 그 라운드의 거리가 멀어 선수들을 식별하기 어렵다는 점도 축구장에서 느끼는 불편 중 하나였다. 그러던 축구장에 10대 소녀들의 고성과 선수들의 이름이 적힌 형형색색의 플래카드가 어우러졌다. 삼삼오오 몰려다니는 20대 여성들도 심심찮게 볼 수 있었다. "꺄아~!" 하고 내지르는 높고 이질적인 함성이 여타 응원 소리들을 압도하기도 했다.

신선한 충격이었다. 이들을 경기장으로 불러 모은 것은 새로운 스타들이었다. 홍명보, 황선홍 등 특급 스타들의 해외 진출로 생긴 공백을 이동국과 고종수, 안정환이 메웠다. 실력과 개성, 외모를 겸비한 이들은 가는 곳마다 오빠부대를 몰고 다니며 프로축구 열기를 확산시켰다.

》》 신세대 트로이카, K리그 접수하다

이동국은 1998년 프로축구 최고 히트상품이었다. 포철공고를 졸업하자마자 포항스틸러스에 입단하며 일찌감치 될성부른 10대 스타로 주목받은 터였다. 시즌 초반에는 자신의 영웅이었던 황선홍과 함께 호흡을 맞추는 것으로 화제를 만들어냈고, 황선홍이 J리그로 이적한 후에는 자연스럽게 대체자로 입지를 다지며 남다른 기대를 모으고 있었다. 우월한 신체 조건과 골문 앞 어디에서든 과감하게 시도하는 슈팅 능력은 세계무대에 도전하는 한국축구에 필요한 것이기도 했다. 월드컵대표팀에 선발된 것은 달리는 말에 날개를 다는 격이었다. 98프랑스월드컵 조별리그 2차전이었던 네덜란드전에서 교체 투입된 뒤 상대 골문을 향해 날린 통렬한 중거리슛 한 방으로 그는 국민적인 스타가 됐다. 무기력한 플레이로 위축된 한국축구가 발견한 희망의 단서였다.

월드컵 이후 그를 향한 대중의 관심은 가히 폭발적이었다. 순식간에 소녀팬들을 중심으로 팬클럽이 조직됐다. 곱상하고 앳된 이동국의 외모도 인기에 한몫했다. 여름방학 기간에는 프로축구 원정 경기에도 2천여 명의 팬들이 따라나서 세력을 과시할 정도였다. 아직 신인이었음에도 불구하고 거칠 것 없는 기세로 프로 무대를 뜨겁게 달군 그는 연말까지 카타르 아시아 청소년(U-19)대회, 방콕 아시안게임에 참가하면서 연일 화제의 중심에 섰다.

이동국과 함께 프랑스월드컵의 수혜자가 된 또 한 명의 선수는 고종수였다. 조별리그 3경기에 모두 출전하며 겁 없는 플레이로 그 잠재력을 인정받았다. 사실 고종수 역시 금호고 시절부터 천재 미드필더로 관심을 한 몸에 받았던 고졸 스타였다. 1996년 수원삼성 창단 멤버로 일찌감치 프로 생활을 시작했고, 이듬해에는 당시 최연소로 국가대표팀에 발탁된 것으로 화제를 모으기도 했다. 왼발을 잘 쓰는 그는 감각적인 패스와 슈팅, 날카로운 프리킥을 무기로 그라운드 곳곳에서 창조성을 발휘했다.

탁월한 실력만큼이나 그를 돋보이게 만든 것은 자유로운 사고와 대담한 표현 방식이었다. 당돌하게 여겨질 정도의 언행이었지만 밉지 않았다. 어디로 튈지 모르는 개성과 그라운드 위에서의 탁월한 실력을 겸비한 그에게 사람들은 '앙팡 테리블(프랑스어로 '무서운 아이'라는 뜻)'이라는 독특한 별명을 붙여주었다. 이동국이 소녀팬들에게 압도적인 지지를 받았다면 고종수는 남녀노소 가리지 않고 두터운 지지층을 확보한 편이었다.

안정환은 이동국, 고종수와는 또 다른 유형의 스타였다. 앞서 두 선수가 대표팀에서의 활약을 발판으로 지명도를 얻었다면 안정환은 오롯이 프로 무대에서 실력을 쌓아가며 경쟁력을 인정받은 선수였다. 사실 1998

년 아주대를 졸업하고 신인으로 대우에 입단했을 때만 해도 그의 비상을 점친 이는 많지 않았다. 하지만 시즌 초부터 잠재력을 폭발시키며 신인 가운데 '최고의 테크니션'이라는 평가를 얻기 시작했다. 개인기가 뛰어나고 득점력도 좋아 시즌이 한창인 7월에 벌써 10골을 기록한 상태였다.

무엇보다 배우 뺨치는 수려한 외모가 눈길을 끌었다. 어깨 밑으로 기른 긴 머리카락을 헤어밴드로 정돈시키거나 포니테일 스타일로 묶고 다니기도 했는데, 순정만화에서 튀어나온 듯한 착각을 불러일으킬 정도로 여심을 흔드는 마력이 있었다. 그래서 생긴 별명이 '테리우스'였다. 이동국과 고종수에 비해 전국적인 인지도는 낮았지만 부산을 중심으로 한 관중 동원력에서는 최고의 파워를 보여줬다.

프로축구 흥행을 선도한 이들 세 명은 '신세대 트로이카'라 불렸다. 서로 맞붙는 대전이 벌어질 때면 관중들도 몰렸다. 월드컵 후 고종수와 이동국이 처음 맞대결을 펼친 수원-포항(7월 26일) 경기에는 27,363명이 입장했고, 안정환과 이동국의 대결에는 표를 구하지 못해 경기장에서 집으로 돌아가는 팬들도 생겼다. 8월 29일 포항에는 26,115명, 9월 12일 부산 구덕에는 36,274명의 기록적인 관중이 들어찼다. 안정환과 고종수가 맞붙은 9월 23일에도 3만 2천 명이 넘는 관중이 구덕운동장을 찾았다.

스타성을 확보한 이들에게 선수 전담 매니지먼트 시스템이 붙기도 했다. 선수들의 캐릭터를 활용한 상품이 생산되고 개별 마케팅이 시작됐다. 방송은 물론이고 패션쇼 출연, 광고 촬영, 뮤직비디오 출연 등의 '외도'도 이어졌다. 당시에는 외도라고 불렸지만, 스포츠와 엔터테인먼트의 경계를 오간 그들의 행보는 오늘날 축구선수에게 '셀러브리티'의 지위를 안긴 초기의 풍경이었다고 재정의할 수 있을 것이다. 이들 세 선수는 연말

K리그 시상식장에서도 승자였다. 이동국은 신인왕을 수상했고 안정환과 고종수는 베스트 일레븐에 선정되어 화려한 피날레를 장식했다.

》》유례없는 신예 돌풍

신세대 트로이카의 활약은 K리그 전체에 생기를 불어넣었다. 이들 3인방에게서 촉발된 관심이 리그 전체로 확산되는 식이었다. 이동국을 주목하면 팀 동료 백승철이 함께 눈에 들어왔다. 전방위에서 터지는 그의 중거리슛은 포항의 강력한 무기 중 하나였다. 고종수를 좇다 보면 라이벌팀 안양의 정광민에게도 눈길이 갔다. 신인임에도 활발한 움직임과 득점력으로 꾸준히 출전을 늘려가며 두각을 보였던 선수다. 정광민은 또 안정환과 라이벌 구도를 형성하기도 했는데, 중고등학교 동기였던 데다 외모도 안정환 못지않았기 때문이다. 전북의 '흑상어' 박성배도 파괴력 넘치는 플레이로 신인 돌풍의 한 축을 담당했다. 이동국과 함께 청소년 대표팀의 투톱으로 활약했던 김은중(대전) 역시 스타로 떠올랐다. 약관의 나이에 대전 간판 스트라이커로 활약하면서 신세대 열풍에 수렴됐다.

신예들의 활약상은 선배들을 긴장시키는 자극제이기도 했다. 기존 선수들의 화려한 변신과 기록 작성도 주목할 만한 것이었다. 유상철이 대표 적이었다. 98프랑스월드컵 조별리그 3차전이었던 벨기에전에서 동점골을 성공시킨 그는 소속팀 울산으로 복귀한 후 수비수에서 공격수로 전업하더니, 정규리그에서만 14골을 성공시키며 득점왕을 차지했다. J리그에서 유턴한 고정운(포항)과 김현석(울산)은 차례로 전인미답의 '40골-40도움' 고지를 밟았다. 만능공격수로 신기원을 연 이들이었다. 시즌 막바지에는 골키퍼 김병지(울산)의 화려한 퍼포먼스가 화제의 중심에 섰다.

김병지는 플레이오프 2차전에서 포항을 상대로 극적인 헤딩 역전골을 터트리며 팀을 챔피언결정전에 올려놓았다. 경기 종료 직전에 터진 골키퍼의 결승골은 CNN 토픽으로 소개되기도 했다.

》》 신세대 관중, 신세대 문화, 프로축구 르네상스

1998년 프로축구는 출범 16년 만에 관중 200만 명 시대를 열었다. 경기 당 평균 관중수는 11,508명. 전년도 평균 관중수가 6,731명에 그쳤던 것과 비교하면 두 배 가까운 증가세였다. 프로축구 원년을 떠올리게 하는 열기로 '르네상스'를 이뤘다는 평가가 주를 이뤘다. 폭발적인 관중 증가 요인으로 앞서 언급한 신세대 스타들의 등장을 첫손에 꼽을 수 있다. 새 로운 바람을 몰고 온 관중 문화도 언급하지 않을 수 없다. 오빠부대를 전면에 내세우긴 했지만 이들을 적극적으로 수용할 수 있는 분위기를 만든 것은 서포터 집단이었다. 그랑블루(수원), 헤르메스(부천) 등 1990년대 중반부터 수도권을 중심으로 자발적 지지자 연대가 형성됐고 스틸러스(포항), 로얄패밀리(부산), 처용전사(울산)도 생겨나 꾸준히 불을 지폈다. 1998년에는 마침내 10개 구단 모두 든든한 응원군을 얻게 됐다.

좀 더 확대해보면 격변하는 시대상이 축구장에 고스란히 투영된 결과였다. 정치적이고 이념적인 속박에서 벗어나 지극히 개인적인 취향을 즐기고 드러내는 일에 거침없는 세대가 등장한 것이다. 동시에 컴퓨터와 이동통신, 인터넷의 발달로 새로운 소통이 시작되던 시기였다. 시공간의 한 계를 뛰어넘어 관심사가 비슷한 이들이 모이고 각종 정보와 자료를 동시 에 공유할 수 있는 네트워크망이 구축됐다. PC통신의 축구동호회를 중심으로 전술과 관전 문화에 대한 담론이 형성되고, 해외축구 뉴스와 문화도 적극적으로 공유하기 시작했다. 이들의 결속력은 온라인을 뛰어넘은 행동력으로 이어졌다. '붉은 악마'로 대표되는 서포터 문화가 그것이다. 팀이 가는 곳이면 어디든 함께하면서 축구장에 활력을 불어넣었다. 초기에는 해외 응원 문화를 차용한 퍼포먼스로 일반 관중과 차별화했지만, 그들의 모토가 사실 '전 관중의 서포터화'였다는 점은 의미심장했다. 그렇게 뿌린 씨앗들은 2002한일월드컵 때 온 국민이 붉은색 옷을 입고 대표팀을 응원하며 일체의 경험을 누리는 열매로 나타났다. 광장에서 축제를 즐기는 문화가 정착된 기원도 이들에게서 찾을 수 있다.

시기적인 절묘함도 빼놓을 수 없다. 2002한일월드컵 개최를 앞두고 있던 상황에서 98프랑스월드컵을 통해 세계무대의 높은 벽을 여실히 느낀 터였다. 그 실패와 좌절감이 오히려 국내 축구에 대한 관심을 환기하는 반대급부로 작용했던 셈이다. 마침 정규리그 경기 방식도 흥미를 극대화하는 것이었다. 그해 K리그는 무승부제를 폐지하고 골든골제를 적용했다. 90분 동안 승부를 가리지 못하면 연장전이나 승부차기에 들어가서라도 결판을 내야 했다. 이기기 위해서는 골이 필요했고, 골을 넣기 위해서는 적극적이고 공격적인 움직임이 계속돼야 했다. 경기장을 가득 메운 관중들과 많은 골, 다양한 볼거리가 시즌 내내 축구장을 들썩이게 했다. 스타가 있어 팬이 몰리고 팬이 있어 경기 수준도 올라가는, 선순환이 이뤄진 한 해였다. 지금도 많은 이들이 1998년을 K리그의 르네상스로 기억하고 있다.

FC바르셀로나와 레알마드리드의 '엘 클라시코'는 세계에서 가장 뜨거운 라이벌전이다. 민족적 앙숙 관계에서 출발하는 역사적인 배경과 세계 최고의 선수들이 집결해 있는 화려한 진용, 수많은 우승 트로피, 각각 10만여 명을 수용할 수 있는 홈구장과 그 이상의 소시오 회원을 거느리고 있는 거대 클럽이라는 점까지, 모든 면에서 경쟁적으로 부딪히면서 스페인 프리메라리가를 양분하고 있는 숙적이다. 두 팀이 충돌했을 때 생겨나는 감정은 거의 증오에 가깝다. 이를 상징적으로 보여주는 것 중 하나가 루이스 피구 이적 사건이다. 바르셀로나에서 스타로 성장한 피구가 2000년 레알마드리드로 이적했다. 애정을 쏟았던 스타에 대한 바르셀로나 팬들의 상실감은 애정보다 더 큰 분노로 바뀌었다. 레알마드리드 유니폼을 입은 피구가 경기를 위해 바르셀로나 홈구장을 찾았을 때, 관중석에서는 야유와 욕설이 쏟아졌다. 피구의 유니폼과 사진이 불태워지는가 하면 돼지머리, 자전거 체인, 골프공, 유리병, 나사못 등 각종 오물이 투척되기도 했다.

》》법정 공방 비화한 서정원 이적 파동

과정은 다르지만 K리그에도 비슷한 사건이 있었다. 수원과 안양 사이에서 벌어진 '서정원 이적 파동'이다. 안양(LG)에 입단해 스타로 성장한 서정원이 프랑스 리그에서 활약한 후 국내로 돌아오면서 수원 유니폼으로 갈아입었다. 서정원과 안양은 법정 공방까지 벌이기도 했다. 한 선수의 개인사에 그쳤을지도 모를 일이, 훗날 K리그 최고의 라이벌전으로 발전하는 단서가 된 것은 퍽 흥미로운 일이다.

1999년 3월 20일 수원종합운동장에서 새 시즌 개막을 앞두고 슈퍼컵이 벌어졌다. 전년도 K리그 우승팀 수원과 FA컵 우승팀 안양의 대결이었다. 경기가 시작되기 전부터 심상치 않은 분위기가 연출됐다. 안양 서포터스 석에서 연기가 피어올랐다. 안양에서 수원으로 이적한 서정원 때문이었다. 서정원은 1992년 안양에 입단해 간판스타로 활약하다 1997년 프랑스 스트라스부르로 이적했다. 1999년 국내로 복귀하면서 친정팀이 아닌 수원을 택한 것이 사건의 발단이었다. 안양은 서정원에 대한 소송을 제기했다. 서정원이 국내로 돌아올 경우 안양으로 복귀하기로 한 계약을 깼다면서 "안양으로의 복귀를 조건으로 지급했던 이적료의 절반을 반환하라"고 주장했다. 서정원 측은 이면 계약과 연봉 협상 등 복귀 과정에서의 입장 차이를 이유로 이를 거부했다. 팬들은 팬들대로 서정원의 유니폼을 불태우는 '화형식'을 거행하며 분노를 표출했다.

스탠드에서의 소란과 달리 서정원은 침착했다. 슈퍼컵에서 특유의 빠르고 재치 있는 플레이로 상대 진영을 휘저으며 2개의 어시스트를 기록

했다. 해트트릭을 기록한 샤샤와 함께 팀의 5-1 대승을 이끌었다. 서정원의 활약상은 그렇잖아도 상처 입은 안양의 마음에 소금을 뿌린 격이었다. 두 팀 사이에 감정의 골을 깊게 만든 결정적 사건이었다. 이후에도 서정원은 안양을 상대할 때면 유독 날선 모습으로 상대를 위협했다. 2003년에는 역사에 남을 만한 명장면을 만들기도 했다. 5월 18일 안양전에서 전반 24분 남궁웅의 크로스가 수비 뒤쪽으로 날아오자 문전에서 몸을 누이며 오른발 오버헤드킥으로 골망을 갈랐다. 재치와 감각이 돋보인 골은 축구 전문가들과 팬들의 극찬을 끌어냈다.

한편 서정원과 안양의 법정 공방은 4년의 줄다리기 끝에 안양의 승소로 끝났다. 대법원은 "안양에서 지불했던 국내 복귀 대가성 금액은 부당이득으로 반환되어야 한다"며 서정원이 안양에 3억 원을 배상하라는 판결을 확정했다.

》 K리그 최고의 라이벌전, 지지대 더비

서정원 이적 파동이 수원과 안양의 싸움에 기름을 부은 격이긴 했지만 두 팀을 둘러싼 라이벌전의 열기는 이미 뜨거워질 만한 온갖 요소를 품고 있었다. 우선 김호 감독과 함께 수원의 창단 멤버였던 조광래 코치가 불화 끝에 수원을 떠나 1998년 말 안양 감독으로 오면서 감독 사이에도 대결 구도가 형성됐다. '김호의 수원'과 '조광래의 안양'은 두 감독이 차례로 팀을 떠나기 전까지 팽팽한 긴장감을 유지했다. 경기를 앞두고 감독 사이에 설전이 오가는, 당시로는 흔치 않았던 진풍경이 연출되기도 했다. 흥미로운 것은 김호 감독과 조광래 감독 재임 시절 두 팀의 상대 전적이다. 1999년부터 2003년까지 K리그에서 모두 21번 맞붙어 나란히

10승 1무 10패를 기록했다.

서포터들의 응원전 역시 치열했다. 수원의 그랑블루는 국내 최초의 서포터스답게 K리그의 응원 문화를 선도했다. 그보다 늦게 출범한 안양의 레드는 독창적인 응원기와 퍼포먼스로 새로운 풍경을 만들었다. 두 팀을 상징하는 컬러 푸른색과 붉은색을 이용한 각종 현수막은 묘하게 대조를 이루면서 극적 긴장감을 높였다. 여기에 서정원 이적 사건은 대놓고 서로에 대한 적개심을 표출할 수 있는 근거였다. 지리적으로 인접한 두 팀이었던 만큼 자연스럽게 '더비'가 형성됐다. 이들의 라이벌전은 수원과 안양을 관통하는 1번 국도를 오가며 이뤄졌다 해서 구간 중에 있던 지지대 고개를 빗대어 '지지대 더비'라 불렸다. 조광래 감독은 "유럽에서나 볼 법한 풍경이 국내에서 처음 나왔던 때다. 안양에서 뛰든 수원으로 가든 언제나 관중석이 들썩거렸다. 선수들도 흥이 나니까 전쟁 치르듯 경기를 뛰었다"며 당시 분위기를 회고했다.

두 팀의 대결에서는 유난히 많은 골이 터졌다. 양 팀 도합 네댓 골 이상 쏟아지는 게 일반적이었다. 2000년 4월 9일 수원에서 벌어진 대한화재컵 경기는 지지대 더비 중 최고의 명승부로 꼽힌다. 전반 16분부터 전반 28분까지 12분 동안 무려 6골을 주고받으며 3-3 동점을 이뤘다. 안양이 1골 앞서가면 수원이 동점골로 추격하며 시소게임을 펼치는 양상이었다. 후반 들어 이경우, 비탈리의 연속골로 역전에 성공한 수원이 최용수의 추가골로 따라붙은 안양을 5-4로 꺾었다. 그 스코어를 통해 경기내내 유지됐던 양 팀 선수들의 집중력과 승부욕을 읽을 수 있다.

치열했던 지지대 더비의 역사는 2003년을 끝으로 중단됐다. 축구단을 운영하던 LG스포츠가 2004년 GS스포츠로 사명을 변경하고 팀의 연고지도 안양에서 서울로 옮겼기 때문이다. 김호 감독이 2003년, 조광래 감독이 2004년 차례로 지휘봉을 내려놓은 것도 치열했던 라이벌전의 1막을 내리는 배경이었다. 이후 수원과 서울의 싸움은 수도권을 기반으로 한 '슈퍼매치'로 재탄생했다. 두 팀의 맞대결은 지금까지도 평균 3만 명 이상의 관중동원력을 자랑하는 K리그 최고의 흥행카드로 자리매김하고 있다.

K리그 최고 라이벌전이 발발한 1999년은 수원이 프로축구사에 큰 획을 그은 것으로도 기억될 해였다. 안양과의 슈퍼컵을 시작으로 대한화재컵과 아디다스컵을 연달아 독식하더니 정규리그에서도 우승컵을 들어올리며 4관왕을 달성해 프로 무대를 평정했다. 1997년 부산이 전관왕(3관왕)에 성공한 적은 있지만 4개의 우승 트로피를 가져간 팀은 수원이 처음이었다. 전년도에 첫 우승을 거두면서 자신감을 얻은 데다 서정원, 신홍기 같은 베테랑들이 합류하면서 전력이 강화된 덕이었다. 수원 경기장에는 매 경기 평균 2만여 명의 관중이 들어찼다. 수원의 홈 승률이 무려 92.5%에 이르던 시절이었다.

》》 서정원, 1999 전관왕 이끈 주역

서정원은 두 차례의 월드컵 참가와 프랑스 리그에서 쌓은 경험을 통해 물 오른 기량을 과시했다. 데니스에게 쏠려 있던 측면 공격 루트를 분담하며 팀의 파괴력을 배가시켰다. 슈퍼컵을 신호탄으로 대한화재컵, 정규리그에서 줄곧 맹활약했다. 그의 회상에 따르면 "해외에서 뛰다 돌아온 후여서인지 마음이 편했고, 여유가 넘쳐 경기장에서 생각했던 모든 플레이를 다 시도해봤던 시기"였다. 계속될 것 같던 서정원의 질주는 8

월 29일 전남과의 원정경기에서 중단됐다. 왼쪽 무릎 십자인대가 파열되는 중부상을 당하면서 시즌을 접고 말았다. 그때까지 서정원은 11골 5도움을 기록하고 있었다. K리그에서 뛰었던 11시즌을 통틀어 가장 많은 공격포인트를 기록한 해였다. 부상만 아니었다면 더 많은 포인트를 쌓을수도 있었다. 부상으로 하반기를 거의 날렸음에도 서정원은 그해 K리그대상 시상식에서 베스트 일레븐에 선정됐다. 그만큼 존재감이 대단했다는 의미다.

무릎 부상은 서정원의 축구 인생에 또 다른 전환점이 됐다. 결과적으로 수원의 레전드로 남게 한 장치였다. 당초 계획은 수원 입단 당시 1~2년 정도 활약하다 다시 유럽으로 진출하는 것이었다. 실제로 오퍼도 있었고 수원 역시 해외 이적에 협조적이었다. 하지만 부상을 당하면서 일이 틀어졌다. 불투명한 미래와 오랜 재활로 지쳐 있을 무렵 수원에서 5년 장기 계약을 제시했다. 서정원은 잔류를 결심했다. "부상 때문에 속상하기도 했지만 끝까지 수원에 있으라는 계시로 느껴졌다"는 것이 이유였다. 2000년 재활 끝에 복귀한 그는 부상 후유증으로 슬럼프를 겪었지만 2001년 화려하게 재기했다. 팀의 38경기 중 33경기에 출전해 11골 2도움을 기록했다. 원숙해진 경기력도 경기력이었지만 정신적인 지주로서의 존재감이 대단했다. 젊은 선수들로 세대교체가 진행되던 수원에 팀스피릿을 불어 넣고 철저한 자기관리로 모범을 보였다. 팀의 구심점으로 2001년과 2002년 연속으로 아시아 무대 제패와 FA컵(2002) 우승을 이끌었다. 2004년에는 5년 만의 정규리그 우승에 또 한 번 공을 세웠다.

수원과 함께 최고의 전성기를 누린 그도 어느덧 선수 생활을 마무리할 시점에 접어들었다. 2004년을 끝으로 K리그에 작별을 고하고 오스트리아 잘츠부르크로 이적했다. 선수 생활을 정리하면서 지도자 수업을 병행하겠다는 의지였다. 그런데 몸 관리를 너무나 잘 해온 덕분에 은퇴 시기가 자연히 미뤄졌다. 잘츠부르크를 거쳐 SV리트로 이적해 서른여섯 날의 나이로 거의 전 경기를 소화하면서 9골을 기록하는 노익장을 과시했다. 서정원은 2006년 말 현지 언론이 선정한 '올해의 최고 선수'로 뽑혔다. 그렇게 '제3의 전성기'를 보냈다. 은퇴 후 한국의 연령별 대표팀 코치를 거쳐 수원의 4대 감독으로 활약했으며, 현재는 중국 슈퍼리그에서 지도자 커리어를 이어가고 있다.

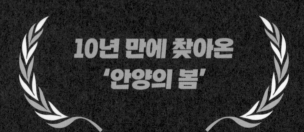

K LEAGUE LEGEND 40

조광래

2000

10년 만에 찾아온
'안양의 봄'

1998년 11월, FA컵을 앞두고 안양의 차기 사령탑으로 내정된 조광래 감독이 주장 강준호와 독대했다. 강준호를 통해 선수단에 전한 메시지는 이랬다. "FA컵에서 절대 롱킥으로 경기를 풀지 말아라. 후방에서 볼을 보낼 때 롱킥을 쓰는 선수는 내년에 나와 함께 갈 수 없다. 대신 크로스는 얼마든지 활용해도 좋다. 정확성을 높이기 위해서는 항상 앞에 있는 파트너와 사인을 주고받아야 하고, 반대편에서도 공격할 준비를 해야 한다. 볼이 있는 곳이라면 어디든 두세 명은 접근해서 다음 플레이를 진행할 수 있도록 준비해라."

당시 지휘봉을 잡고 있던 변병주 감독에게도 고언을 전했다. 안양의 주 포메이션이었던 3-5-2 대신 스위퍼를 없앤 4-4-2 전술로 경기를 치르는 게 효과적일 것이라는 내용이었다. 조광래 감독의 주문은 위력을 발휘했다. FA컵에서 우승을 차지한 것이다. 빨라진 템포에 상대가 당황했고 안양은 그 틈을 놓치지 않고 공략해 성과를 만들어냈다. 전년도 K리그에서 꼴찌, 그해 K리그에서도 8위에 그쳤던 안양의 성적을 떠올리면 놀라운 반전이었다.

FA컵 우승은 새 천년 안양의 비상을 알리는 예고였다. 조광래 감독이 정식으로 팀을 맡은 지 2년째가 되던 2000년, K리그에서 우승컵을 품에 안았다. 안양이 정규리그에서 우승한 것은 1990년 이후 무려 10년 만이었다. 혁신적인 변화를 몰고 온 조광래 감독이 만들어낸 마법이었다. "결코 후퇴하는 축구는 하지 않겠다. 승부에 연연하지 않고 재미있는 경기를 보이겠다."

안양에서의 첫 일성이었다. 프로 무대에서 승부에 초연할 수 있는 사람은 아무도 없다. 하지만 팀의 체질을 완전히 바꿔놓지 않으면 성적도 기대할 수 없다는 게 그의 주장이었다. 말하자면 1999년은 선수단을 재편하고 자신의 축구 철학을 이식하는 데 온전히 집중한 한 해였다. 가장 먼저 전방압박을 통한 볼 점유율 확대에 중점을 뒀다. 또한 모든 훈련은 좁은 지역 30~40m 박스 내에서 가둬놓고 진행했다. 상대가 압박을 시도하면 뒤로 물러나거나 볼을 돌릴 공간이 없었다. 전진 드리블을 하든 패스를 주고 빠지든, 어떻게든 헤쳐 나가는 플레이를 해야 했다. 좁은 공간에서 훈련이 진행되다 보니 볼을 터치하는 횟수가 훨씬 더 많아지고 간격도 촘촘해졌다. 체력 훈련을 따로 하지 않아도 훈련이 끝나면 선수들은 대부분 벌렁 나자빠졌다. 훈련을 통해 공격지향의 마인드를 공유하고 패턴 플레이를 익히는 데 꼬박 1년이라는 시간이 걸렸다.

》》 조광래 기술 축구, 최용수가 날았다

그리고 2000년, 안양은 무서운 팀이 되어 있었다. 성남과의 정규리그 개막전을 시작으로 수원, 포항, 울산 등 강팀들을 거푸 잡아내며 상승세를 타기 시작했다. 안양을 만만하게 보던 팀들은 당황하기 시작했다. 특히 라이벌 수원과의 대결에서 압도적인 우세를 보였다. 전년도에는 수원이 3승 1패로 앞섰지만, 2000년에는 안양이 네 차례의 맞대결 모두 승리하며 설욕했다. 압박과 패스, 공간을 활용하는 플레이로 리그 흐름을 주도했다. 신선한 변화에 언론에서는 '기술축구'라는 수식어를 붙여주었다.

공격부터 수비까지 모든 선수들의 의식에 변화가 있었지만, 가장 극적인 반전은 최용수를 통해 이뤄졌다. 최용수는 청소년 시절부터 한국축구를 이끌어갈 유능한 공격수로 주목받았다. 하지만 대부분의 감독들은 그를 골문 앞에서 포스트플레이어로만 활용했다. 1996년 올림픽대표팀, 1998년 월드컵대표팀에서의 역할은 거의 정해져 있었다. 소속팀에서의 사정도 크게 다르지 않았다. 그래서인지 최용수는 제공권과 몸싸움은 좋아도 투박한 공격수라는 정형화된 이미지를 갖고 있었다. 그러나 조광래 감독은 색다른 주문을 했다. "수비에 적극 가담해라. 가운데 서 있기만 하면 상대 수비의 마킹 거리에 갇힐 뿐이다. 상대방이랑 붙어서 싸울 게 아니라 자꾸 떨어뜨리는 움직임을 해야 네가 뛰기에 편하다."

수비에 가담하면 상대방이 최용수를 계속 따라다니기 어려워진다. 자연스레 공간을 확보할 수 있다. 섬세한 볼 터치까지는 어려워도 최소한 여유 있게 볼을 처리할 시간을 벌게 된다는 내용이었다. 주문에 따라 최용수는 미드필드까지 내려와 상대 수비를 흔들어 놓았고 팀의 공격 상황에서는 좋은 위치를 찾아 결정짓는 역할을 맡았다.

최용수가 마음껏 상대 진영을 휘저을 수 있었던 것은 삼각편대 파트너였던 정광민, 드라간과 호흡이 좋았기 때문이다. 최용수가 나오면 드리블이 좋은 정광민이 밀고 올라가거나 드라간이 측면과 중앙을 오가며 파고드는 식이었다. 여기에 안드레라는 특급 도우미의 지원까지 더해졌다. 안드레는 조광래 감독이 최고의 프리키커로 꼽을 정도였고, 드롭샷으로 스크럼을 넘겨 골대 앞에서 볼이 툭 떨어지게 만드는 특징이 있었다. 상대 골키퍼로서는 꼼짝 없이 당할 수밖에 없었다. 이들의 득점 기록을 모두 합하면 41골, 팀 득점 51골의 80% 해당하는 수치였다.

최용수에게 주장 완장을 채운 것도 의미심장했다. 조광래 감독은 안양 시절뿐만 아니라 후에 경남, 대표팀 감독을 지낼 때도 김동찬이나 박주영 같은 공격수에게 주장을 맡겼다. 통상 공격수에게는 득점에만 집중할 수 있도록 배려하고 팀을 통솔하는 주장 역할은 미드필더나 수비수에게 넘기는 것과 다른 지점이다. 조광래 감독의 변은 이렇다. "팀 빌딩에 가장 기본적인 것은 수비에 안정을 기하는 것이지만, 모든 선수들이 공격적인 마인드를 갖기 원한다. 주장부터 그런 인식을 확고히 갖고 있다면 경기 중 흐름도 자연스럽게 공격적으로 바뀐다. 감독이 지시할 때보다 주장이 끌어갈 때 훨씬 효과적이다."

활발한 움직임과 남다른 책임감으로 그라운드를 누빈 최용수는 2000년 14골 10도움이라는 엄청난 포인트를 생산했다. 그가 K리그에서 활약한 6시즌 중 가장 좋은 성적을 낸 기간이다. 그 공을 인정받아 연말 시상식에서는 베스트 일레븐 공격 부문에 이름을 올렸고 MVP도 수상했다.

공격에 최용수가 있었다면 수비에서는 골키퍼 신의손이 존재감을 과시했다. 일화에서 무릎 부상으로 은퇴한 사리체프를 한국인 신의손으로 귀화시키고 플레잉코치로 복귀시킨 것은 진정 '신의 한 수'였다. 당시 그

의 나이는 마흔. 전성기 때만큼의 몸 상태는 아니었지만 풍부한 경험을
살려 수비진을 잘 리드했고, 결정적인 위기 상황에서 선방을 펼치며 골
문을 지켰다. 안양의 골문은 몰라보게 튼튼해졌다. 전년도에는 27경기
52실점으로 경기당 2골 가까이 내주었지만, 2000년에는 29경기 27실점
으로 0점대 실점률을 기록하는 반전을 이뤘다. 그해 K리그 10개 팀 중에
서도 최소실점 기록이었다. 공수에 걸쳐 균형을 갖춘 팀이 리그 우승컵
을 차지한다는 진리를 새삼 확인하는 대목이다.

》》조광래는 어떻게 패배주의를 걷어냈나

안양의 우승이 더욱 극적이었던 이유는 9년 동안의 지독한 부진을 벗
어났기 때문이기도 하다. 안양은 두 차례 꼴찌를 포함해 바닥권에서만
맴돌았다. 조광래 감독은 선수단에 만연한 패배의식을 걷어내는 게 우선
이라고 판단했다. 성공 경험을 늘려야 했다. 훈련장 분위기부터 바꿨다.
오랫동안 패배의식에 젖어 있는 선수들을 야단치는 건 큰 의미가 없었
다. 체력 훈련도 따로 하지 않았다. 워밍업으로 가볍게 뛰는 것 외에 운동
장을 세 바퀴 이상 도는 경우는 없었다. 다양한 패턴의 패스 훈련을 반복
적으로 진행했다. 최소한의 인원으로 그룹을 만들어 선수들이 볼에 발
을 대는 횟수를 늘렸다. 패스 성공 횟수가 높은 조에게는 칭찬을 아끼지
않았다. 한 번이라도 더 패스를 성공시키려는 경쟁 분위기가 자연스럽게
형성됐다. 즐거운 분위기로 훈련을 실전처럼 소화하다 보니 경기장에서
도 최상의 경기력을 보일 수 있었다.

선수단의 사기를 끌어올리기 위해 연봉과 수당 지급에도 파격적인 조
치를 취했다. 당시 안양 선수들의 평균 연봉은 10개 구단 중 최하위 수준

이었다. 만년 하위팀이다 보니 인상 요인이 없었다. 1999년에도 9위에 머물렀기에 선수들의 2000년도 연봉을 삭감하겠다는 게 구단의 방침이었다. 조광래 감독은 뱃심으로 맞섰다. 타 구단 그리고 모기업이 같은 야구팀의 연봉 지급 자료들을 쭉 정리해 비교한 뒤 선수단 연봉을 일괄 동결시켰다. 대신 수당 제도를 바꿨다. 무승부 수당을 없애는 대신 승리 수당을 대폭 인상해 달라고 요청했다. 주전 수비수의 경우 4백만 원 정도의 수당을 챙길 수 있도록 배려했다. 종전보다 네 배가량 오른 액수였다. "무승부 수당은 받는 사람 입장에서도 염치 없는 거였다. 비기면 그냥 제 몫을 했다 치고, 이길 때 제대로 받는 게 훨씬 나았다. 그래야 승리에 대한 목적의식도 더 분명해지는 법이니까."

조광래 감독의 처방은 확실한 결과로 이어졌다. 감독의 스타일이 팀에 녹아들면서 시즌 10연승을 포함해 무려 18승을 기록했다. 주전으로 나선 이 중에는 연습생 출신이나 신인도 있었다. 1년 동안 뛰면서 쌓은 수당이 연봉을 넘어서는 경우까지 나왔다. 두 가지 면에서 효과가 있었다. 하나는 열심히만 하면 누구라도 출전 기회를 얻을 수 있다는 기대감을 공유하게 된 것이었고, 다른 하나는 경기장에 나서는 모든 선수들이 승리를 위해 뛰었다는 것이다. 어느새 패배의식은 자취를 감추고 진정한 프로의식을 갖춘 선수들만 남게 됐다.

》》 K리그 뒤흔든 '조광래 유치원'

조광래 감독은 유망주 육성에도 남다른 공을 들였다. 수원에 '김호의 아이들'이 있었다면 안양에는 '조광래 유치원'이 있었다. 사실 '조광래 유치원'은 훗날 경남 감독을 지낸 2009년에야 만들어진 별칭이다. 하지만

20세 안팎의 선수들을 모아 성과를 내고 스타를 만들어냈다는 본질은 안양 시절과 다르지 않다. 조광래 감독이 의욕적으로 추진했던 것은 클럽 시스템을 구축하고 유소년 시절부터 기술을 연마할 수 있는 환경을 만드는 것이었다. 최태욱, 박용호, 최원권, 김동진, 김병채, 한정화, 박성호, 한동원, 정조국 등 수많은 유망주들이 안양에서 프로 선수로 데뷔했다. 이청용과 송진형, 고명진처럼 중학교를 중퇴하고 안양 유스팀에 입단하는 선수도 있었다. 그만큼 감독이 애정을 쏟고 키웠던 선수들이다.

지금은 10대 선수들이 프로 무대에서 뛰는 모습이 낯설지 않지만, 당시에는 대학을 졸업하고 입단한 선수도 주전으로 출전하기 어려운 분위기였다. 조광래 감독은 가능성 있는 선수들에게 기회를 주는 데 인색하지 않았다. "남들은 너무 앞서간다고 했지만 내 생각은 달랐다. 진작 했어야 할 걸 안 하고 있었던 거지 결코 내가 빠른 게 아니었다."

그가 믿음을 갖고 키워낸 선수들이 몇 년 뒤 한국축구의 대들보가 된 것은 주지의 사실이다. 유망주를 발굴하는 감식안과 육성 능력은 몇 년 뒤 열악한 환경에서 더 큰 힘을 발휘했다. 조광래 감독은 2004년을 끝으로 안양 지휘봉을 놓은 뒤 2008년 도민구단 경남FC의 2대 사령탑으로 취임했다. 특급 스타를 사들일 돈이 없는 팀이 생존할 수 있는 방법은 스스로 스타를 만들어내는 것밖에 없었다. 이용래, 김주영, 김동찬, 서상민 등을 대표급 자원으로 키웠고 김영우, 이훈, 박민 등을 경쟁력 있는 K리그로 길러냈다. 이들과 함께 2009년 FA컵 준우승을 차지하더니 2010년에는 초반부터 연승을 달리며 중간 순위 1위에 오르는 기염을 토하기도 했다. 유소년 육성에 한국축구의 미래가 걸려 있다는 신념을 고수하는 그는 지도자로 행정가로 여전히 그라운드를 누비고 있다.

인생사 모든 일에 우연이란 없다. 따지고 보면 나쁜 일에는 일찌감치 이런저런 징후가 나타나기 마련이고 좋은 일에도 전조가 보이는 법이다. 2001년 리그 우승컵을 들어 올린 성남도 그랬다. 1998년, 1999년 연달아 꼴찌를 기록했던 그들은 2000년 4개 대회(FA컵, 아디다스컵, 슈퍼컵, 2군리그)에서 준우승하며 반등의 조짐을 보였고 2001년 마침내 정상으로 복귀했다. 1995년 K리그 우승으로 리그 첫 3연패의 위업을 달성한 후 6년 만이었다. 새로운 3연패의 서막이 열린 해이자 성남의 르네상스가 시작된 해였다. 그 중심에 신태용이 있었다.

》》 '천하무적' 성남시대

바야흐로 2002한일월드컵을 앞두고 축구 열기가 고조되던 시점이었다. 한국 대표팀의 사령탑을 맡은 거스 히딩크 감독의 눈은 프로는 물론이고 실업, 대학 무대까지 샅샅이 훑고 있었다. 무언가 하나라도 특징적인 플레이를 펼치는 선수가 있다면 어김없이 히딩크의 호출을 받았다. 프로축구연맹과 K리그도 월드컵 지원 체제로 돌아가고 있었다. 내부적으로는 볼멘소리가 적지 않았지만 '대승적 차원'에서 대표선수 장기 차출 등에 협조하는 분위기였다. 전력 유지 차원에서의 제도 변화도 있었다. 2002년까지 한시적이긴 했지만 외국인 선수 보유 한도가 기존 5명에서 7명으로 늘어났다. 축구계는 월드컵이 몰고 오는 소란의 한가운데 있었다.

단 한 팀, 성남을 제외하고서다. 성남만큼은 무풍지대였다. 김현수와 김영철이 이끄는 중앙수비진과 김상식과 신태용이 버티고 있는 허리, 김대의, 황연석, 박강조 등이 휘젓는 공격진은 국내 선수들만으로도 대표급 자원이라는 말이 나올 정도의 전력을 자랑했다. 하지만 실력이 대표급일 뿐, 실제로 대표팀에 선발되는 선수는 없었다. 그 덕에 성남은 리그 내에서 가장 단단한 조직력을 갖게 됐다. 최고 수준의 국내 선수뿐 아니라 '우승청부사' 샤샤, 몰도바 대표팀 주장을 지냈던 이반까지 영입한 터였다.

마침 정규리그 진행방식도 3라운드 단일리그제로 변경됐다. 장기 레이스인 만큼 팀이 얼마나 기복 없이 안정적인 운영을 유지하느냐에 따라 성패가 갈렸다. 성남은 리그 최소 실점의 안정된 수비력과 전방에서의 파괴력이 더해져 무적의 기세로 내달렸다. 2001년 개막 후 3라운드에 1위로 올라선 후 꾸준히 상위권을 유지했고 시즌 종료 7경기를 남긴 시점부터는 선두로 독주했다. 끝까지 안양, 수원 등의 추격이 매서웠지만 선

두 자리를 내주지 않았다.

성남의 강세가 더 대단했던 건 1군 팀들이 경쟁하는 K리그와 각 팀의 2군 선수들이 참가하는 2군 리그를 모두 석권했기 때문이다. 2군 리그마저 평정한 만큼 미래를 기대할 수 있는 자원이 꾸준

히 배출됐다. 김우재, 김철호 같은 선수들이 2군에서 1군으로 올라서 팀의 기둥으로 활약했다. 2001년 우승으로 부활한 성남의 고공비행이 계속됐다. 3년 연속 '성남 천하'였다. 2002년에는 성남의 '페이스메이커' 역할을 했던 울산의 추격 덕에 리그 막판까지 경쟁이 이어졌지만, 2003년은 아예 성남의 독주시대였다. 자그마치 9경기나 남은 상황에서 리그 우승을 확정했다. 단일 리그제는 우승의 정통성을 인정받을 수 있는 유일한 제도임에도 특정 팀의 독주가 계속될 경우 리그 막판까지 긴장감을 선사할 흥미 요소가 부족하다는 점에서 이견이 잇따랐다. 성남의 3연패는 급기야 정규리그 방식에 변화를 불러왔다. 2004년부터 전후기 리그를 치른 후 4강전과 챔피언결정전을 치르는 플레이오프 방식으로 환원됐다.

》》 신태용 없는 성남을 논하지 말라

성남의 우승 역사는 곧 신태용의 역사와 다름없다. 1992년 아디다스컵을 시작으로 2011년 FA컵 우승에 이르기까지 성남이 국내외 각종 대회에서 차지한 우승컵은 모두 18개에 달한다. 이 중 신태용과 관련이 없는 우승컵은 딱 하나, 2006년 K리그 우승컵뿐이다. 신태용이 현역에서 은퇴해 지도자로 성남에 돌아오기 전까지의 공백 기간 동안 추가된 것이다. 나머지 17개의 우승컵 중 15개는 선수로 뛰면서, 2개는 감독으로 팀을 이끌면서 들어 올린 것들이다.

신태용은 스스로를 '우승돌이'라 칭한다. 경북 영덕에서 나고 자란 그는 대구공고 진학 후 팀을 옮길 때마다 역사적인 우승 타이틀을 가져왔다. 대구공고 3학년 때 참가한 추계연맹전에서 팀의 창단 첫 우승을 이끌었고 영남대 4학년 때도 대통령금배 대회에서 팀 역사상 처음으로 우승컵을 안겼다. 당시 대통령금배는 지금의 FA컵과 비슷한 성격의 대규모 대회로 치러졌다. 대학팀은 물론이고 실업팀과 프로 2군까지 참가하는 성인축구 무대에서 대학팀이 우승한 것은 엄청난 사건이었다.

신태용의 '우승 운'은 프로 데뷔 시즌에도 이어졌다. 1992년 성남에 입단한 신태용은 첫 해부터 주전으로 활약하며 팀의 아디다스컵 우승에 공을 세웠다. 1989년부터 K리그에 참가했던 성남의 첫 우승 기록이었다. 이듬해부터는 정규 리그 첫 우승과 함께 첫 3연패의 주역으로 활약했고 아시안 클럽컵, 아프로-아시안 클럽컵, 아시안 슈퍼컵, FA컵 등 팀의 모든 우승에 관여했다. 2001년부터 시작된 두 번째 정규리그 3연패 시절에도 성남의 중심에는 신태용이 있었다.

신태용의 영향력은 크게 두 가지로 나뉜다. 하나는 주장으로서의 통솔력이고 다른 하나는 경기장에서의 실력이었다. 어린 시절부터 줄곧 소속팀에서 주장을 맡았던 그는 성남에서도 입단 4년차부터 주장 완장을 차기 시작했다. 처음에는 선배들의 눈치를 보기도 했지만 워낙 당찬 성격이었던 데다 뛰어난 경기력으로 권위를 얻었다. 정확한 패스 공급에 적절한 침투 플레이와 결정력으로 팀 공격을 지휘하니 많은 선수들이 따를 수밖에 없었다.

특히 외국인 선수들과의 '밀당'에 능했다. 지금도 그렇지만 과거에도 외국인 선수를 통제하기란 쉽지 않았다. 이방인인 그들에게 특별한 충성심이나 헌신을 요구할 수도 없었고, 경기장 밖에서의 생활을 공유하기도 어려웠다. 신태용에게는 이들을 하나로 묶는 능력이 있었다. 비결은 간단했다. 팀스피릿으로 무장하지 않으면 경기장에서 외면했다. 2001년 이적해온 샤샤가 말썽을 부리자 "그 따위로 하면 볼을 주지 않을 거다. 내가

너한테 패스를 안 주면 네가 골을 넣을 수 있을 것 같냐?"고 일갈하기도
했다.

경기장이나 훈련장 밖에서는 따로 밥을 사거나 함께 사우나를 즐기며
다독였다. 말 그대로 쥐락펴락하는 능력이 있었다. 이후 성남에 합류한
싸빅(이싸빅), 데니스(이성남), 두두 등 K리그에서 날고 긴다는 외국인 선
수들도 신태용 앞에서는 겸손해질 수밖에 없었다. 국내 선수들에게도 마
찬가지였다. 그라운드에서는 솔선수범하여 선수들을 리드하고 경기장
밖에서는 선수들의 가려운 부분을 대신 긁어줬다. 타고난 승부 근성은
주위 선수들까지 동화하게 만드는 긍정적인 전염력이 있었다.

》》 기록의 사나이

K리그 역사를 통틀어 신태용만큼 기복 없이 일정한 경기력을 유지한
선수는 없었다. 1992년 데뷔 후 2004년을 끝으로 은퇴하기까지 K리그 시
상식에서 베스트 일레븐에 선정된 횟수가 무려 9회에 이른다. 1992년부
터 5년 연속, 2000년부터 4년 연속으로 베스트 미드필더가 됐다. 베스트
일레븐 역대 최다 선정 기록이다. 발목 부상으로 일본에서 재활 훈련을
했던 기간과 은퇴를 앞두고 있던 마지막 해만 이름이 빠졌다. 최소한 주
전으로 꾸준히 뛰었던 해에는 늘 리그 정상급 활약을 펼쳤다는 의미다.

1992년 신인왕을 수상했을 때부터 그의 활약은 예고된 것이었다. 두
차례의 3연패 시절 내내 그는 MVP급 활약을 보였고, 실제로 MVP도 두
번(1995, 2001)이나 수상했다. 미드필더이면서도 골 냄새를 맡는 능력이
탁월했기 때문이다. 체격이 크지 않았음에도 자신보다 더 큰 선수들을
상대해도 밀리지 않았고, 재치 있는 패스 플레이나 드리블, 한 번의 터치

로 볼의 방향을 바꿔 마크맨을 따돌리는 능력으로 직접 골문을 노리기도 했다. 날카로운 킥력은 골과 다름없는 무기이기도 했다.

득점왕을 수상한 적도 있었다. 1996년 섀도우 스트라이커로 보직을 변경한 신태용은 전방 파트너 황연석의 득점 기록보다 네 배 이상 많은 21골을 기록했다. 부상 시즌을 제외하고 거의 매 시즌 15개 가까운 공격 포인트를 쌓은 그의 통산 기록은 99골 68도움. 2001년에 79골 50도움을 기록하면서 김현석에 이어 역대 두 번째로 '50-50클럽' 가입자가 된 그는 2003년 5월 17일 전남전에서 K리그 최초의 '60-60클럽' 가입자가 됐다.

그렇다면 신태용 자신이 가장 큰 의미를 부여하는 기록은 무엇일까?

"우선 베스트 일레븐에 아홉 번이나 선정됐다는 건 스스로도 무척 자랑스러운 기록이다. 선수 생활 내내 요령 피우지 않고 꾸준하게 잘했다는 상징이나 마찬가지이기 때문이다. 골 기록에도 남다른 의미를 두고 싶다. 미드필더가 99골이나 넣는다는 건 사실 불가능에 가깝다. 2경기 연속 해트트릭을 기록한 적도 있는데, 대단한 일 아닌가?"

》 K리그 최후의 로맨티시스트

데뷔 이래 줄곧 성남에서만 활약했던 신태용은 2004년을 마치고 현역 은퇴를 선언했다. 2004년 후반기부터 선발 멤버에서 제외되는 일이 잦아졌다. 입단 이래 처음으로 벤치 설움을 경험했다. 구단과의 불화설이 돌기도 했다. 팀 내 최고액 연봉자인 그를 더 이상 대우하기 어렵다는 게 구단 분위기였다. 팀의 주장이자 상징과도 같은 선수였기에 밖에서 보는 눈도 불편했지만, 스스로가 느낀 심리적 부담감과 갈등도 컸다. 결국 신태용은 선수 생활을 접기로 결심했다.

사실 마음을 달리 먹었다면 다른 팀으로 이적해 선수 생활을 연장할 수도 있었다. 다른 팀에서라면 여전히 주전으로 뛸 만한 기량을 유지하고 있었고, 실제로 이적 제의를 한 팀도 있었다. 새로운 기록에 대한 미련도 남아 있었다. 100골 고지까지 단 1골만 남아 있었고, 도움 두 개만 보태면 전인미답이었던 '70-70클럽'도 직접 개설할 수 있는 상황이었다. 기록 앞에서 마음이 약해지기도 했다.

하지만 팬들을 외면할 수는 없었다. 13년 동안 한 팀을 위해 뛰었는데 1~2년 더 뛰겠다고 팀을 옮기기는 싫었다. 성남에서 명예롭게 은퇴하는 길을 택했다. 낭만이 사라져가는 축구장에서 좀처럼 볼 수 없는 용단이었다. 레전드의 마지막을 함께 한 것은 팬들이었다. 신태용 은퇴 소식이 전해지자마자 성남 서포터들이 은퇴를 반대하는 1인 릴레이 시위를 펼쳤다. 휴가를 내고 참가하는 직장인도 있었다. 유례없는 일이었다. 신태용은 "팀을 위해 충성했고 경기장에서 최선을 다해 뛰었던 진심이 팬들에게 전해진 것 같았다. 그분들을 생각할 때마다 가슴 속에서 울컥 치밀어 오르는 고마움이 있다"고 말했다.

'원클럽맨'으로 눈물을 삼키고 떠났던 신태용은 2008년 12월 파격적으로 성남에 돌아왔다. 서른여덟 살의 젊은 나이에 성남의 감독대행이 된 것이다. 이후 지도자로서도 성남에서만 영광과 좌절을 모두 경험한 것이 흥미롭다. 감독 데뷔시즌인 2009년에 K리그와 FA컵 준우승이라는 놀라운 성과를 거둔 데 이어 2010년 AFC 챔피언스리그, 2011년 FA컵 우승을 차지했다. 넉넉하지 않은 선수 자원으로 끌어낸 성과에 찬사가 이어졌다. 그러나 아이러니컬하게도 구단으로부터 대대적인 지원을 약속

받은 2012년, 누구도 예상치 못한 부진을 거듭하며 추락했다. 다음 시즌 도입될 승강제를 앞두고, 겨우 강등권을 면할 정도로의 성적을 거두며 자존심을 구겼다. 결국 2012년을 끝으로 신태용과 성남은 작별했다. 레전드로서는 쓸쓸한 퇴장이었다. 이후 그는 대한민국 대표팀의 감독을 맡기도 했으며, 현재는 인도네시아 대표팀의 수장으로 지도자 커리어를 이어가고 있다.

샤 샤

2002

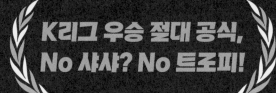

K리그 우승 절대 공식,
No 샤샤? No 트로피!

그해 여름, 대한민국은 모두 '월드컵'으로 통했다. 정치, 사회, 경제, 예술 모든 분야에서 월드컵이 단연 최고의 화제였다. 사람들은 월드컵을 통해 축구와 열렬한 사랑에 빠졌다. 전국의 거리마다 광장마다 붉은 물결이 넘실댔다. 그 에너지는 기적을 만들어냈다. 세계무대에 끊임없이 도전장을 내밀면서 길고 긴 굴곡의 역사를 지나왔던 한국축구는 사상 처음으로 4강에 진출하는 것으로 환희의 정점에 섰다.

덩달아 프로축구도 호황을 맞았다. 월드컵 3 · 4위전에서 붉은 악마가 선보인 카드섹션 'CU@K리그'는 프로축구를 구원하는 메시지였다. 각종 포털 사이트에서 'K리그'와 'CU@K리그'가 인기 검색어 상위에 랭크됐다. 월드컵에서의 감동을 좀처럼 잊지 못하는 사람들은 월드컵 스타들을 보기 위해 프로축구 경기장에 몰려들었다. 월드컵이 모두 막을 내리고 뒤늦게 한여름 7월 7일에 개막한 정규리그에는 역대 기록을 뛰어넘는 최다 관중이 입장했다.

개막일에 치러진 4경기에 입장한 관중수는 모두 123,189명. 역대 일일 최다 관중수로 집계됐다. 그러나 이는 서막에 불과했다. 경기가 있을 때마다 주중 최다 관중수, 주말 최다 관중수 기록이 새로 쓰이며 신기록이 경신에 경신을 거듭했다. 정규리그 개막 후 5라운드(29경기)를 소화하는 동안 입장한 관중수는 약 63만 명이었다. 월드컵 전에 치러진 아디다스컵을 포함해 K리그는 단 69경기 만에 관중수 100만 명을 돌파하는 신기원을 이뤘다.

이런 가운데 조용히 실속을 챙기는 팀이 있었다. 또다시 성남이었다. 월드컵의 후광에서는 한 발짝 비켜섰지만, 그로 인한 반사이익을 제대로 누리고 있었다. 다소 역설적이지만 성남은 국가대표 선수 한 명 없이도 가장 강한 전력을 자랑하는 팀이었다. 조직력이 좋았기 때문이다. 신태용, 박남열, 김현수 같은 베테랑들이 안정감 있게 팀을 리드했고 김대의, 김영철, 김상식, 박충균 등이 물오른 기량을 뽐내며 조화를 이루고 있었다. 전년도 리그 우승 멤버들이 모두 건재한 가운데 부상 이탈자 한 명 나오지 않았고, 대표팀 차출로 골머리를 앓을 필요도 없었다.

그리고, 그가 있었다. 모든 감독들이 탐내는 공격수. K리그 우승에 필요한 '절대반지'이자 '우승청부사'로 불렸던 샤샤 드라쿨리치였다. 성남은 샤샤와 함께 2002년 슈퍼컵, 아디다스컵, 정규리그 우승컵을 모두 차지하며 3관왕에 올랐다.

》》 K리그의 우승청부사

샤샤의 이름 앞에는 항상 우승청부사라는 수식어가 붙었다. 그가 거쳐간 팀은 모두 우승컵을 품에 안았기 때문이다. 정규리그 우승만 6차례(1997, 1998, 1999, 2001, 2002, 2003)였고, 국내 각종 타이틀을 합치면 모두 11개의 우승컵을 들어올렸다.

유고 출신의 샤샤가 한국 땅을 밟은 것은 1995년. 이적료 30만 달러에 연봉 6만 달러, 당시 국내 최고액에 해당하는 몸값이었다. 샤샤는 K리그에서 통할 수 있는 여러 장점을 가진 선수였다. 우선 상대 선수들을 압도하는 큰 키(192cm)로 제공권과 스크린 플레이에 강점을 보였다. K리그 특유의 맨투맨 마크와 치열한 몸싸움을 이겨낼 수 있는 힘을 가진 선수였기에, 문전에서 만들어내는 득점 기회가 많았다. 샤샤는 입단 첫해 8골을 기록하며 K리그에 연착륙했다. 피지컬적인 강점이 두드러져 하석주, 아미르 등 2선에서의 지원을 적절히 활용할 수 있었다. 스스로 결정짓는 역할 외에 연계 플레이도 곧잘 해냈다.

1996년 뚜레와 마니치가 합류한 후에는 좀 더 탄력을 받았는데, 1997년에는 이들 '동유럽 3총사'의 호흡이 절정에 달했다. 특히 '바람의 아들' 마니치는 탁월한 스피드로 측면을 돌파하거나 개인 기술로 중앙을 휘저으며 샤샤를 도왔다. 종종 토종 장신 공격수 우성용(192cm)과 트윈타워를 이뤄 상대를 위협하기도 했다. 두 선수 모두 장신임에도 기술을 갖추고 있어 의외의 합을 만들었다. 샤샤는 1997년 공격 진영에서 다양한 시너지를 일으키며 14골 11도움을 기록해 부산의 3관왕(아디다스컵, 프로스펙스컵, 정규리그)을 이끌었다.

이듬해 수원으로 이적할 때 그의 몸값은 이적료 70만 달러에 연봉 8만 4천 달러였다. 두 배 가까이 치솟은 몸값으로 가치를 증명했다. 샤샤의 진정한 신화는 수원에서 시작된다. 1998년 시즌 중반 수원에 합류한 그는 정규리그에서만 8골을 기록하며 팀의 후기리그 우승에 힘을 보탰다. 비탈리라는 걸출한 스트라이커에 고종수, 데니스, 박건하 등 스피드와 기술, 헤딩이라는 각기 다른 특징과 장점을 갖고 있는 자원들이 골고루 포진한 수원에 샤샤의 합류는 그야말로 호랑이가 날개를 단 격이었다. 결국 수원은 통합 챔피언에 올라 창단 후 첫 우승의 감격을 누렸다.

K리그에서 지내는 시간이 길어질수록 샤샤는 독보적인 공격수로 성장을 거듭했다. 수비수들의 특성을 파악하고 시간차를 이용한 패스와 위치 선정, 결정력으로 팀 공격을 이끌었다. 그를 상대하는 수비수들은 늘 힘겨워했다. 몸싸움과 제공권에서 밀리면 여지없이 샤샤의 발끝에서 슈팅이 나왔기 때문이다. 1999년에는 정규리그에서만 18골(시즌 23골)을 기록하며 수원의 리그 2연패에 결정적인 공을 세웠다.

골 감각이 절정에 오른 시기였음을 보여주는 일화가 하나 있다. 그해 8월 21일 정규리그 부천전에서 샤샤가 시도한 6차례의 슈팅 중 무려 4개가 골망을 흔들었다. 샤샤의 맹활약 속에 수원은 5-1의 승리를 거뒀다. 당시 샤샤와 함께 활약했던 박건하는 "샤샤는 어슬렁거리다가도 골이 들어갈 위치와 순간에 항상 그곳에 있었다. 긴 다리를 이용한 강력한 슈팅으로 확실하게 골을 마무리했다"고 회고했고 서정원은 "결정력이 뛰어난 전형적인 스트라이커였다. 빠르지는 않아도 문전에서의 감각과 헤딩력이 좋아 공격을 전개할 때 연결고리 역할도 했다. 득점 외에도 좋은 활약을 보였던 선수다"라고 설명했다.

시즌 내내 맹위를 떨친 샤샤는 우승팀을 가리는 자리에서 또 한 번 주인공이 된다. 챔피언결정 2차전에서 친정 부산을 상대로 문제의 결승골을 성공시키며 팀 우승의 주역이 됐다. 그해 수원은 시즌 4관왕의 위업을 달성했는데, 샤샤는 모든 대회에서 고른 득점력을 보였다. 득점왕은 떼

놓은 당상이었다. K리그에서 외국인 선수가 득점왕에 오른 것은 1985년 피아퐁 이후 14년 만이었다.

새천년 들어 일본 J리그로 이적하며 커리어의 전환점을 삼으려던 샤샤는 발가락 부상과 현지 적응 실패로 다시 K리그 수원으로 복귀했다. 하지만 상황은 녹록하지 않았다. 이적과 재이적으로 인한 혼란, 컨디션 난조 등이 겹치며 예전 기량을 발휘하지 못했다. 팀 내에서 불협화음도 흘러나왔다.

결국 다시 한 번 유니폼을 갈아입는 것으로 돌파구를 찾았다. 2000년 말 샤샤는 국내 프로스포츠 통틀어 최고 수준의 계약을 맺으며 성남으로 이적했다. 계약금 130만 달러(약 16억 원)에 연봉 총액 90만 달러(약 11억 원)에 이르는 대형 계약이었다. 그가 처음 한국 땅을 밟았던 때와 비교하면 어느 정도의 위상인지 가늠해볼 수 있다. 2000년도 4개 대회에서 연속 준우승에 머무른 성남은 확실한 골게터가 필요한 상황이었고, 샤샤가 그 적임자라는 사실에는 이론의 여지가 없었다.

우승청부사는 이번에도 어김없이 기대에 부응했다. 성남과 함께 2001년부터 2003년까지 정규리그 3연패의 위업을 달성했다. 1990년대 중후반 처음으로 리그 3연패를 달성한 이후 두 번째의 영광이자 K리그사를 완전히 새로 쓴 대기록이었다. 샤샤는 성남에서 뛰는 3시즌 동안 42골 21도움을 추가했다. 또 2002년 성남의 3관왕에 기여하며, 자신이 속한 팀을 모두 '트레블(3관왕) 또는 쿼드러플(4관왕)'에 올려놓는 진기록도 남겼다. 샤샤가 K리그에서 뛴 8시즌 동안 기록한 골은 104골. 외국인 선수로는 가장 먼저 100호 골 고지를 돌파하는 영광을 안았다. 이후 2012년 데얀이 득점에 관련된 모든 기록을 갈아치우기 전까지 샤샤는 독보적인 활약을 펼친 외국인 선수로 첫 손 꼽히던 이름이었다.

》 샤샤의 이마에 새겨진 주홍글씨, '신의 손' 사건

샤샤는 누구도 쉽게 넘볼 수 없는 대기록을 만들어내기도 했지만 한국에서의 모든 날들이 영광으로만 가득했던 것은 아니었다. 1999년 챔피언결정전 2차전에서 나온 '그 사건'은 이후 샤샤를 끈질기게 따라다니는 주홍글씨가 됐다. 당시 수원과 부산의 맞대결로 벌어진 챔피언결정전은 홈앤드어웨이로 두 차례 경기를 치르고, 2차전까지 승부를 가리지 못할 경우 중립지역 경기장에서 마지막 경기를 치르는 방식이었다. 부산에서 열린 1차전에서는 수원이 2-1로 승리를 먼저 챙겼다. 유리한 고지를 선점한 수원의 홈에서 벌어진 2차전에서 1-1의 균형을 유지한 채 연장전으로 돌입한 시간, 샤샤가 승부를 끝내는 골든골을 터뜨렸다.

문제는 득점 상황이었다. 장지현이 아크 왼쪽에서 차올려준 볼을 샤샤가 헤딩슛으로 연결하는 순간 볼이 샤샤의 왼팔을 맞고 골문을 가른 것이다. 경기 주심을 맡았던 중국인 순바우지에는 샤샤의 슈팅을 득점으로 인정했고 경기 직후 열린 심판감독관 회의에서도 결과는 번복되지 않았다. 하지만 후폭풍이 거셌다. 중국인 주심의 미숙한 경기 운영과 프로축구연맹의 안일한 대처에 비난 여론이 들끓었고 샤샤 역시 비신사적인 골로 도마에 올랐다. 고의적으로 팔을 내밀어 골을 넣었다는 주장까지 제기됐다. 86멕시코월드컵 아르헨티나와 잉글랜드의 4강전에서 마라도나가 손으로 골을 넣은 것과 비슷한 상황이어서 'K리그판 신의 손' 논란으로 회자된 사건이었다.

우승 명예에 흠집을 내고 정당성을 얻지 못한 골의 대가는 혹독했다.

K리그 데뷔 이래 최고의 활약을 펼친 샤샤는 유력한 MVP 후보였지만, 수상의 영광은 부산의 안정환에게 돌아갔다. 샤샤의 또 다른 약점은 스타 의식에 젖어 있었다는 것이다. 경기에서는 꾸준히 득점을 올렸지만 훈련장에서의 태도가 불성실해 팀 분위기를 흐렸다. 감독과도 마찰이 있었다. 부산 시절 이차만 감독과의 트러블로 불편한 관계를 유지하다 수원으로 이적했다. 수원에서도 김호 감독의 쓴소리를 견디지 못했고 팀을 떠났다. 성남에서의 사정도 크게 다르지 않았다. 경기력과 별개로 늘 태도 논란이 있었다.

당시 성남의 주장이었던 신태용은 "경기에 패하거나 무승부에 그쳤는데 다른 선수들과 달리 결과에 대해 나 몰라라 하고 집으로 휙 들어가거나 훈련 태도가 좋지 않은 것만큼은 용납할 수 없었다. '내 앞에서 그렇게 까불다 혼난다'고 경고했더니 내 말은 잘 들었다"며 샤샤와의 일을 돌아봤다. 차경복 감독도 처음에는 "스트라이커는 골만 잘 넣으면 된다"고 너그러이 대했지만 2003년 크게 기복을 이는 그에게 더 이상 인내심을 갖지 못했다. 차경복 감독이 재계약을 포기하는 것으로 샤샤의 K리그 생활은 막을 내렸다.

샤샤는 빛과 그림자를 동시에 품고 있는 선수였다. 화려한 역사를 썼지만 구단과 동료들로부터 존경받는 선수는 되지 못했다. 그럼에도 K리그는 샤샤를 잊을 수 없다. 한국축구가 빠른 속도로 발전하면서도 성장과 시행착오를 거듭하던 시기, 그 과도기를 오롯이 통과하며 수많은 영광의 순간들을 만들어낸 주인공이라는 사실만큼은 변함이 없기 때문이다. '우승청부사'라는 별명이 아무에게나 주어지는 것은 아니니 말이다.

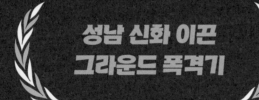

K LEAGUE LEGEND 40

김도훈

2003

성남 신화 이끈
그라운드 폭격기

더할 것도 뺄 것도 없는 성남 천하였다. 2001년 정규리그에서 우승컵을 차지한 성남은 2002년에 이어 2003년에도 독주를 이어갔다. 화려한 선수 구성, 공수에 걸쳐 균형 잡힌 조직력, 승리를 향한 뚜렷한 목표 의식이 일체를 이뤘다. 해를 거듭할수록 스스로 더 강해질 뿐이었다. 타 팀들이 일찌감치 우승 경쟁에서 이탈하자 초점은 개인 타이틀 경쟁에 맞춰졌다. 독보적으로 빛난 이는 성남의 공격을 이끌었던 김도훈이었다.

유례없이 치열한 득점왕 경쟁이 벌어진 시즌이었다. 득점왕 자리를 두고 서너 명의 선수들이 경합하면서 마지막까지 주인공을 알 수 없는 긴장감이 유지됐다. 전례에 비추어볼 때 15골 고지만 넘어도 무난히 득점왕을 넘볼 수 있던 시절이었다. 하지만 2003년에는 15골 정도로는 안심할 수 없었다. 초반부터 엎치락뒤치락 질주가 이어졌고 10월이 되자 차례로 20골 고지를 넘어서기 시작했다. 누구든 윤상철이 갖고 있던 한 시즌 리그 최다 득점 기록(21골)을 경신하는 것은 시간 문제였다.

》》국내 공격수 자존심 걸고 뛴다

국내 공격수와 외국인 공격수 간의 자존심 대결로 양상이 확전된 것도 흥미로운 요소였다. 2002 월드컵 이후 한국에 관심을 갖게 된 실력파 외국인 선수들이 K리그로 모여들었다. 마그노, 에드밀손(이상 전북), 도도(울산), 이따마르(전남) 등 브라질 출신 선수들로 대변되는 외국인 공격수들이 특히 돋보였다.

이들 가운데 자존심을 지킨 국내 공격수가 있었으니 단연 김도훈이었다. 김도훈은 득점 랭킹 톱5 안에 이름을 올린 유일한 한국 선수였다. 이들의 득점왕 경쟁은 시즌 막바지에 이를수록 더 치열해졌다. 막판 카운

트다운에 들어가자 아예 연속골 경쟁이 벌어졌다. 마그노가 선두를 달렸고 김도훈, 도도 등이 추격하는 흐름이었다. 김도훈 특유의 뒷심이 발휘된 것은 세 경기를 남긴 시점이었다. 대구를 상대로 해트트릭을 터트리며 마그노를 1골 차로 압박했다.

결국 마지막 경기에서 운명이 갈렸다. 김도훈은 대전과의 최종전에서 2골을 몰아치며 28골을 기록했고, 전남전에서 침묵한 27골의 마그노를 따돌리며 대역전극을 완성했다. 도도가 광주를 상대로 4골을 폭발시키며 따라붙었지만 김도훈에 1골이 모자라 공동 2위에 그쳤다. 김도훈은 경기 후 "토종 스트라이커로서 자존심을 지켜야 된다는 생각에 혼신을 다했다"고 소감을 전했다.

김도훈이 정규리그에서 기록한 28골은 공격수들에게 새로운 이정표가 됐다. 이후 많은 공격수들이 20골 고지를 넘어 김도훈의 기록에 도전했다. 하지만 시즌 최다골 기록을 경신하는 선수는 2011년까지 나오지 않았다. 김도훈의 득점은 순도도 높았다. 28골 중 페널티킥으로 득점한

것은 단 2골에 불과했다. 도도가 4골, 이따마르가 5골을 페널티킥으로 쌓았던 것과 비교된다. 양발과 머리를 고루 활용했고, 예측하기 어려운 위치와 상황에서의 슈팅으로 꾸준히 골을 만들었다는 점에서도 높은 평가를 받았다.

김도훈은 당시를 회고하며 "100m 달리기에서도 혼자 뛸 때와 경쟁자가 있을 때의 속도가 달라지는 법"이라면서 "득점왕에 대한 욕심은 있었지만 구체적인 목표를 정해 놓은 것은 아니었다. 경쟁자가 있으니까 끝까지 긴장을 늦출 수 없었다. 몇 골을 넣겠다는 숫자가 아니라 계속 넣어야 한다는 생각밖에 없었다. 경쟁자들의 득점 행진이 계속 나를 자극했던 셈이다"라고 설명했다.

》》 위기에서 더 강해지는 폭격기

2003년은 김도훈에게 축구인생의 전환점이 된 해였다. 여러 위기를 극복하고 영광을 맛보았기 때문이다. 바로 전년도에 김도훈은 대표팀과 소속팀에서 모두 좌절스러운 상황을 맞이했다. 대표팀에서는 월드컵 최종 엔트리에 들지 못하는 비운의 주인공이 됐다. 히딩크호 출범 이래 친선 경기 등에서 가장 많은 공격포인트(5골 2도움)를 기록한 선수였지만 최종 명단에는 그의 이름이 없었다. 충격이 컸다. 시간이 흐른 후에야 "훈련 때 좀 더 악착같은 근성을 보였어야 했다"고 반성했지만, 한동안 자신이 탈락한 이유를 찾지 못해 방황했다. 월드컵이 치러지는 동안 한국의 승승장구에 박수치면서도 한편으로는 그 무대의 주인공이 되지 못한 현실에 쓰라린 속을 달래야 했다.

소속팀에서의 상황도 좋지 않았다. 당시 팀의 사령탑이던 조윤환 감독과 불화를 겪었다. 2군으로 보내지는 수모를 당하기도 했다. 급기야 팀과 결별 수순을 밟는 지경에 이르렀다. 프로 생활을 시작했던 전북에서 간판스타로 대접받고 인기를 누리던 그로서는 상상조차 해본 적이 없는 순간이었다. 자유계약 신분이 된 그는 은사 차경복 감독이 지휘봉을 잡고 있는 성남으로 이적했다. 전북팬들은 '배신자'라며 손가락질했고 성남팬들은 '한물간 선수를 데려 온다'며 회의적인 반응을 보였다.

오기가 발동했다. 성남에서도 별다른 모습을 보이지 못하면 실패자로 끝날 수도 있다는 위기의식이 그를 일으켜 세웠다. 특별한 정신력은 김도훈에게 내재된 능력을 최고조로 끌어내는 힘으로 작용했다. 김도훈은 "나이를 먹었어도 젊은 선수들에게 뒤지지 않는 실력이라는 것을 보여주고 싶었다. 2003년에는 생각이나 판단에 앞서 몸이 먼저 반응할 정도로 감각이 살아 있었다. 순간적인 판단력과 움직임 모두 어떤 경지에 오른 것 같은 느낌이었다"고 회고했다. 시즌 초 연속골을 기록하며 득점 랭킹 수위에 오른 그는 성남 선수가 되어 처음 상대한 친정 전북과의 경기에서 2골을 터트렸다. 경기 전부터 그를 향해 쏟아지던 야유는 두 번째 골이 터지자 침묵으로 바뀌었다. 전북에 자신의 건재를 과시한 동시에 성남의 새로운 영웅으로 인정받은 순간이었다.

김도훈은 늘 위기에서 더 강해지는 선수였다. 상무 시절 대표팀에 발탁돼 우크라이나와의 A매치 데뷔전에서 오버헤드 킥으로 골을 터트리며 강렬한 인상을 남겼다. 이 골로 1995 신인드래프트에서 전북에 1순위로 지명되는 영광을 안았다. 창단 초기여서 모든 것이 열악했던 전북의 환경은 오히려 김도훈의 입지를 탄탄하게 만들었다. 첫 해부터 많은 기회를 받고 9골 5도움으로 좋은 활약을 펼치며 간판 공격수로 자리매김했다.

K리그에서 타 팀 수비수들로부터 집중 견제를 받으며 한계를 느끼던 시점에는 J리그 비셀 고베로 이적해 공격수로 한 단계 성장했다. 상대적으로 운신의 폭이 넓었던 J리그는 다양한 슈팅 상황에서 결정력을 높이는 경험을 쌓게 하는 무대였다. K리그로 돌아온 뒤 자신감을 갖고 적극적으로 기회를 만들어내면서 첫 득점왕(2000년)에 오를 수 있었던 배경이다. 2002년의 위기 역시 김도훈을 더 강하게 만들었다. 사실 2002년 하반기부터 2003년에 이르기까지 절정의 기량을 보일 수 있었던 것은 어느 정도 '준비된 몸'이 있었기 때문이다. 월드컵 최종 엔트리에 들기 위해 갈고 닦은 기술과 체력이 K리그에서 폭발했다. 김도훈은 "히딩크 감독의 눈에 들기 위해 쌓았던 실력들이 월드컵 무대 대신 K리그에서 터진 셈"이었다고 정리했다.

》 성남 독주시대 이끈 '히어로'

김도훈이 폭발적인 득점 행진을 보일 수 있었던 또 다른 이유로 동료들 의 지원을 꼽을 수 있다. 2003년의 성남은 '한국판 레알 마드리드'라고 불릴 정도로 화려한 전력을 자랑했다. 2001년 우승을 시작으로 새천년의 르네상스를 예고한 성남은 2002년에 이어 2003년에도 우승을 향한 독주를 계속했다. 2003시즌을 앞두고는 선수 영입에만 무려 70억 원이라는 거금을 쏟아 부었다. 김도훈을 비롯해 데니스(이성남), 이기형, 윤정환, 싸빅(이싸빅) 같은 톱플레이어들이 차례로 성남 유니폼을 입었다. 신태용, 김대의, 샤샤, 이리네 등 기존 우승 멤버에 새로운 자원들이 합류하면서 막강한 진용을 꾸리게 됐다.

특히 공격진의 파괴력이 대단했다. 신태용의 지휘 아래 이성남, 이리네, 김대의가 중앙과 측면을 오가며 상대를 흔들었다. 최전방에서는 김도훈이나 샤샤가 무게감 있게 움직이면서 마무리하는 식이었다. 누가 서도 이상할 것 없는 조합에, 누가 뛰어도 상대를 압도하는 위력이 있었다. 뛰어난 선수들을 한데 모으면 자칫 불협음이 날 수도 있다는 우려가 있었지만 성남은 보란 듯이 탄탄한 조직력으로 리그를 평정했다. 인화를 앞세운 차경복 감독의 지도력과 주장 신태용의 리더십으로 팀은 하나가 됐다. 누구 하나 더 튀는 상황을 허용하지 않았다. 서로 특징과 장점을 잘 파악해 팀에 더 도움이 되는 상황을 만드는 게 우선이었다. 그 중에서도 김도훈은 가장 큰 수혜자였다.

"이성남, 이리네도 골을 넣을 수 있는 충분한 능력을 갖고 있었는데, 팀원들이 상대적으로 내가 좀 더 잘 넣을 수 있는 상황을 많이 만들어줬다. 신태용 선배의 지원도 좋았다. 플레이메이커 윤정환 역시 내가 뛰는 방향으로 정확하게 패스를 공급해줬다. 나중에 득점왕 경쟁이 치열해지니까 내가 좀 더 공격에 집중해 골을 노릴 수 있도록 우리 팀원들이 밀어주는 분위기였다."

김도훈이 결코 동료들의 도움을 누리기만 했던 것은 아니다. 도우미로서도 맹활약했다. 어시스트 기록만 자그마치 13개에 달했다. 그해 도움왕에 오른 에드밀손에게 단 1개 모자란 기록이었다. 골과 도움에 모두 능한 만능공격수로서의 감각이 절정에 달한 시기였다. 김도훈은 "저마다 골에 대한 욕심을 낼 법한 선수들이었지만 자신보다 더 좋은 위치와 상황에 있는 동료가 있다면 볼을 밀어주는 것이 당연했다"고 말했다.

공격진만 화려했던 것은 아니다. 아무리 득점력이 좋아도 수비진에서 버티지 못하면 승리를 챙기기 어렵다. 김현수와 김영철이 굳건한 중앙 수비진, 김상식이 일차적으로 걸러내는 미드필드에서의 수비력이 팀 승리를 뒷받침했다. 성남은 44경기를 치르는 동안 85골을 득점했고 허용한 실점은 50골이었다. 골득실차가 +35라는 놀라운 수치였다. 공수에 걸쳐 완벽한 조화를 이루는 팀이었다.

무적의 기세로 승점을 쓸어 담은 덕에 정규리그 9경기를 남겨두고 사실상 우승을 확정했다. 성남의 독주에 질린 타 팀들의 견제가 이어진 것은 당연지사. 리그의 흥미를 반감시킨다는 지적이 잇따랐다. 결국 성남의 정규리그 3연패는 또 한 번 리그 방식의 변화를 불러왔다. 이듬해부터 정규리그를 전기 리그와 후기 리그로 나눠 치른 뒤 플레이오프와 챔피언결정전을 통해 최종 우승팀을 가리는 것으로 바뀌었다. 팀의 두 번째 3연패이자 정규리그 통산 6회 우승의 신화를 만들어낸 성남의 황금시대는 그렇게 막을 내렸다.

독주는 끝났지만 강팀으로서의 저력은 한동안 계속됐다. 2004년 AFC 챔피언스리그에서 준우승했고, 2005년에는 정규리그 후기리그 1위로 다시 한 번 K리그 정상에 도전했다. 플레이오프에서 울산에 패해 통합 3위에 그쳤지만 2006년, 3년 만에 또 한 번 K리그 우승컵을 들어 올리는 감격을 안았다. 성남은 훗날 전북 왕조가 들어서기 전까지 K리그 최다 우승(7회)을 기록한 팀으로 영광을 누렸다. 김도훈은 2005년을 끝으로 은퇴할 당시 역대 최다득점(114골) 기록 보유자로 족적을 남겼다.

K LEAGUE LEGEND 40

나드손

2004

최초의 외국인 MVP,
차붐에 첫 우승 안기다

"매 시즌 50골을 넣는 것이 목표다. 올 시즌은 리그 일정이 절반 정도 남았으니 20골을 넣고 싶다."

작은 키에 동글동글하게 생긴 구릿빛 얼굴, 입꼬리를 살짝 올리면 영락없이 개구쟁이 소년으로 보이는 외국인 선수가 툭 내던진 말에 기자들은 순간 침묵했다. 2003년 8월 8일, 수원의 새로운 공격수로 합류한 나드손의 공식 입단식이 있던 날의 풍경이었다. 진정성이 다소 의심스러운 포부이기도 했다. 한국축구, K리그를 얕잡아보는 것이 아니라면 갓 스물을 넘긴 어린 선수의 셀프마케팅일 것이라고 생각했다. 심지어 그는 첫 소감으로 "한국축구에 대해 아는 것이 거의 없다. 앞으로 차차 알아가면서 좋은 활약을 보이고 싶다"고 밝힌 터였다.

타이트하고 거친 수비가 특징적인 K리그에서는 한 시즌에 20골을 넘기는 선수라면 강력한 득점왕 후보로 떠오르기 마련인데, 반 시즌 동안 20골을 넣겠다니. 패기만큼은 인정할 만하다는 게 당시 취재진의 분위기였다. 그런데 이 선수, 공수표를 날린 게 아니었다. 이틀 뒤 부천을 상대로 교체 출장하며 K리그 데뷔전을 치른 그는 4경기 만에 선발 출장해 데뷔골을 신고하더니 3경기 연달아 골을 기록했다. 이후 2경기 동안 멈칫했지만 침묵은 오래가지 않았다. 10월 1일 울산전에서의 멀티골을 시작으로 5경기에서 7골을 몰아쳤다. 가히 무시무시한 기세였다.

새로운 득점 기계의 출현에 타 팀들은 긴장했다. 모든 팀들이 나드손을 경계했다. 하지만 골 폭풍을 막지는 못했다. 골문 앞에서의 움직임이 빨랐고 결정력도 뛰어난 선수였다. 슛을 쏘면 어김없이 골로 연결되는 '원샷원킬'의 진수를 선보였다. 막바지 3경기에서는 4골을 추가했다. 2003년 하반기 성적표는 18경기 출전에 14골 1도움. 입단 당시 목표로 내걸었던 20골 공약에는 모자랐지만 실력은 확실히 보여줬다. 더 이상 그의 능력을 의심하는 이는 없었다. 8월 이전까지 정규리그 하위권으로 떨어졌던 수원은 나드손의 가세 후 상승세를 타면서 3위로 시즌을 마감했다. 그리고 이듬해, 나드손은 수원의 우승 주역으로 활약하며 외국인 선수로는 최초로 K리그 MVP에 선정되는 역사를 만들었다.

》》 차붐시대 개막, K리그 최초의 외국인 MVP

2004년은 수원에 여러모로 의미 있는 시즌이었다. 초대 사령탑이었던 김호 감독의 8년 집권이 끝나고 차범근 감독이 2대 감독에 올랐다. 한국축구사를 통틀어 최고의 전설로 손꼽히는 차범근, 그의 시대가 개막한 것은 그 자체로 대변혁을 예고했다. 곧 모기업 삼성이 지향하는 일류 팀으로서의 긍지와 명예를 회복하는 것이었다. '김호의 아이들'로 대변되는 유망주 육성 정책보다 현재 최고의 선수들로 구성된 최강의 팀이 되는 게 중요했다. 투자한 만큼 성과를 거두는 프로팀 본연의 가치를 되찾아야 했다.

차범근 감독은 "어린 유망주들을 키우는 것도 좋지만 그것이 성적을 내는 데 지장을 초래하는 정도여서는 안 된다. 수원삼성은 미래가 아닌 현 시점에서 최고가 되길 원하는 팀이다"라고 설명했다. 이에 따라 기대에 미치지 못한 유망주들이 하나둘 정리되고, 우승에 필요한 즉시전력 자원이 합류하기 시작했다.

이 와중에도 나드손은 실력을 인정받으며 살아남았다. 전년도에 보여준 임팩트가 워낙 강렬하기도 했지만, 나드손이야말로 차범근 축구를 완성시킬 핵심 자원이었기 때문이다. 독일 분데스리가에서 활약했던 차범근 감독은 힘이 있으면서도 빠른 유럽식 축구를 선호했다. 나드손은 스피드, 특히 문전에서 기회를 포착하는 속도가 빠른 선수였다. 항상 골문 근처 곳곳에서 득점을 노렸으며, 골대 앞과 박스 안에서 동료에게 볼을 건넨 후 다음 동작이 유의미하게 이뤄졌다. 동료들의 크로스가 문전으로 향하는 순간 번개처럼 잘라 들어가는 움직임도 좋았다. 결정력이 높을 수밖에 없었다.

사실 차범근 감독과 나드손의 궁합이 처음부터 착착 잘 맞았던 것은 아니었다. 시즌 초반에는 선수단 정비로 혼란스러운 시간도 있었다. 그러나 컵대회를 기점으로 팀이 안정기에 접어들면서 차범근 감독과 나드손 모두 탄력을 받을 수 있었다. 후기리그는 수원 천하였다. 후기리그 12경

기에서 7승 2무 3패를 기록하며 1위를 차지해 플레이오프 티켓을 따냈다. 나드손은 후기리그 11경기에 출전해 6골 2도움을 생산하며 팀의 상승세를 주도했다. 나드손의 높은 공헌도에 차범근 감독은 엄지손가락을 치켜들었다.

한편 당시 K리그는 전기리그와 후기리그

로 운영된 후 전기 1위 팀과 후기1위 팀, 전·후기 통합 성적 최상위 팀과 차상위 팀 총 4개 팀이 플레이오프를 치르는 방식으로 진행됐다. 플레이오프를 거쳐 살아남은 포항(전기 1위)과 수원이 챔피언결정전에서 만났다. 홈앤드어웨이로 진행된 챔피언결정전은 유례없는 접전이었다. 연장전을 포함해 1, 2차전 도합 210분간의 혈 투를 벌이고도 무득점 무승부의 팽팽한 균형을 깨트리지 못했다. 결국 승부차기까지 가서야 희비가 엇갈렸다.

이 과정에서 희대의 맞대결이 벌어졌다. 포항의 마지막 키커로 나선 이가 골키퍼 김병지였던 것. 수원의 골문을 지키고 있던 선수는 이운재였다. 당대 최고의 라이벌이 맞선 상황에 서 승리의 신은 이운재의 손을 들어줬다. 이운재는 김병지의 슈팅을 막아 내면서 수원에 통산 세 번째 우승컵을 안겼다. 수원은 1998년, 1999년 K리그 2연패 후 5년 만에 리그 정상을 탈환했고 차범근 감독은 지도자 데뷔 후 14년 만에 처음으로 우승컵을 들어 올리는 감격을 맛보았다.

또한 팀의 거의 모든 경기를 소화한 나드손은 14골 4도움을 기록하며 우승의 주역이 됐다. 그의 활약상은 이방인에 인색했던 기자들의 마음을 열기에 충분했다. 기자단 투표 63표 중 58득표라는 압도적인 지지를 업고 K리그 MVP에 선정됐다. 프로축구 22년 사상 처음으로 외국인 선수가 시상식장의 주인공이 된 순간이었다. 앞서 피아퐁, 신의손, 라데, 샤샤 등 특급으로 평가받던 선수들도 이뤄내지 못한 업적이어서 그 가치가 더욱 빛났다.

》》 K리그 노크한 브라질 특급 선수들

프로축구사에서 나드손이라는 이름이 갖는 의미는 특별하다. 질적 향상이 이뤄진 K리그의 수준과 당시 시대상을 가늠해볼 수 있는 척도가 되기 때문이다. 2000년대 들어 브라질 출신의 특급 선수들이 하나둘 K리그를 누비기 시작했다. K리그에 삼바 열풍을 주도한 이는 에드밀손, 뚜따, 마그노, 도도 같은 선수들이었다. 이들이 K리그에서 뛴다는 것 자체가 과거에는 상상도 하기 힘든 그림이었다.

특히 브라질리그 득점왕 출신인 마그노는 2001 FIFA 컨페더레이션스컵에서 대표팀의 일원으로 참가했던 경력이 있었고, 도도 역시 브라질 축구가 황금기를 자랑하던 1997년에 대표팀 선수로 한국을 방문한 인연이 있는 특급 스타였다. 당시 브라질대표팀은 호나우두, 주닝요, 레오나르도 등 면면이 화려한 선수들로 구성됐는데, 호나우두와 투톱으로 뛰었던 도도는 자국 내에서도 '호마리우의 후계자'로 불릴 만큼 큰 기대를 받던 골잡이였다.

나드손은 이들의 계보를 잇는 브라질 공격 유망주였다. 브라질 비토리아 클럽에서 5년간 286골을 몰아넣은 특급 골잡이로, 브라질 올림픽대표팀에 발탁된 차세대 스타였다. 이들이 K리그에 입성한 것은 브라질의 경제 사정이 악화된 배경과 맞물렸다. 대형 클럽 한두 개를 제외하고는 브라질 리그 대부분의 팀들이 선수들의 급여를 제대로 감당하지 못했다. 1~2개월 지급이 밀리는 것이 예사였고 규모가 작은 클럽이나 2부리그로 떨어진 팀은 운영조차 어려운 상황이었다.

클럽들은 팀의 간판급 스타들을 자국의 대형 클럽이나 해외로 팔아 자금 확보에 나섰고, 선수들도 보다 안정된 생활이 보장되는 곳을 찾아 세계 각처로 떠났다. K리그도 그 무대 중 하나였다. 마침 K리그에서의 수요도 증가하는 추세였다. 2002년 월드컵을 전후해 축구단에 투자되는 자금력이 비교적 풍부해진 상황이었다. '축구왕국' 브라질 출신의 특급 선수들을 비교적 싼 값에 데려올 수 있다는 매력이 더해졌다.

선수 입장에서도 K리그는 꽤 호감 가는 무대였다. 역시 2002한일월드컵의 영향이 컸다. 당시 브라질대표팀이 한국에 베이스캠프를 차리고 우승까지 차지하면서, 미지의 나라 한국은 '행운의 나라'로 인식되고 있었다. 또 TV 중계를 통해 붉은 악마의 열광적인 응원을 접하면서 한국과 한국축구에 대한 긍정적인 이미지가 전해졌다. 실제로 2002년 이후 K리그를 찾은 브라질 선수들은 하나같이 "2002년 월드컵에서의 응원 열기가 인상적이었다"며 기대감을 표하기도 했다.

에드밀손부터 나드손, 이후 모따와 이따마르, 따바레즈 등 뛰어난 선수들이 K리그에서 활약한 덕에 한국의 축구팬들은 특급 선수들의 기량을 눈앞에서 확인하는 행운을 얻었다. 그라운드에서 함께 뛰는 선수들도 마찬가지였다. 직접 몸을 부딪치고 경쟁하는 과정을 통해 자연스레 기량도 발전했다. 공격수들은 이들을 압도하는 경쟁력을 키워야 했고, 수비수들은 이들을 막기 위해 끊임없는 분석과 대처법을 터득해야 했다. 지도자는 지도자대로 특급 스타들에 대한 장악력을 키워야 했다. K리그 수준도 자연스럽게 올라갈 수밖에 없었다.

나드손은 2007년까지 K리그에서 활약했다. 사실 2003년, 2004년에 보여줬던 파괴력에 비하면 이후 3년은 공백에 가까운 기간이었다. 2005년 슈퍼컵에서 결승골을 터트리며 팀에 또 하나의 우승컵을 안길 때만해도 그의 활약은 계속될 것 같았지만, 6월 초 부상을 당하면서 시즌아웃 판정을 받고 말았다. 재활을 위해 브라질로 돌아간 나드손의 복귀는 요원하기만 했다. 재활기간이 길어지자 2006년에는 브라질 내 다른 팀으로 임대를 보내기도 했다.

차범근 감독을 애태우던 나드손의 복귀는 2007시즌 개막과 함께 이뤄졌다. K리그로 돌아온 그는 예의 폭발력으로 수원의 공격을 이끌었지만, 3개월 만에 또다시 부상을 당하고 말았다. 그것으로 K리그와의 인연은 끝이었다. 기다림에 지친 차범근 감독도 2008년을 준비하면서 나드손을 포기했다. 이별 방식이 아쉽긴 했지만 그것이 나드손이 쌓은 성과까지 무너뜨릴 수는 없었다. 그만큼 강렬하고 인상적인 등장은 이후에도 찾아보기 힘들었기 때문이다. 나드손은 K리그에서 43골을 기록했다. 경기당 득점은 0.5골에 달했다. 수원삼성의 역사는 물론이고 K리그사의 한 페이지를 장식할 만한 자격은 충분한 공격수였다.

K LEAGUE LEGEND 40

박주영
이천수

2005

K리그를 지배한
축구천재들

경기의 승패와 승부의 흐름을 바꾸고, 어떤 압박 속에서도 그라운드를 자신이 생각한 대로 통제하는 재능으로 팀 승리를 보장하는 선수가 존재할까. 적어도 '매 경기'일 수는 없겠지만 어느 나라 어느 팀이든 그런 선수들을 한 명쯤은 보유하고 있는 것이 사실이며, 축구팬들은 '자신이 경기장을 찾는 날이면, '매 경기' 그런 선수들이 등장할 것이라는 기대감을 품고 산다. 이를테면 문전을 향해 엄청난 속도로 돌진하면서도 섬세하고 정확하게 볼을 컨트롤하고, 공간을 열어 상대 수비를 하나둘 무력하게 만드는 이들, 또는 예리한 킥으로 사대 골문에 치명상을 안기는 이들 말이다. 굳이 메시나 호날두의 이름을 언급하지 않더라도 저마다 한두 명쯤 머릿속에 떠올리는 이름이 있을 것이다.

굳이 멀리서 찾을 필요도 없다. 한국에도 그런 선수들이 있었기 때문이다. 이천수와 박주영이 바로 그들이다. 이천수는 21세기의 시작과 함께 샛별처럼 나타나 축구팬들을 설레게 했다. 박주영은 2002한일월드컵 이후 눈높이가 올라간 축구팬들의 기대를 충족시킨 초특급 유망주였다. 사실 이런 식의 등장 자체가 새로웠던 것은 아니다. 폭발적인 득점력을 과시하거나 매력적인 드리블 또는 신기에 가까운 패스 기술을 선보이는 기대주들은 과거에도 없지 않았다. 우리는 이들을 세세히 구분하고 정확히 수식할 단어를 찾지 못해 항상 '축구천재'라는 모호한 타이틀로 통칭하곤 했다.

그럼에도 이천수와 박주영에게 쏟아지는 관심과 환호는 뭔가 좀 달랐다. 경기에 대한 지배력은 물론이고 단순히 경기력만으로는 설명할 수 없는 낯설고도 반가운 느낌을 안겨주었기 때문이다. 세계무대에서 주눅 들지 않고 당당하게 싸울 줄 아는 선수들, 동시에 축구를 진심으로 즐기

는 선수들이 드디어 등장했다는 기대감이었던 것 같다. 그리고 2005년 K
리그는, 박주영으로 시작해 이천수로 끝난, 이들 두 축구천재의 천하였
다.

》 K리그 들끓게 한 박주영 신드롬

박주영이라는 이름은 하나의 신드롬이었다. 축구계에 안긴 충격 뿐
아니라 사회 현상으로 분석될 정도의 파장을 일으켰다. 징후는 일찌감치
감지됐다. 2004년 아시아축구연맹(AFC) U-19 청소년선수권에서 6골로
득점왕과 MVP를 수상하고 연말 AFC 시상식에서도 '올해의 영 플레이어'
에 선정되면서 차세대 스타로 떠오른 터였다.

특히 대회 결승전에서 중국을 상대로 보여준 득점 장면은 축구팬들
에게 강렬한 인상을 남겼다. 페널티 박스 왼쪽에서 볼을 잡은 뒤 슛을 시
도 할 듯 위치를 이동하며 중국 수비수 4명을 줄줄이 쓰러뜨리고 가볍게
득점에 성공한 개인기는 보는 이들의 탄성을 자아냈다. 여기에 감각적인
논스톱 슈팅으로 1골을 더 보태며 팀에 대회 우승컵을 안겼다. 박주영의
진로에 비상한 관심이 모인 가운데 서울, 포항, 울산 등 명문팀들이 일찌
감치 그를 영입하기 위해 치열한 신경전과 물밑작업을 벌였다. 박주영의
선택은 서울이었다.

뜨거운 관심 속에 프로 무대에 데뷔한 박주영은 성인 무대에서 아직
검증되지 않았다는 우려를 초반부터 말끔히 떨쳐냈다. 2경기 만에 K리
그 데뷔골을 신고하더니 4월 17일 인천전부터는 4경기 연속골(5골)을 넣
었고, 5월 18일 광주전에서는 해트트릭을 기록했다. 프로 무대에 순조롭
게 적응한 그는 6월 초 2006 월드컵 아시아 최종예선으로 치러진 우즈베

키스탄과의 경기에서 A매치 데뷔전을 갖는 동시에 데뷔골까지 터뜨렸다. 스스로 신화를 만들어간 시간들이었다. 하반기에도 어김없이 골몰이를 이어갔다. 그해 박주영은 당시 K리그에 참가한 12개 구단 중 10개 팀을 상대로 득점을 기록했다. 두 차례 해트트릭을 포함해 18골 4도움이라는 놀라운 성과를 낸 그가 신인왕에 오르는 것은 당연한 수순이었다.

시즌 내내 전국의 축구장이 박주영 열풍에 휩싸였다. 모처럼 등장한 신예 스타를 보기 위해 사람들이 축구장으로 모여들었고, 그는 기대에 어긋나지 않는 눈부신 활약으로 보답했다. 서울 홈경기에만 총 458,605명의 관중이 입장했다. 정규리그에 비해 관심도가 떨어지는 리그컵 6경기에서 약 20만 명의 기록적인 관중이 들어찬 것도 이례적이었다. 박주영 열풍은 서울뿐 아니라 K리그 마케팅에도 적극적으로 활용됐다. 각종 매체를 통해 박주영과 K리그가 집중적으로 조명됐고 박주영이 뛰는 경기마다 TV 중계가 따라붙었다. 상대팀들도 박주영을 전면에 내세운 마케팅으로 관중몰이에 나서는 진풍경을 연출했다.

》》 박주영, 무엇이 달랐나

그런데 사람들이 환호했던 실체는 과연 무엇이었을까? 과거에도 골을 잘 넣는 신인, 남다른 시야를 갖춘 선수, K리그와 대표팀을 오가며 좋은 활약을 보이는 신예는 꾸준히 있었다. 유독 박주영에 열광적이었던 것은 박주영이 그 모든 것을 다 갖춘 선수였기 때문이다. 호리호리한 체격에도 날카로운 슈팅과 정확한 킥, 제공권 등 공격수로 활용할 수 있는 무기가 많았고 움직임도 유려하고 지능적이었다. '테크닉 좋은 공격수'에 목말랐던 한국 팬들의 기대치를 충족할 만한 선수였다. 유년 시절 동네 주차장에서 맨발로 공을 찼다는 일화나 브라질 유학을 다녀왔다는 성장 배경, 중학교 때 검사한 IQ가 150이라는 이야기는 박주영에 대한 환상을 더 해주는 장치였다.

그렇다면 '과거와 다른 공격수의 출현'이라던 현상은 어떻게 풀이해야 할까. 이에 대해 축구인들에게 물었던 적이 있다. 당대에 가장 현대적이고 우아한 공격수로 손꼽혔던 황선홍은 박주영의 침착함을 최고 강점으로 꼽았다. "문전에서 찬스가 생겼을 때 얼마나 냉정해질 수 있느냐에 따라 결정력의 차이가 생긴다. 박주영의 플레이를 보면 서두르다가 볼을 뺏기거나 찬스를 놓치는 경우가 거의 없다. 나이가 어린데도 그 정도의 냉정함을 가질 수 있다는 사실이 놀라웠다. 나도 그랬지만 결정적인 득점 찬스에서 쉽게 흥분하는 게 과거 우리 공격수들의 좋지 않은 특징이었다." 경기 내내 평정을 유지하는 힘이 곧 미세한 결정력의 차이로 이어진다는 설명이다.

또 다른 전설 김도훈은 "과거 스트라이커들이 체격적인 우위를 내세워 등지는 플레이에 치우쳤다면, 박주영은 빠른 스피드를 활용해 파고들어 가는 움직임이 두드러지는 선수다. 볼을 주고 빠지면서 뒷공간으로 침투하는 능력이 뛰어나

다. 포워드로서 가질 수 있는 덕목은 다 갖추고 있다"고 말했다. 지능적인 움직임에 대한 평가도 후한 편이다. 서정원은 박주영의 제공권 장악력에 대해 "키가 그렇게 큰 선수가 아님에도 낙하지점을 기막히게 잘 찾는다. 헤딩을 따내는 장면을 보면 킥이 올라올 때 수비수와 같이 점프를 하는 게 아니다. 수비수 옆에 있다가 달려와서 점프한다. 그렇게 하면 공중볼을 장악하기 쉽다. 헤딩을 따는 방법을 안다"고 설명했다.

물론 박주영도 완벽한 선수는 아니었다. 1980년대를 풍미했던 공격수 정해원은 "박주영은 모든 걸 다 갖췄고 센스도 충만하지만 완벽하다고 하기에는 2% 부족한 공격수"라고 한계를 지적했다. 스스로 볼을 갖고 움직이는 능력은 있지만 톱으로 볼을 10초 이상 간수하는 능력 또는 섀도우 스트라이커로 볼을 배급하는 능력은 약간 부족하므로 그를 잘 활용할 수 있는 감독을 만나야 한다고 부연했다. 박주영을 청소년대표팀에 발탁했던 박성화 감독은 2005년 박주영 열풍이 한창일 때 "지금은 박주영에 대한 정보가 부족하기 때문에 K리그 모든 팀들이 당하고 있지만, 일단 한 번 붙어본 상대들이라면 똑같은 방식으로 당하지는 않을 것"이라며 박주영에 대한 집중 견제를 예고한 바 있다.

실제로 데뷔 시즌의 폭발력에 비하면 이후 2006년부터 3년간 K리그에서의 활약상은 평범하거나 오히려 기대에 미치지 못하는 정도였다. 수비수들의 집중적인 견제와 잦은 부상에 몸을 사린 경향이 있었다. 그래서 변화를 위해 또 다른 도전에 나섰다. 2008년 9월 프랑스에 진출하여 훌륭한 모습을 보이며 다시 팬들의 마음을 들뜨게 했다. 그러나 이후 잉글랜드, 스페인에서는 아쉬운 결과를 남겼고, 사우디아라비아에서도 폼을 회복하지 못했다. 하지만 K리그로 돌아온 박주영은 여전히 박주영이었다. 베테랑으로서 시즌 10골 안팎을 득점하며 FC 서울에 힘을 보탰다. 현재는 런던올림픽을 함께 했던 은사 홍명보 감독의 부름을 받고 울산에서 커리어의 마지막을 정리하고 있다.

그 시절 혜성처럼 등장한 박주영에게 쏟아진 갈채는 2002년의 신화와 감동을 뛰어넘을 또 하나의 기적이 실재할 수도 있을 것이라는 기대감이 있는지 모른다. 모든 것을 다 갖췄다는 그를 통해 계속해서 한국축구의 위상과 가능성을 확인하고 싶어 했던 대중의 간절한 바람이었을 것이다. 우리는 이제 박주영이라는 축구천재의 마지막 페이지를 지켜보고 있다. 선수로서는 '끝'이 다가오고 있지만, 박주영이라면 다음 챕터에서 또 다른 '시작'을 보여줄 거라는 기대감을 주기도 한다. 한국축구가 '축구천재' 박주영에게 걸었던 기대감이 다른 방식으로 발현될지 모를 일이다.

》》 이천수 복귀, 9년 만에 정상 오른 울산

박주영이 열풍을 주도하던 K리그는 하반기에 이천수의 가세로 더욱 드라마틱한 여정에 접어들었다. 2003년 7월 스페인 프리메라리가에 진출했던 이천수가 현지 적응에 실패하고 친정팀 울산으로 돌아올 때만 해도 그를 향한 시선은 회의적이었다. 프로 데뷔 후 줄곧 상종가를 치던 이천수의 축구 경력에 제동이 걸렸고, 경기 감각이 떨어진 그가 얼마나 제 기능 을 할 수 있겠느냐는 반응이 지배적이었다. 하지만 이천수는 특유의 승부 근성을 발휘해 반전에 성공했다. 8월 말 울산에 합류한 그는 무서운 기세 로 골을 넣으며 팀의 상승세를 이끌었다. 고비마다 이천수의 득점 활약이 빛났다. 그렇게 쌓은 승점은 시즌 막바지 울산이 다른 팀들의 추격을 따돌리고 플레이오프에 진출할 수 있는 기회를 열어줬다.

포스트시즌부터는 이천수의 해결사 기질이 유감없이 발휘됐다. 성남과의 플레이오프에서는 상대에 선제골을 내준 뒤 홀로 동점골과 역전골을 넣으며 팀을 챔피언결정전으로 이끌었다. 챔피언결정전에서 만난 상대는 창단 2년차 시민구단 인천이었다. 하지만 '전통명가' 울산의 저력이 인천의 패기를 압도했다. 그 중심에 이천수가 있었다. 이천수는 챔피언결정전 1차전에서 홀로 3골 1도움을 기록하며 5-1 대승을 이끌었다. 2차전에서도 어시스트를 기록하는 등 활약했다. K리그 복귀 후 최종 성적은 14경기 7골 5도움. K리그 역대 최소경기 20골-20도움도 기록했다. 그가 20-20클럽에 가입하기까지 필요한 경기수는 단 50게임이었다. 반 시즌만 소화하고도 팀 우승에 결정적인 공을 세운 그가 K리그 MVP를 수상하는 것에 이견이 없었다.

2005년 친정에서 완벽하게 부활한 이천수는 팀과 함께 다시 한 번 도약대에 섰다. 2006년 A3 챔피언스컵에서 막강한 화력을 선보이며 우승을 주도했다. 감바 오사카와의 대회 2차전에서는 감기로 후반만 뛰고도 해트트릭을 터뜨리는 괴력을 과시하며 6-0 대승을 이끌었고, 다롄 스더와의 최종전에서는 2골을 기록하며 팀에 우승컵을 안겼다. 아시아챔피언스리그 알샤밥과의 8강전에서도 이천수의 득점 활약 속에 6-0 대승이 나왔다. 환상적인 로빙슛, 정교한 프리킥, 벼락같은 중거리슛 어느 것이든 이천수의 발끝을 떠난 볼은 상대 수비벽에 균열을 냈다. 공격 어느 포지션에서든 파괴력을 발휘하는 이천수는 게임에서나 볼 법한 '사기유닛'으로 불렸다. 이천수가 있던 울산은 '아시아의 깡패'로 군림할 수 있었다. 그해 독일에서 열린 월드컵에서도 맹활약하며 이천수의 전성기가 이어지는 듯했다.

》》 천부적인 재능과 몰락한 천재 사이

이천수는 축구팬들이 새천년 들어 가장 처음 만난 새 시대의 축구천재였다. 2000년 1월 일본에서 열린 신년축구대회(U-19)에서 파라과이와 이탈리아를 상대로 환상적인 경기력을 선보이며 한국에 우승컵을 선사했다. 21세기의 시작과 함께 샛별처럼 등장한 그에게 '밀레니엄 특급'이라는 별명이 붙었다. 경기장에서의 폭발적인 드리블과 득점력처럼 이천수는 빠르게 한국 축구의 중심으로 진입했다. 2000년 시드니올림픽을 통해 존재감을 각인시켰고 고려대 재학 중이던 2001년에는 프랑스 진출을 시도해 화제를 모았다.

2002한일월드컵에서 히딩크 감독의 총애 속에 전 경기에 출장한 그는 4강 신화의 주역이 되는 영광을 누렸고, K리그 데뷔 시즌이던 그해 하반기 18경기만 뛰고도 7골 9도움을 기록하며 신인왕과 도움왕을 수상했다. 이천수에게는 기존의 잣대로 규정할 수 없는 독특한 매력이 있었다. 기록으로 증명되는 경기력은 말할 것도 없고 솔직하고 거침없는 언변으로 여러 차례 세상을 놀라게 했다. 겸양이 미덕인 한국 사회에서 이천수의 자신만만한 발언은 때로 당돌하게 보이기도 했는데, 언제나 축구장에서의 실력으로 위기를 극복하는 모습을 보였다. 적어도 스스로 축구에 대한 열정을 품고 있을 때는 그랬다.

하지만 언제부터인가 이천수는 축구보다 축구 외적인 문제로 구설에 오르는 일이 많았다. 2006년 정점을 찍은 이천수의 커리어는 이후 잦은 이적과 부상, 슬럼프로 어지러운 발자국을 남겼다. 시즌 중 크고 작은 논란에 휘말렸고, 두 번째 유럽 진출이었던 네덜란드에서는 향수병을 이유로 퇴단했다. 그를 받아준 국내팀 수원에서도 불화를 일으키면서 무적 신세가 됐다. 2009년, 온갖 추문에도 그의 재능을 아꼈던 박항서 감독이 전남으로 그를 불러 부활을 도왔지만 시즌 중 사우디아라비아행을 추진하면서 신의를 저버렸다. 전남은 이천수의 임의탈퇴를 공시했고 팬도, 여론도 등을 돌렸다. 2012년에야 전남 경기장을 찾아 머리를 숙이며 거듭 사죄의 뜻을 밝힌 이천수는 2013년 극적으로 국내 무대에 다시 복귀했다. 전남이 임의탈퇴를 해제하는 동시에 인천으로의 이적에 동의해준 덕이다. 4년여 만에 한국 팬들 앞에 선 이천수는 "선배들에게 인정받고 후배들에게 존경받는 선수가 되는 게 목표"라고 복귀 소감을 밝혔다. 추문을 딛고 참회의 시간을 거친 이천수의 축구는 이후 인천에서 3년간 이어졌다. 전성기 때의 압도적 퍼포먼스와는 거리가 멀었지만, 3시즌간 68경기 5골 10도움을 기록하며 베테랑으로서 팀에 기여한 후 은퇴했다.

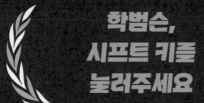

K LEAGUE LEGEND 40

김두현

2006

학범슨,
시프트 키를
눌러주세요

2007년 6월 축구 매거진 「포포투」 한국판이 창간했다. 특집으로 준비한 설문 기사는 K리그 전 구단 주전 선수 100명을 대상으로 최고의 K리거를 확인하는 프로젝트였다. 국내에서 처음 현역 선수들의 평가로 이뤄진 랭킹인 데다 '최고의 프리키커', '최고의 영건', '최악의 원정 구장' 등도 확인할 수 있었다. 그라운드 안팎을 구성하던 사람과 현상에 관한 최초의 인식 조사여서 많은 사람들이 재밌어 했던 기억이 있다.

각설하고, 'K리거 100인이 뽑은 최고의 K리거'라는 주제에서 가장 많은 표를 얻은 주인공은 누구였을까? 바로 김두현이었다. 순위를 매겨 복수 응답이 가능하도록 안내한 설문에서 대부분의 선수들이 상단에 김두현의 이름을 써 넣었다.

3월에서 4월까지 이어진 설문 시기를 고려해보면 김두현에 대한 평가는 전년도부터 이어진 활약상을 기반으로 했다고 볼 수 있다. 아닌 게 아니라 김두현은 2006년 소속팀 성남일화와 함께 K리그 우승을 경험했다. 그 자신은 K리그 시상식에서 MVP를 수상하기도 했다. 물론 활약상은 단편으로 끝나지 않았다. 2007년에도 그는 '무적' 성남을 지휘하는 사령관으로 맹활약 중이었다. 당시 김두현을 뽑은 선수들은 공통적으로 "넓은 시야", "패스", "축구센스"를 언급하며 그를 칭찬했다. 당시 수원의 미드필더 이관우는 김두현을 두고 "경기의 흐름을 바꾸는 능력을 가진 선수"라고 평했다.

김두현의 MVP 수상과 그를 향한 상찬에는 자칫 간과하기 쉬운 의미가 있다. K리그에서 본격적으로 전술과 전략의 시대를 열었다는 점이다. 시즌 중 이적으로 인해 전반기, 후반기 구성에 변화가 있기는 했지만, 2006년 당시 성남에는 득점왕을 차지한 우성용(19골 5도움)을 비롯해 모따, 두

두, 이따마르, 네아가 같은 특급 외국인 공격수가 즐비했다. 이들이 합작한 득점 기록만 35골이었다. 팀 득점(46골)의 76%에 달하는 기록이었다. 소위 '선수빨'이나 전방의 파괴력, 결정력만으로도 우승에 관한 설명은 충분히 가능했다. 그러나 성남의 진짜 힘은 그 특급 선수들이 개별적으로 혹은 조직적으로 폭발력을 갖게 만드는 데 있었다. 그 중심에 김두현이 있었다.

》》 지략가 김학범과 '김두현 시프트'

김두현을 이야기하려면 2006시즌 성남의 전술을 들여다 볼 필요가 있다. 포메이션은 4-2-3-1 기반이었다. 장학영-김영철-조병국-박진섭으로 이어지는 백포라인이 시즌 내내 변동 없이 합을 이뤘다. 철저하게 지역을 통제하는 간격과 움직임으로 강력한 수비 조직을 유지했다. 특히 센터백 김영철과 조병국은 간격을 유지하면서 라인의 높이를 조절하는 합으로 안정감을 보였다.

전방에는 우성용을 필두로 양 날개에 모따와 두두, 혹은 네아가가 자리했다. 이들 아래 공격형 미드필더로 김두현이 섰고 김상식과 손대호 혹은 김철호가 뒤를 받쳤다. 미드필드 조합은 상황에 따라 바뀌었다. 운영의 비중을 공격에 둘지 수비에 둘지에 따른 역삼각 혹은 정삼각 조합의 차이였다. 수비를 강화할 때는 김상식이 수비라인으로 내려가 변형 백스리를 형성하기도 했다. 공격과 수비의 분업이 명확한 동시에 공격과 수비에서 거의 오차 없는 균형을 맞춘 대형이었다.

김두현은 "포지션마다 어느 정도 능력을 갖춘 선수들이 서야 한다는 감독님만의 기준이 있었다"면서 "그 선수들로 밸런스를 유지할 수 있도록 조화를 맞춰 활용하셨다"고 회고했다. 김학범 감독은 선수들의 강점을 최대치로 끌어내는 데 몰두했다. 김두현을 공격에 전념하도록 만든 것이 대표적인 예다.

김학범 감독을 만나기 전까지 김두현은 공격 센스와 활동량을 고루 갖춘 미드필더로 평가받았다. 박스투박스 미드필더가 각광받던 세계 축구의 조류에 따라 김두현에게도 공격과 수비에 대한 부담이 거의 동일하게 주어졌다. 다만 공수 겸장의 역할을 소화할 때 공격과 수비의 '엣지'가 다소 무뎌지는 게 흠이었다. 김학범 감독은 K리그 최고 수준의 수비형 미드필더들을 배치해 김두현의 수비 부담을 덜어줬다.

전술 운영에 관해 김학범 감독은 "나는 골조만 세울 뿐 움직이는 건 선수 몫"이라는 철학을 갖고 있었다. 선수들에게는 경기 흐름을 보는 시야를 키우라고 주문했다. 훈련 프로그램도 그 흐름을 자연스럽게 읽어낼 수 있도록 구성했다. 그리고 실전에서는 선수들의 창의성과 자율적인 움직임을 신뢰했다. 김두현의 설명을 들어보면 더 이해하기 쉽다.

"기본적인 임무는 볼을 잡았을 때 전방으로 뿌려주는 역할이었다. 내가 등진 상태로 볼을 받을 때는 다시 김상식 선배나 손대호 형에게 볼을 내주고 공간을 찾아 들어갔다. 다시 볼이 들어오면 사이드로 뿌리거나 전방으로 공을 연결했다. 후방에서 롱볼을 시도하며 전환 플레이를 주도하기도 했다. 내 장점이 중거리슛이었기 때문에 경기가 안 풀릴 때는 2선에서 적극적으로 슈팅을 시도했다. 우리 팀은 공격 옵션을 다양하게 갖고 있었다. 중앙이 안 풀리면 사이드에서 공격을 시도했고 사이드가 막히면 중앙으로 움직여 볼을 투입했다. 상대팀들이 막기 어려워했다. 게다가 외국인 공격수가 모두 특급이었기 때문에 전방에서 해결하는 능력이 탁월했다."

김학범 감독이 프로팀 사령
탑으로 올라선 과정은 여느 감
독들과는 달랐다. K리그에서 활
동하는 감독들은 대부분 화려
한 현역 시절을 보내고 지도자
로도 비교적 순조롭게 안착한
다. 김학범 감독은 소위 비주류
출신이었다. 실업팀 국민은행
에서만 선수 생활을 했다. 현역
을 떠나 잠시 은행에서 근무한

이력도 있었다. 국민은행 코치로 지도자 생활을 시작한 그는 1997년 국
민은행 축구단이 해체하자 이듬해 천안일화 코치로 합류했다.

은행에서 정년까지 직장 생활을 이어갈 수도 있었지만 "밤을 새면서
일을 하더라도 계속 할 수 있을 것 같은 일"을 찾았고, 그렇게 다시 축구
의 길에 매진했다. 코치 생활만 13년 한 뒤 2006년 성남의 감독이 됐다.
그사이 학업도 이어가 2006년 박사 학위도 받았다. 그는 축구선수 출신
박사 1호다. 그의 이름에는 늘 '공부하는 지도자'라는 수식어가 붙었다.

김두현이 기억하는 김학범 감독의 모습도 학구열의 연장선에 있다.
"늘 영상을 보면서 분석을 하셨다. 전략적으로 접근하는 방법을 늘 고민
했던 것 같다. 핵심은 우리 선수들을 어떻게 조합할 것인가, 그 지점이었
던 것 같다. 상대 팀과 선수들의 성향, 스타일, 운영 패턴을 디테일하게
분석해 선수단 미팅에서 많이 전달해 주셨다. 감독님 설명을 듣고 경기

장에 들어가면 편안함을 많이 느꼈다."

성남은 2006년 전기리그에서 우승했다. 11경기에서 9승 1무 1패를 기록하는 압도적인 전적이었다. 다소 여유 있게 운영한 후기리그에는 9위로 떨어졌지만 최종 승자를 가리는 챔피언결정전 2경기에서 모두 웃었다. 챔피언결정전 상대는 후반기에 우승한 수원삼성이었다. 성남은 홈에서 열린 1차전에서 1-0으로 승리하며 유리한 고지를 선점했고 2차전 원정 경기에서도 2-1로 상대를 제압했다. 이후 김학범 감독에게는 '학범슨'이라는 별명이 붙었다. 스타 선수들을 하나로 묶는 리더십과 심리, 정신 등을 아우르는 관리법 등이 알렉스 퍼거슨 감독을 연상케 했기 때문이다. 무엇보다 K리그에 전술에 관한 담론을 끌어낸 팀을 만들었다. K리그에 새로운 지평을 열고 내실을 기한 지도자로 기억하기에 손색없다.

》》 김두현의 반쪽학개론

앞서 언급했듯 김두현이 2006년에 최고의 선수가 될 수 있었던 것은 공격에 전념할 수 있었기 때문이다. 공간을 찾고 만드는 시야와 창의성, 원하는 방향과 대상에게 정확하게 전달하는 패스 능력, 적절한 위치와 타이밍에 벼락같이 때리는 슈팅 능력 모두 만개한 시점이었다. 사실 김두현의 기술이나 시야는 고졸 특급으로 프로에 데뷔한 수원 시절에도 이미 인정받던 능력이었다. 수원에서는 피지컬을 강화하고 활동량까지 보강하면서 중앙 미드필더 역할도 소화했다. 하지만 김학범 감독은 김두현이 모든 것을 고르게 잘하는 것보다 기존에 잘하던 것을 더 잘할 수 있도록 배려해준 감독이었고, 김두현은 그 기대에 완벽하게 부응했다. 그는 소위 반쪽짜리 선수에 관해 이런 견해를 보였다.

"사실 미드필더의 역할을 딱 잘라서 구분할 수는 없다. 공격형 미드필더라고 하면 공격과 수비에서 각각 7:3 정도의 비중을 갖고 움직인다고 봐야 한다. 수비형 미드필더도 마찬가지로 수비만 하는게 아니라 수비에 6~7의 힘을 쓰고 나머지 3~4를 공격 지원하는 데 쓴다. 그런데 균형이 어디서 깨질까? 공격형 미드필더가 수비적으로 움직이겠다고 할 때다. 수비형 미드필더가 자기 자리를 버리고 공격에 욕심을 내는 경우도 마찬가지다. 흔히 공격형 미드필더를 평가하면서 '공격은 잘하는데 수비는 부족하다'고 한다. 나는 그게 당연히 맞는 말이라고 생각한다. 능력의 차이가 아니다. 그게 그 선수에게 주어진 역할이다. 2006년에는 그 자리에서 내게 주어진 역할에 충실했다고 볼 수 있다."

그는 그러한 신념으로 2006년 K리그를 지배하는 사령관이 됐다. "당시에는 경기에 나설 때마다 자신감이 넘쳤다. 누가 와서 붙더라도 볼을 뺏기지 않을 자신이 있었다. 하프라인을 넘어 상대 지역에서 슈팅을 때리면 그대로 골이 될 것 같은 힘이 느껴졌다. 축구에 관한 모든 신경과 세포들이 다 깨어있는 상태라고 느낀 해였다."

그해 K리그 MVP를 수상한 김두현은 2007년에도 팀을 정규리그 1위와 AFC 챔피언스리그 4강에 올려놓았다. 이듬해 김두현은 잉글랜드 프리미어리그 웨스트브로미치 앨비언으로 이적한다. 팀이 챔피언십 소속이던 때에 임대 이적해서 좋은 모습을 보였고, 이후 팀이 승격하며 김두현도 완전 이적을 하게 되었다. 당시 K리그에서 프리미어리그로 직행한 사례여서 더 큰 반향을 일으킨 이적 소식이었다. 바야흐로 김두현의 전성기였다.

파리아스

2007

브라질에서 온
강철 제련사

강희대제 이전에 파리아스 매직이 있었다. 세르지오 파리아스는 국내외 모든 우승컵을 들어올린 최초의 감독이었다. 2005년 K리그 최초의 브라질 출신 감독이라는 수식어와 함께 등장한 그에 관해 알려진 것은 거의 없었다. 브라질 연령별 대표팀 감독 출신이라는 이력 한 줄과 '어린 호나우지뉴'와 함께 찍은 사진 한 장이 전부였다.

그를 향한 시선에는 호기심과 의심이 묻어났다. 물음표는 빠르게 사라졌다. 두 달 만에 A3대회 준우승으로 데뷔 신고를 마친 뒤 확실한 공격색채 축구로 강렬한 흔적을 남기기 시작했다. 부임 3년째인 2007년 K리그 우승을 시작으로 2008년 FA컵, 2009년 리그컵과 아시아 챔피언스리그 타이틀을 차지했다. 그가 지휘한 클럽월드컵 3위 기록은 2023년 현재까지도 K리그 팀의 역대 최고 성과다.

파리아스 감독은 성적과 내용으로 팬들을 사로잡았다. 단언컨대 가장 성공한 외국인 감독이다.

》》K리그 최초 브라질 출신 감독, K리그 삼키다

파리아스 부임 당시 포항은 무색무취의 팀이었다. 가장 긴 역사를 가진 팀이라는 고루한 자부심 외에 내세울 만한 것이 별로 없었다. 선수들은 패배의식에서 벗어나지 못했고 팬들도 실망스러운 내용과 성적에 지쳐 있었다. 다시 말해 '축구왕국' 브라질에서 온 지도자라면 이런 분위기를 바꿔줄 것이라는 기대감이었다.

파리아스는 취임 일성으로 "화끈한 공격축구로 많은 골을 만들겠다."는 각오를 보였다. 그의 입에서 나오는 포르투갈어는 화려한 기술과 화끈한 공격으로 대변되는 브라질 축구에 대한 환상을 전해주는 듯 기대감

이 증폭됐다. 결과적으로 파리아스는 단계적인 실험에 성공했다. 포항 사령탑에 오른 지 2개월 만에 가진 공식 데뷔 무대, 2005년 A3컵에서부터 변화를 느낄 수 있었다. 부임 초기 훈련에서 선수들에게 '백패스 금지령'을 내렸다더니, 수비라인에서부터 시작되는 전진 압박과 측면 자원을 활용한 공격적인 움직임으로 눈길을 끌었다. 모든 선수들이 상대 골문으로 돌진하는 모습에서 감독의 지향점을 파악할 수 있었다.

데뷔 시즌에 정규리그 6위라는 성적표는 딱히 나쁘지도 좋지도 않은 것이었지만 1년 동안 보여준 그의 축구는 매력적인 것이었고, 더 큰 가능성을 보여줄 수 있으리라는 확신을 안겨주기에 충분했다. 2년째부터는 일정 수준의 결과물을 만들었다. 2004년과 비교해 팀 득점력을 2배 가까이 끌어올렸고 최종 순위표에서는 3위를 마크했다. 팀 빌딩의 완성 단계인 3년차에 마침내 K리그 우승컵을 들어올렸다.

사실 2007년 시즌 중 포항의 성적은 롤러코스터를 타듯 기복이 심했다. 시즌 초에는 5무 7패로, 12경기 연속 무승이라는 불명예도 안았다. 위기를 극복하고 목표점에 도달할 수 있었던 비결은 뭘까. 파리아스가 한국에서 지내는 동안 '또 다른 파리아스'로 살았던 나영준 통역관은 '선택'

과 '집중'이라는 단어로 파리아스의 위기관리 능력을 설명했다.

"젊은 감독답게 야심이 있었다. 욕심이 많고 고집도 세고 의외로 냉정한 면모가 있었다. 그래서 상황에 따라 '선택'과 '집중'에 능했다. 사소한 문제에 시간을 낭비하지 않았다. 문제가 되는 부분을 모두 해결하겠다고 안고 가는 것보다 잘할 수 있는 것에 집중하고 나머지는 과감하게 버리는 식이었다."

2007년의 포항 축구를 예로 들면, 팀이 만들어낼 수 있는 최상의 경기력을 시즌 막바지에 집중시키는 식이었다. 시즌 중 기복을 타긴 했어도 6강 플레이오프에 진출했고, 포스트시즌 들어서는 득점 확률을 높이는 데 많은 공을 들였다. 특히 프리킥과 코너킥 등 세트피스에서 약속된 플레이로 득점을 만들어내는 데 집중했다. 풀타임으로 기용하기에는 아쉽지만 짧은 시간 동안 폭발적인 활약을 보일 수 있는 선수를 적시에 조커로 활용한 것이나, 2선의 선수들을 활용한 침투 플레이로 세컨드 볼을 장악하면서 득점 기회를 늘리는 것이 그 방식이었다.

잘할 수 있는 것에 집중했던 전략은 기가 막히게 맞아떨어졌다. 정규리그를 5위로 마무리했던 포항은 4위 경남, 3위 울산, 2위 수원을 차례로 제압하는 파란을 일으켰고, 정규리그 선두를 독주한 성남마저 챔피언결정전에서 침몰시켰다. 믿을 수 없는 결과에 '파리아스 매직'이라는 신조어까지 등장했다. 전력이 열세인 팀이 상위권 팀들과 맞붙어 싸우면서도 매력적으로 제압할 수 있다는 사실은 K리그에 신선한 충격을 안겼다.

파리아스의 성공은 다른 팀들에 자극제가 됐다. 표면적으로는 다국적 외국인 지도자들이 K리그에 영입되는 문호 대개방이 이뤄졌다. 그와 마찬가지로 브라질 출신인 알툴 베르날데스는 제주에 감독으로 부임했고, 부산에 부임한 스위스 출신의 앤디 에글리, 서울에 부임한 튀르키예 출신의 세뇰 귀네슈, 인천에 부임한 세르비아 출신의 일리야 페트코비치 등이 K리그에 오며 다채로운 축구 색깔이 입혀졌다. 질적으로는 '공격축구'를 표방하는 움직임이 신드롬처럼 번졌다. 한편으로는 중하위권 팀들에게도 언제든 반전이 가능하다는 희망을 품게 했다.

사실 이는 K리그 우승팀을 가리는 플레이오프 제도의 모순이 드러나는 지점이기도 했는데, 일단 6위권에만 진입하면 누구나 우승컵까지 노릴 수 있다는 환상이 있었다. 포항의 우승 여정에 놀란 프로축구연맹에서는 이후 제도적인 보완 장치를 마련하기도 했다. 포스트시즌 경기 일정과 휴식기를 단축시켜 하위 팀은 체력 소모라는 핸디캡을 감수하게 하고, 상위 팀이 누릴 수 있는 어드밴티지를 보장하는 식이었다.

》》 파리아스의 성공 비결

파리아스의 성공을 설명할 수 있는 요소는 여러 가지가 있다. 선입견이 없었던 만큼 재능 있는 선수들을 적극적으로 기용하고 거의 모든 선수들이 멀티 포지션을 소화할 수 있을 정도로 만들었고, 선수별로 장점을 극대화할 수 있는 전술 전략을 활용한 것 등이다. 그러나 이런 요소들보다 훨씬 더 중요한 동력이 있으니 그 자신이 대단히 목표지향적인 사람이었다는 사실이다.

2007년 첫 성공스토리를 쓴 직후 인터뷰에서 그는 이렇게 말했다. "후대 사람들은 파리아스라는 감독이 어떤 축구를 보였는지 기억하지 못할 수도 있다. 재밌는 공격축구를 했다 같은 평가나 기억은 사실 크게 의미 없는 얘기다. 오직 우승했다는 결과가 기록으로 남을 뿐이다. 내가 포항에 남긴 유산이라면, 우승 경험이 없었던 우리 선수들에게 우승컵을 안겨준 것이다. 그것이 선수들은 물론 포항 팬들에게도 안겨줄 수 있는 자부심이기도 하다."

또 하나, 이방인으로서의 정체성에 특별한 혼란을 느끼지 않았다는 점이다. 혹자는 파리아스가 한국에서 5년이나 장수한 비결로 친화력과 적응력을 들지만, 사실 그는 음식문화 외에는 철저히 브라질인으로 지냈다. 한국 생활 초기 된장찌개와 감자탕, 갈비탕 등 한식을 맛있게 먹는 그의 모습을 보고 주변인들이 감탄했다. 언론에서도 자주 소개됐던 내용이다. 실제로 겨울 휴식기마다 브라질을 다녀와서는 "한국의 음식들이 무척 그리웠다"고 털어놓기도 했다.

하지만 일 그리고 가정생활에서는 자신의 문화와 정서를 고수했다. 나영준 통역관은 바로 그 점이 파리아스가 성공할 수 있었던 단적인 비결이라고 강조했다. "외국인 지도자를 데려올 때는 그 사람이 갖고 있는 축구 철학과 문화, 마인드를 모두를 접목하겠다는 기대가 있는 것 아닌가. 외국인 지도자가 한국적인 정서를 모두 받아들여서 한국식 축구를 한다는 것은 말이 안 된다."

언젠가 파리아스에게 "한국말을 배워볼 생각이 없느냐?"고 질문한 적이 있다. 그는 "축구 경기를 보고 분석하고 또 다음 경기를 준비하는 것만 해도 시간이 빠듯하다"고 답했다. 한국에서는 흔한 사제의 정을 나누는 일에도 어느 정도 거리를 두는 편이었다. 한국의 정서를 이해 못하는 것은 아니지만, 말이 통하지 않기 때문에 겪을 수 있는 불필요한 오해를 사고 싶지 않다는 나름의 원칙 때문이었다. 오히려 포항에서 다른 팀으로 이적한 선수를 경기장 밖에서 만날 때는 무척 반가워했다. 그러면서도 "선수들과 통역을 거치지 않고 자유롭게 소통할 수 있다면, 더 깊은 대화를 나누고 싶은 선수들이 몇몇 있기는 하다"며 아쉬움을 나타냈다.

》》아시아 정상에 선 후, 갑작스러운 이별 통보

파리아스는 2007년 정규리그 우승 후 매 시즌 타이틀을 하나씩 획득하며 한국축구에 굵직한 족적을 남겼다. 그 정점은 2009년이었다. 타고난 영감과 경험을 통해 체화한 암묵지가 특별한 힘을 발휘했다. 즉흥적인 발상이나 모험적인 변칙 전술도 과감하게 선보였다. 지난 몇 시즌 동안 누적된 성공 경험을 통해 팀 전체의 멘털리티가 어느 때보다 강했고, 팀원들의 전술 이해도와 필드에서의 구사 능력도 최고조에 달했다.

성적도 좋았다. K리그에서는 줄곧 선두권을 유지했고 아시아챔피언스리그(ACL)에서도 전략적인 승점 관리로 16강에 진출하는 등 강세를 유지했다. 특히 ACL 토너먼트에서는 드라마틱한 반전을 거듭하며 결승전까지 올랐다. 수비수를 최전방 공격수로 기용하는 깜짝 전술을 선보이는가 하면, 세계적인 명장 스콜라리와 스타 히바우두가 있는 팀을 상대로 역전 승리를 거두는 등 연일 화제를 만들어냈다. 결승에서는 다국적 국가대표가 무려 9명이나 포진한 사우디아라비아의 강호 알이티하드를 2-1로 누르고 우승을 차지하는 감격을 누렸다. K리그 중소클럽 포항을 맡은 지 5년 만에, 팀과 함께 아시아 최고의 자리에 오르는 순간이었다.

파리아스가 가장 큰 의미를 부여하는 우승 경험은 무엇일까? 나영준 통역관의 전언에 의하면, 2007년 K리그 우승컵을 품에 안았을 때의 감동이 여타 우승컵의 감흥을 압도한다고 했다. 이유는 명쾌하다. 모두가 불가능하다고 여겼고, 아무도 현실이 될 거라 믿지 않았던 일을 해냈기 때문이다. 통상적으로 팀 빌딩에 소요된다는 3년을 꼬박 채운 시점이었고, 미지의 대륙에서 시도한 도전의 성패를 가늠해볼 수 있는 기회였다.

마침 포항과 계약 만료가 다가오던 시점이었다. 결과적으로 K리그 우승컵 덕에 파리아스와 포항은 2년 연장 계약서에 사인할 수 있었다. 그에 비해 2009년의 ACL 우승은 훨씬 안정적인 환경에서 이뤄졌다. 파리아스에 대한 팬들의 신뢰와 지지도가 절대적이었고, 포항과는 일찌감치 재계약에 합의한 상태였다. 파리아스 입장에서는 응당 누려야 할 것들을 누리는 심정이었을 수 있다는 의미다.

아이러니하게도 포항과 파리아스가 절정의 기쁨을 맛본 후 포항 팬들은 엄청난 우승 후유증에 시달려야 했다. 파리아스로부터 갑작스럽게 날아든 이별 통보 때문이었다. 아시아 정상에 오른 후 포항과 함께 FIFA 클럽월드컵에 참가한 파리아스는 3·4위전이 끝난 후 선수들에게 "1년~1년 반 정도 팀을 떠나 긴 휴가를 다녀오겠다"는 메시지를 전했다. 휴가라는 완곡한 표현을 썼지만 사실은 팀에 작별을 고하는 순간 이었다.

어느 정도 예견된 일이기는 했다. K리그를 넘어 아시아 무대에서도 성공을 거듭하는 그에게 진작부터 일본과 중동의 여러 클럽들로부터 러브콜이 쏟아지고 있었다. 포항에 위약금을 물고서라도 고액의 연봉에 파리아스를 데려가겠다는 팀이 있었다. 파리아스 역시 더 나은 대우를 받고 싶다는 욕심이 있었다. 무엇보다 한국에서는 더 이상 이룰 게 없다는 한계를 느꼈다. 다만 이별 방식이 너무 급작스럽고 일방적이었다. 팬들과 선수들, 구단 관계자들은 배신감마저 느꼈다. 공식적인 작별 인사나 어떤 설명도 없이 떠난 그를 두고 구구한 억측이 쏟아졌다. 마무리까지 아름다웠다면 완벽했을 파리아스의 시간에 남은, 유일한 오점이었다.

K LEAGUE LEGEND 40

이운재

2008

골키퍼 최초
K리그 MVP

2008년 12월 9일 서울 유니버설 아트센터. K리그 대상 시상식장에 올라선 이운재의 눈가가 붉게 물들었다. 골키퍼 출신으로는 최초로 MVP에 선정된 날이었다. 그의 나이 서른다섯. 역대 MVP 수상자 가운데 최고령이었다. "힘든 시간 동안 옆에서 나를 지켜주고 믿어준 가족들에게 고맙다. 그라운드 위에서 좋은 모습을 보일 수 있도록 기회를 주신 감독님과 수원 구단에도 감사드린다"고 소감을 말하던 그는 끝내 눈물을 내비쳤다. 2007년 아시안컵 음주 파동으로 낭떠러지에 떨어진 뒤 다시 정상에 서기까지 겪었던 일들이 주마등처럼 그의 머릿속을 스쳤다. 속죄하는 마음으로 그라운드에서 땀 흘렸던 시간들에 대한 보상은 실로 달콤했다. 2008년은 수원삼성의 해였고, 팀을 2관왕(정규리그-하우젠컵)으로 이끈 이운재는 말 그대로 수호신이었다.

》》18연속 무패 질주, 수원 우승 수훈갑

시즌 초부터 수원이 심상치 않은 기운으로 리그 선두를 독주했다. 3월 9일 대전과의 개막전에서 거둔 2-0 승리를 시작으로 6월 28일 전남전까지 무려 18경기 동안 단 한 번의 패배도 허용하지 않았다. 15승 3무라는 압도적인 강세였다. 개막 후 11경기 동안 연속으로 멀티골을 기록한 공격진의 화력도 막강했지만 승리에 방점을 찍는 것은 수비진의 몫이었다.

승리를 위해서는 골이 필요하지만 골을 넣는다고 해서 승리가 보장되는 것은 아니다. 아무리 많은 골을 넣어도 수비진에서 버텨주지 않으면 승리할 수 없기 때문이다. 이 부분에서 수원 수비진의 보조는 독보적이었다. 특히 골키퍼 이운재의 활약이 눈부셨다. 경기 중 반드시 나오기 마련인 두세 차례의 결정적인 실점 위기를 모두 틀어막으며 팀 승리를 지켰다. 무패 행진이 이어지는 동안 7경기 연속 무실점이라는 경이로운 기록도 세웠다. 그해 이운재는 39경기 출전에 29실점으로 경기당 평균 0.74 실점을 기록했다. 역대 골키퍼들을 통틀어 최고의 활약상이었다.

이운재의 활약을 등에 업은 수원은 컵대회와 정규리그를 합해 40경기에서 30실점을 기록했다. K리그 14개 구단 중에서 최소실점이었다. 힘과 높이, 스피드에서 조화를 이루는 안정적인 수비라인이 이운재와 호흡을 맞췄다. 마토, 곽희주, 이정수, 최성환 등이 포진한 수비진의 기량은 대표급이었다. 다양한 국제대회와 A매치를 통해 풍부한 경험을 쌓은 이운재는 이들을 노련하게 리드하며 골문을 지켰다. 수비벽이 든든하면 승률이 높아질 수밖에 없다. 승수를 쌓고 승점을 확보한 수원은 시즌 중반의 기복에도 불구하고 정규리그를 선두로 마무리했고, 마지막 챔피언결정전에서 서울을 누르고 우승컵을 차지할 수 있었다. 연말 시상식 기자단 투표에서 유효표 93표 중 72득표의 압도적인 지지가 따랐던 것은 수원 우승에 그의 공이 얼마나 컸는지 단적으로 보여주는 사례다.

》》 페널티 박스에서 독보적인 존재감

94미국월드컵 조별리그 3차전에서 혜성같이 등장해 독일의 폭격을 막아선 순간부터 대중에게 각인된 그의 이미지는 '듬직함'이었다. 개성 넘치는 골키퍼들이 세계 축구의 트렌드를 주도하고 공격적인 골키퍼들이 득세하는 시절에도 이운재는 한결같았다. 골키퍼에게 있어 가장 중요한 덕목은 안정감이라는 신념을 갖고 있었기 때문이다. 그 우직함이 그를 10년 넘게 대표팀 넘버1 키퍼 자리를 지키게 만들었다. 2002년 월드컵 8강전 승부차기에서 스페인 호아킨의 슈팅을 막아내며 4강 신화의 영웅이 됐고 2006년 월드컵에서는 최고의 선방 활약을 펼치며 한국의 원정 월드컵 첫 승이라는 새 역사를 선물했다. 골문 앞에서 그는 서두르는 법이 없었다. 일대일 상황에서는 상대 공격수의 기를 제압하는 눈빛을 갖고 있었다.

이운재의 무게 있는 플레이는 두 가지 요소로 탄력을 얻는다. 하나는 수비수들을 이용하는 콜 플레이에 능하다는 것이고 다른 하나는 페널티 킥을 포함한 승부차기에 절대적인 강점을 보인다는 것이다. 이운재가 밝힌 지론에 따르면 좋은 골키퍼란 선방을 많이 하는 골키퍼가 아니라 실점 확률을 떨어뜨리는 골키퍼다. 동료 수비수들을 위험 지역과 길목에

미리 세워놓을 수 있다면 상대 공격수에게 허용하는 슈팅 기회 자체가 줄어든다는 의미다.

일단 페널티 박스로 침투한 공격수에게도 섣불리 대응하지 않는다. 각을 제대로 잡고 기다리기만 해도 상대의 슈팅 타이밍을 지연시킬 수 있다. 그 사이 동료 수비수가 와서 공격

수에게 붙을 수도 있고, 볼을 걷어낼 수도 있다. 이 과정에서 다급해지는 쪽은 공격수다. 어차피 골문 앞으로 들어온 이상 슈팅을 해야 하기 때문이다. 타이밍을 놓치면 슈팅 정확도는 떨어질 수밖에 없다. 이운재는 "완벽한 찬스를 내주지 않겠다는 마음으로 버티기만 해도 실점 확률 자체가 떨어진다. 곧 내가 장수했던 비결이다. 2008년에는 수비진 모두 내 주문을 잘 따라줬고 서로 믿음도 강했다. 유난히 집중력이 살아 있던 해였다"라고 귀띔했다.

그의 침착함은 페널티킥과 승부차기에서 더욱 빛난다. 이운재는 역대 골키퍼 중 승부차기 방어율이 가장 높은 선수다. 1996년 데뷔 후 2012년까지 K리그에서만 12차례의 승부차기를 치러 11승 1패(승률 91.7%)를 기록했다. 58개의 승부차기 중 자그마치 26개를 막아냈다. 처음에는 키커가 공을 찰 때까지 기다리다 막았고, 어느 시점부터는 공격수의 발목이 꺾이는 방향을 확인하고 몸을 날렸다. 경험이 쌓이고 연륜이 생긴 후에는 아예 자신이 원하는 방향으로 공을 차도록 유도하는 움직임을 가져가기 시작했다.

기 싸움에서 상대를 흔들어놓는 기술이었다. 최근에는 골키퍼가 무조건 몸을 띄울 거라 생각하고 대범하게 가운데 지점으로 차는 키커들도 생겼다. 이운재는 그날의 '감'에 따라 기다린다. 그렇게 막은 것들이 꽤된다. "극단적으로 생각하면 미리 움직여서 골을 먹으나 가만히 서서 골을 먹으나 실점하는 건 똑같다. 굳이 내가 미리 움직여서 위험한 상황을 만들 필요가 없다. 기다리고 있으면 상대의 허점이 보이고, 운이 따르면 손에 걸리거나 발끝으로 막아내는 경우가 생긴다."

페널티 박스를 장악했던 이운재의 존재감이란 곧 기다림의 미학을 제대로 간파한 이의 여유였던 것이다. 2008년은 그의 노련한 기술이 정점을 찍은 해였다.

》》 롤러코스터 인생, '땀'과 '침묵'으로 극복

경기장에서는 절대적인 존재감을 자랑했던 이운재지만, 그의 삶이 늘 안정적이고 순탄했던 것은 아니다. 정상에 오르는 것보다 정상을 지키는 일이 더 어려웠다. 2002 월드컵 이후 줄곧 성공스토리를 써나가던 이운재의 축구 인생은 2007년 큰 위기를 맞았다. 아시안컵 대회 중 우성용, 이동국, 김상식 등과 술자리를 가졌던 일이 후에 알려지면서 축구 팬과 여론으로부터 호된 질타를 당했다. 이운재는 "지난 시간들의 땀과 영광들이 머릿속을 스쳤다. 20년 넘게 노력하고 성취한 것들이 한순간의 잘못으로 모두 무너진다는 게 너무 고통스러웠다"고 회고했다. 땀으로 속죄하는 수밖에 없었다. 2008년 동계훈련에서는 마치 신인처럼 뛰고 몸을 만들면서 새 시즌을 준비했다. 연말의 MVP 수상은 그 땀에 대한 보상이었다.

때로는 풍파 가운데서 침묵하는 것도 약이 됐다. 대표팀에서든 소속팀에서든 '넘버1'의 자리를 두고 자격 논란이 불거질 때마다 굳이 입을 열지 않았다. 과체중 논란으로 조롱의 대상이 됐을 때도 마찬가지였다. 이운재는 "일일이 대응할수록 스트레스만 더 심해질 뿐이었다. 이런저런 논란의 중심에 서는 것은 관심의 대상이기 때문에 어쩔 수 없는 부분이다. 정상의 자리를 지키는 입장에서는 말 한 마디도 조심해야 했다. 내가 한 마디를 해도 핑계밖에 되지 않는 상황이었다. 그저 침묵하고 인내하며 운동장에서 실력으로 모든 논란을 잠재우는 수밖에 없었다"고 털어놓았다.

그의 말대로 몇 차례 고비 뒤에는 어김없이 다시 일어서는 모습을 보였다. 땀의 진정성은 모든 위기를 극복하게 만드는 힘이 있었다.

》》 이적 후 야유 대신 기립박수 받다

이운재는 1996년부터 2010년까지 수원 골문을 지켰다. 수원의 창단 멤버로 프로 생활을 시작해 상무에 입대한 군복무 2년을 제외하면 꼬박 13년이라는 긴 시간이다. 그 사이 국내외 20여 개의 대회에서 팀을 우승을 이끌었다. 2010년까지 수원이 우승한 모든 대회에 이운재의 땀이 녹아 있었다. 그 공을 인정받아 2007년에는 수원 서포터스 그랑블루가 선정한 팀 최초의 공식 '레전드'가 됐다. 수원 선수로 은퇴할 줄 알았던 이운재의 질주는 2011년을 앞두고 제동이 걸렸다. 팀에서는 플레잉코치직을 제안했지만 이운재는 현역 생활을 이어가겠다는 의지를 보였다. 결국 합의점을 찾지 못해 결별해야 했다. 이운재는 대표팀에서 오랜 기간 연을 맺은 정해성 감독의 부름을 받고 전남으로 이적했다.

하지만 이운재에 대한 수원의 애정은 변하지 않았다. 처음으로 수원을 상대하는 팀의 골키퍼가 되어 친정을 찾았던 날, 관중들은 그를 향한 야유 대신 '111초 기립박수'라는 깜짝 퍼포먼스를 선보였다. 111초는 수원에서 1번을 달고 뛴 이운재의 업적과 헌신을 세 번 강조한다는 의미를 담고 있었다. 기립박수를 치는 동안 경기장 내 전광판에서는 이운재의 수원 시절 활약상을 담은 영상이 나왔다. 레전드의 첫 빅버드 원정에 존경과 감사의 마음을 표한, 유례없이 훈훈한 분위기가 연출됐다.

경기 결과는 전남의 2-1 승리. 친정팀을 상대로 더 잘하는 모습을 보여 주는 게 이운재식 '의리'였다. 그는 "수원에서 선수 생활을 마무리하지 못하고 이적하게 된 것은 응원해주셨던 팬들에게 죄송스러운 일이다. 분명한 것은 그분들에게 받은 사랑을 꼭 되돌려드리겠다는 약속이다. 선수로서 주어진 시간까지 최선을 다해 사랑을 갚겠다"고 말했다.

정해진 시간을 알고 있기라도 한 것처럼 다짐하던 이운재는 결국 2012시즌을 끝으로 골키퍼 장갑을 벗고 그라운드에서 내려왔다. 이운재의 친정팀 수원은 타팀에서 현역 생활을 마감한 선수에게 이례적으로 격려 메시지를 전했다.

"수원의 모든 팬들과 더불어 그에 대한 존경과 애정을 보낸다. 이운재는 수원삼성블루윙즈와 대한민국 축구 대표팀의 위상을 대내외적으로 드높인 한국 축구의 대들보다. 영광스러운 선수 생활을 마감한 이운재의 새 출발에도 항상 행운과 영예가 함께 하기를 기원한다."

함께 했던 시간들을 잊지 않고 미래를 축복하는 것, 레전드를 향한 최고의 예우였다.

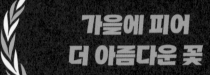

잉글랜드의 제이미 바디(레스터시티)는 늦깎이 스타의 상징과도 같다. 공장 노동자로 일하며 하부리그를 전전하다 27세에 잉글랜드 프로축구 최상위 리그인 1부 프리미어리그에 데뷔했다. 득점력으로 입소문을 탄 뒤 2부리그 챔피언십 레스터시티에 입단해 팀과 함께 승격했다. 2015-2016시즌 소속팀의 첫 프리미어리그 우승을 일군 뒤 2018년 잉글랜드 대표로 월드컵 무대까지 누볐다. 2019-2020시즌에는 프리미어리그 역대 최고령 득점왕 타이틀까지 얻었다. 당시 그의 나이 33세. 바디의 이야기는 축구를 떠나 자신만의 속도로 인생을 사는 모든 이들에게 희망을 준다. 늦가을 산기슭이나 들에서 만나는 꽃처럼 정취를 풍긴다. 봄에 앞다투어 피는 꽃을 시샘하지 않고 자신의 때를 기다리는 미덕이다.

K리그에도 그런 선수들이 있다. 포항스틸러스의 만능 수비수 박승욱은 연습생 신화의 주인공이다. 2021년 상반기까지만 해도 그는 K3리그 부산교통공사에서 뛰던 세미프로 신분이었다. 포항과의 연습경기에서 김기동 감독의 눈에 띄어 하반기에 프로 선수가 되었다. 2022년에는 토트넘홋스퍼와 친선경기를 치른 올스타 성격의 '팀 K리그'에 선발되기도 했다. 안산 그리너스의 김범수는 또 어떤가. 하부리그를 거쳐 최상위 리그까지 올라선 과정이 제이미 바디와 똑 닮았다. 7부리그에서 5부리그, 조기축구회, 4부리그를 거쳐 2022년 K리그1의 제주유나이티드에 전격 합류했다. 이들 외에도 K3리그나 K4리그에서 돋보이는 활약을 펼친 끝에 프로행에 성공하는 선수들의 이야기가 심심찮게 소개되는 시대다.

그런데 이런 동화 같은 이야기의 원형은 따로 있다. 바로 실업축구 내셔널리그에서 K리그로 도약한 김영후다.

》》 내셔널리그 득점 괴물에서 K리그 신인왕으로

한때 그는 좌절감과 패배의식에 갇힌 선수였다. 2007 K리그 신인 드래프트에서 낙방했다. 숭실대 시절 대학 무대에서 두 차례 득점왕에 올랐고 MVP도 수상했던 김영후는 자신을 택하는 팀이 없다는 사실에 큰 충격을 받았다. 축구를 그만두려고 했다. 대학 시절 은사가 잡아주지 않았더라면 정말로 포기했을 것이다. 우선 프로팀 대신 실업팀 미포조선으로 향했다. 작은 희망이 생겼다. 입단 첫해부터 몰아치기에 능한 공격수로 주목받았다.

3년차인 2008년에는 내셔널리그와 전국선수권대회를 합친 37경기에서 37골(경기당 평균 1골)을 넣는 득점 괴물이 되었다. 내셔널리그에서만 23경기에 27골(경기당 평균 1.17골)을 기록했다. 8경기 연속골 포함 9경기 연속 공격포인트 기록으로도 내셔널리그에서 새 역사를 만들었다. 9월 20일에는 천안시청을 상대로 홀로 7골을 몰아넣으며 팀의 10-4 대승을 이끌기도 했다.

이런 파괴력과 결정력을 보이는 스트라이커는 K리그에서도 쉽게 찾을 수 없었다. 그래서 붙은 별명이 '괴물'이었다. 당시 미포조선을 지휘한 최순호 감독은 "내셔널리그를 뛰어넘은 독보적인 선수"라고 평가했다. 당시 한국 대표팀의 골 기근 현상과 맞물려 '대표팀에 김영후를 뽑아 보라'는 목소리까지 나왔다. 2009년 김영후의 도전이 주목받았던 이유다.

김영후는 2009년 15번째 프로팀으로 K리그에 참가한 강원FC의 원년 멤버가 되었다. 미포조선 시절 은사인 최순호 감독이 강원의 초대 감독으로 선임되면서 그에게 손을 내밀었다. 김영후는 유현(GK), 안성남(MF), 김봉겸(DF) 등 미포조선의 전성기를 이끌었던 동료들과 함께 드래프트 우선지명을 통해 강원에 입단했다.

당시 K리그는 승강제를 도입하기 전이었다. 프로리그 바로 아래 무대가 내셔널리그라고 해도, 그 격차는 크게 벌어져 있었다. 김영후를 향한 시선에는 호기심과 편견이 동시에 묻어났다. 내셔널리그를 압도한 득점 괴물이라지만 '그래봤자 마이너리거 출신'이라는 시선이 존재했다. 김영후가 한계를 극복할 수 있을지 궁금해했다.

결론부터 말하면 성공이었다. 프로 데뷔 시즌에 27경기 출전해 13골 8도움을 기록했다. K리그 신인왕도 그의 몫이었다. 물론 시행착오도 있었다. 개막 이후 리그컵을 포함해 5경기 동안 득점포가 침묵했다. K리그 5라운드(6번째 출전 경기)에서야 마수걸이 골을 넣었다. 이후 다시 침묵이 이어졌다. 13경기를 치르는 동안 득점 기록은 2골에 불과했다. 김영후는 "그때 내 나이가 스물일곱이었다. 스물일곱 평생 그런 스트레스는 처음이었다. 자신감이 넘쳤던 시작과 달리 자존감도 많이 떨어졌다"고 털어놓았다.

6월에야 전환의 기회가 생겼다. K리그가 A매치 주간을 맞아 3주간 휴식기에 들어가면서다. 김영후는 최순호 감독과 면담을 통해 개선방향을 찾았다. 최순호 감독은 "체지방을 빼고 근육을 늘리면 좋겠다"고 조언했고, 김영후는 철저한 식단 관리와 보강 운동으로 최상의 컨디션을 만들었다.

"팀 훈련 외에도 하루 두 차례, 오전과 오후에 따로 운동을 했다. 매일같이 숙소 뒷산을 뛰었다. 식단도 엄격하게 관리했다. 저녁에는 감자와 소고기만 먹었다. 소고기도 그램 수를 철저하게 제한해 섭취했다. 감독님 조언대로 체지방은 빠졌고 근육량은 늘었다. 몸이 가벼워지니까 몸놀림이 빨라졌다. 프로 템포에 적응이 됐다. 휴식기가 끝난 뒤 첫 경기 상대가 성남이었는데, 거짓말처럼 골을 넣었다. 몸 상태와 득점 감각이 좋아지니까 자신감이 살아났다. 이후엔 꾸준히 골을 넣을 수 있었다."

본격적으로 신인왕 경쟁에 불을 지폈다. 위치 선정이 좋고 득점 기회에서 집중력이 높은 김영후의 강점이 살아났다. 강원 입단 동기인 윤준하는 좋은 파트너이자 경쟁자로 호흡을 과시하며 꾸준히 활약했다. 인천 유나이티드의 신예 유병수는 끝까지 그와 경쟁한 라이벌이었다. 김영후가 시즌 막판 주춤한 것과 달리 유병수는 막바지 득점 활약으로 소속팀의 6강 플레이오프행을 지원했다. 최종 성적도 14골 4도움으로 김영후와 비슷했다. 신인왕을 지지하는 여론은 갈렸으나, 시상대에 선 최종 주인공은 김영후였다. 김영후는 "시즌 막판 유병수의 집중도가 더 좋았다고 생각한다. 하지만 아마도 스토리가 있는 선수라는 점에서 나에게 표가 조금 더 왔던 것 같다"고 말했다.

그의 말대로 스토리를 가진 선수라서 더욱 특별했다. 김영후는 환경이나 상황에 위축되지 않고 자신의 때를 기다렸다. 2전3기의 도전정신, 프로 무대를 향한 뚜렷한 목표의식이 있었다. 언제 찾아올지 모르는 기회를 잡기 위해 기술을 벼리는 시간을 묵묵히 버텼다. 포기하지 않았기에 프로리그에서 꽃을 피웠다.

"내셔널리그 출신은 왜 프로리그에서 성공하기 힘들었을까? 반대로 프로에서 내셔널리그로 내려온 선수는 왜 다시 올라가지 못하고 무너지는 경우가 많았을까? 나는 프로가 되어서야 그 이유를 알았다. 내셔널리그에는 유혹이 많았다. 특별히 관리하지 않고 적당히 뛰어도 일반인 기준으로 적지 않은 연봉을 받았다. 주말이면 '술 한잔 하자'거나 '클럽에 가자'는 선수들도 있었다. 하지만 나는 운동의 끈을 놓지 않으려고 했다. 클럽에 가는 대신 무조건 운동을 했다. 프로선수가 되고 싶었기 때문이다. 대학 시절 득점왕도 하고 MVP도 수상한 적 있는데, 한 번이라도 프로 무대에 서고 싶었다. 여기서 운동을 놓으면 아주 끝나는 거라고 생각했다. K리그 드래프트에 두 차례나 참가하고도 떨어졌다. 오기가 생겼다. 3년째 되던 2008년에는 정말 마지막이라고 생각하고 뛰었다. 그랬더니 골이 계속 터졌다. 결국 프로 무대에 설 기회가 생겼다. 포기하지 않으면 기회는 온다. 기회를 잡으려면 준비가 되어있어야 한다. 나와 비슷한 목표를 갖고 있는 선수들에게는 내가 그 증거가 될 수 있을 것이다."

》》 마침내, 강원

김영후의 비상에 든든한 배경이 되어준 강원FC는 2008년 창단했다. 그 자체로 프로축구사에 의미 있는 일이었다. 서울과 수도권, 영남, 호남, 충청, 제주에 이어 강원 연고의 팀이 출범하면서 K리그는 국내 전 지역에 연고 구단이 있는 유일한 프로 스포츠가 되었다. 1983년 5개 팀으로 시작한 K리그는 26년 만에 15개 팀으로 늘어났다. 양적 질적 팽창을 기대하는 분위기가 무르익었다.

프로팀 창단에 관한 강원도의 열망은 오래 묵은 것이기도 했다. 2002년 첫 시도 후 실제 창단에 이르기까지 7년이 걸렸다. 강원도는 수많은 축구 스타를 배출한 지역이었다. 2008년 프로축구연맹이 조사한 자료에 따르면 강원도 출신 K리거는 전체 선수의 8.8%에 달했다. 대한민국의 3% 남짓인 강원도 인구수(150만 명)에 비례하면 대단히 많은 숫자였다. 2002 월드컵 스타 이을용과 설기현은 강원이 배출한 대표적인 스타였다. 우성용, 정경호, 하태균, 김용희 등 K리그에 굵직한 족적을 남긴 선수들도 많았다. 키워서 다른 지역으로 보내던 과거와 달리 이제는 안방에서 품을 수 있었다. 이을용과 정경호는 2009년 창단 멤버로 강원에 합류해 고향 팬들의 바람을 실현시켰다.

강원의 축구 열기는 뜨거웠다. 2008년 10월 마감한 도민주 청약 공모에는 정계와 재계, 학계를 망라한 각계각층의 호응이 있었다. 약 7만 명이 참여해 총 60억 원 이상의 주식을 청약했다. 강릉을 베이스로 두고 춘천, 원주 세 지역을 연고로 삼은 강원은 데뷔 시즌 흥행 돌풍을 일으켰다. 2009년 홈에서 치른 K리그 14경기를 직접 본 관중은 모두 20만 7,023명으로 집계됐다. 평균 관중수는 14,787명으로 리그 내 관중 동원 3위에 올랐다. 당시 최고 인기팀이었던 수원(평균 18,583명)이나 서울(평균 16,779명)에 견주어도 손색없었다.

팬들을 끌어 모은 힘은 역시 경기력이었다. 초대감독 최순호는 "지더라도 재미있는 축구"를 표방했다. 김영후에 따르면 전력의 열세를 핑계 대지 않고 공격적으로 맞붙는 축구를 지향했다. 순위표에서는 최종전적 7승 7무 13패로 13위에 머물렀지만, 신생팀으로 기대감을 주기엔 충분한 시즌이었다.

"상대가 강하든 약하든 감독님은 라인을 내리지 않았다. 그래서 골을 많이 먹기도 했지만, 개인적으로는 좋았다. 강원이 수비에 집중하는 팀이었다면 내가 볼을 만질 수 있는 기회가 많지 않았을 거다. 우리는 언제나 '공격 앞으로'였기 때문에 득점 기회도 상대적으로 많았다고 본다. '닥공' 하는 전북 같은 팀을 만나면 오히려 골이 많이 나왔다."

첫술에 배부를 수는 없었다. 두텁지 않은 선수층은 신생팀의 한계였다. 강렬한 한때를 보냈음에도 부상 등 변수가 발생할 때마다 기복을 겪었다. 한정된 자원으로 경기를 반복하다 보니 시즌 막판에는 체력과 부상 등의 문제로 결과를 잡지 못하는 경기도 늘어났다. 절반의 성공과 절반의 가능성을 보인 강원은 다음 시즌을 기약해야 했다. 신생팀에서 배출한 신인왕 타이틀이 그들에게 적잖은 위안과 희망을 주었다.

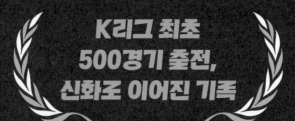

'500'... 언제부턴가 김병지는 주문처럼 500경기 출장 목표를 입에 달고 다녔다. 2006년 서울과 3년 계약에 사인하면서 조심스레 입 밖으로 꺼낸 그 숫자는 경남 유니폼으로 갈아입은 2009년 내내 김병지의 주위를 맴돌았다. 2009 시즌 경남과 전북의 정규리그 최종전, 김병지는 '500'이라는 등번호가 새겨진 특별 유니폼을 입고 경기장에 등장했다. 신기루 같던 기록 달성의 꿈이 마침내 현실로 이뤄진 순간이었다. 당시 그의 나이는 39세였다.

하지만 거기서 끝이 아니었다. 2012년 10월, 서울을 상대로 600경기 출장이라는 전대미문의 기록을 세웠고, 2015년 7월 제주와의 경기에서 그 숫자를 100개나 더 늘려 놓았다. 무려 K리그 통산 700경기 출전이라는 전인미답의 대업을 이룬 것이다. 이 기록은 '전무후무'할 수치로 단언해도 전혀 지나치지 않은 수준이다. K리그에서 김병지가 빛난 순간들은 무수히 많으나, 마흔이라는 나이에도 불구하고 계속해서 새로운 전설을 써내려갔던 그의 2010년을 돌아본다.

》》 2010년 경남 깜짝 선두 견인

스포츠에서 종종 영화보다 더 영화 같고 동화보다 더 동화 같은 현실을 마주할 때가 있다. 3전4기, 7전8기의 집념으로 목표를 일궈내는 것이나 비인기 종목의 선수들이 세계무대에서 성공하고 인정받는 것, 모두가 불가능하다고 여기던 그림들을 눈앞의 현실로 이뤄 놓을 때다.

2010년의 경남FC가 그랬다. 2006년 도민구단으로 창단한 경남은 자금력이 풍족과는 거리가 멀었고, 특출한 스타플레이어 선수들로 구성된 팀도 아니었다. 대부분 테스트를 거쳐 연습생으로 입단했거나 방출대상으로 분류됐다가 가까스로 프로무대에 살아남은 이들이었다.

하지만 시즌 초반부터 매서운 돌풍을 일으키고 있었다. 개막전에서 울산에 1-0으로 패했지만, 두 번째 경기인 대전전부터 9경기 연속 무패를 내달렸다. 단순한 연속 무패가 아니라 6승 3무라는 놀라운 성적이었다. 4월 25일에는 서울을 꺾고 창단 후 처음으로 리그 선두에 등극했다. 일시적인 현상이 아니었다. 엎치락뒤치락 선두 경쟁을 벌이는 중에도 꾸준히 강세를 유지하며 7월 중순, 8월 중순에 한 번씩 더 1위 자리를 점했다.

성적만 눈여겨 볼 일이 아니었다. 선수들이 선보이는 빠르면서도 정교한 패싱 축구가 관중들을 매료시켰다. 대부분의 선수들이 무명에 가까웠지만, 톱니바퀴처럼 맞물려 돌아가는 조직력으로 강팀들을 압도하고 있었다. 리그 경기에서만 3월 28일 수원전 2-1승, 4월 3일 포항전 3-1승, 4월 18일 성남전 2-1승, 4월 25일 서울전 1-0승 등 강팀들이 줄줄이 경남의 화력에 무릎을 꿇었다.

열악한 환경을 딛고 선두경쟁을 펼치고 있는 '경남 돌풍'의 원동력으로 조광래 감독의 지도력이 조명 받았다. 경험이 일천한 젊은 선수들에게서 잠재력을 끌어내 일정 수준의 경쟁력 을 갖춘 자원으로 만들어냈다. '조광래 유치원'이라는 신조어도 등장했다. 그리고 또 한 사람, 경남의 강세를 뒷받침하는 이가 있었으니 불혹의 나이로 문전을 책임지고 있는 골키퍼 김병지였다.

조광래 감독은 당시 김병지에 대해 "혼자서 1인 3역을 해주고 있다"며 고마움을 전했다. 골키퍼 본연으로서의 역할은 물론 최고참으로 팀의 중심을 잡아주고, 경기장 밖에서는 젊은 선수들이 따르고 본받을 만한

'살아 있는 교과서'가 되어준다는 의미였다. 나이가 들면서 순발력이 약해지는 부분은 어쩔 수 없었지만 감각은 오히려 더 좋아지고 있었다.

특히 젊은 선수들 위주의 경남에서 산전수전 다 겪은 김병지의 존재감과 조율 능력은 절대적이었다. 프로 선수가 된 이후 체중에 단 1kg의 변화도 허용하지 않는 자기관리와 체력관리는 누구나 인정하는 부분이었다. 조광래 감독 역시 "김병지는 프로 근성으로 무장한 선수라 어린 선수들에게 그 자체로 모범이 된다"며 칭찬을 아끼지 않았다.

김병지의 프로 근성은 생존을 위한 강한 의욕과 본능에서 출발한다. 따지고 보면 프로에 입문한 것 자체가 기적이었다. 널리 알려진 대로 김병지는 용접공 출신의 축구선수다. 고등학교를 졸업하고 일반 산업체에 취직했다가 국군체육부대 상무를 거쳐 프로 무대에 데뷔했다. 사실 프로 선수가 되었어도 딱히 내세울 것은 없는 선수였다. 지금은 말할 것도 없고, 과거에도 골키퍼는 신체 조건이 좋을수록 유리한 포지션이었다.

키카 크고 팔다리가 긴 선수가 지키는 골문은 보이는 그림만으로도 안정감이 생긴다. 김병지에게 해당되는 내용은 아니었다. 대신 순발력과 점프력을 향상시키는 데 집중했다. 타고난 운동신경에 복합적인 사고, 빠른 판단력이 더해졌다. 인지 능력과 다양한 감까지 총동원한 결과 프로 데뷔 이듬해부터 주전으로 뛸 수 있었고, '순발력과 점프력은 국내 최고에 세계 수준'이라는 평가를 받을 정도로 성장했다.

여기에 존재감을 드러내기 위한 노력이 더해졌다. 대다수 선수들이 프로 개념을 희미하게 생각하던 시절부터 김병지는 상업적 가치를 끌어올리는 엔터테이너로서의 기질을 발휘했다. 치렁치렁 긴 머리를 묶고 다니는 일명 '꽁지머리'를 선보이는가 하면 머리 색깔을 총천연색으로 물들이기도 했다. 그의 머리카락은 노란색, 빨간색, 오렌지색, 보라색, 청록색으로 변했다. 염색에 부정적인 이미지가 강했던 1990년대 초중반의 사회 분위기를 고려하면 김병지의 '헤어쇼'는 파격에 가까웠다. 결과적으로 팬들의 관심을 끄는 데 성공했다. 언제부터인가 "저 선수 누구야?"에서 "이번에는 또 어떤 헤어스타일로 등장할까?"라는 화제를 몰고 다니는 선수가 됐다.

김병지는 당시의 파격적인 시도에 대해 "팬서비스 차원이자 나를 알리기 위한 방법이었다. '불량한 이미지'로 찍힐 수도 있는 부분을 감수하고 튀는 것에 집중했던 것은 어느 정도 모험이었다. 내 존재감을 외모로만 어필하는 것에 그치지 않으려고 했다는 의미다. 내가 경기를 못했다면 비난의 화살이 꽂힐 수 있는 부분이었기 때문에, 외적인 부분을 능가하는 경기력으로 승부하겠다는 마음가짐이 있었다"라고 설명했다.

》》 공격형 골키퍼 전성시대

한국에서 골키퍼라는 포지션의 역할을 새로 정의한 인물도 김병지다. 전통적인 골키퍼상이 골문을 지키는 수동적이고 방어적인 자세를 취하는 것이었다면, 새로운 생각을 품고 있던 김병지는 적극적으로 경기에 개입했다. 수비수들의 위치와 간격을 조율하고 맥을 짚어주는 콜 플레이로 최종 수비수처럼 활약했고, 때로는 골문을 비우고 전진하는 공격적인 모습도 보였다. 킥과 스피드에 자신이 있었기 때문이다.

"골키퍼가 단순히 슈팅을 막는 것에 그치지 않고 팀의 전술적인 시발점이 될 수 있다"는 게 그의 변이다. 볼을 점유하는 것과 공격을 전개하는 것 모두 골키퍼의 발끝에서부터 시작된다는 지론을 정립한 때다. 그의 설명을 들어보자. "예전에는 볼이 오면 대부분 킥을 해서 최대한 멀리 보내는 식이었다. 나는 그 고정관념을 깨뜨렸다. 상대가 크로스를 올리는 상황에서 내가 볼을 잡으면, 바로 우리 팀 선수들에게 주는 게 아니라 단 1초라도 앞으로 몰고 나갔다. 대부분의 선수들이 우리 진영에 몰려 있기 때문에, 내가 1초만 앞으로 나가도 벌써 서너 명의 상대를 제치는 상황이 되는 거였다. 이런 식으로 골을 만들어 승점을 벌면 3점 이상의 가치와 효과가 있었다."

세계축구의 흐름에 영향을 받은 부분도 있었다. 1990년대 초반 콜롬비아의 이기타가 '골 넣는 골키퍼'로 화려한 시대를 열었고 멕시코의 캄포스 역시 공격적인 성향으로 팬들의 사랑을 받았던 때다. 후에 날카로운 프리킥과 과감한 페널

티킥으로 공격의 일정 부분을 전담했던 파라과이 칠라베르트에 이르기까지, 공격형 골키퍼 전성시대는 한동안 계속됐다. 김병지는 시대의 조류를 기꺼이 흡수하고 즐겼던, 국내 유일의 골키퍼였다. 골키퍼의 새로운 역할과 가능성을 제시하고 스스로 그 영역을 확장시킨 개척자였다.

그 정점을 찍은 때가 있었다. 스스로 승부의 주인공이 되었던 경기였다. 지금도 K리그의 명승부로 회자되는 1998년 프로축구 플레이오프 울산-포항전이었다. 1차전에서 3-2로 패한 패한 울산은 2차전에서 후반 44분까지 1-1 열세에 몰려 있었다. 비기는 것으로 끝나면 포항이 챔피언 결정전에 직행하는 상황이었다. 균형을 깨트린 이는 놀 랍게도 김병지였다. 경기 종료 직전 프리킥 상황에서 골문을 비우고 나와 김현석의 프리킥을 헤딩골로 연결하며 승부를 연장전으로 끌고 갔다. 연장전에서는 또 승부차기 선방 활약으로 울산의 역전승을 주도했다.

"온갖 상상력을 동원해도 쓰기 어려운 드라마였다. 골키퍼가 골을 넣고 승부를 가르는 선방까지 펼쳤으니까. 지금 생각해도 불가능하다 싶은 일이 현실이 된 멋진 경기였다. 솔직히 당시 헤딩골은 기적에 가까웠다." 튀는 헤어스타일이든, 공격적인 재능을 선보이는 것이든, 김병지의 변주는 언제나 팬들을 의식한 것에서 시작됐다. 팬이 있어야 선수로서의 가치가 있다는 명제에 충실했다. 경기장 안팎에서 팬들과의 교감이 가장 자연스럽게 이뤄지는 선수로 첫손에 꼽히는 이유다.

축구선수로서의 인생 전반전이 대중으로부터 지지 기반을 확보하는 기간이었다면, 후반전은 철저하게 자신의 한계를 넘어서는 데 집중하는 시간이었다. 무엇이든 일단 목표를 정해놓으면 끝까지 밀고 나갔다. 세상의 고정관념을 의식했다면 애초에 프로 선수가 되는 일조차 꿈꾸지 못했을 것이었다. 500경기 출전 기록도 그렇게 만들어졌다. 전인미답의 영역을 자신의 발로 개척하겠다는 꿈, 불혹을 넘긴 나이에도 충분히 제 역할을 해낼 수 있다는 의지, 그에 맞춰 몸 상태를 유지하는 실천력이 대기록을 완성하는 힘이 됐다.

》》 자신과의 싸움을 이겨낸 사나이

500경기 출전을 달성한 뒤에는 곧바로 600경기 출전 가능성을 언급했다. 2010년 소속팀 경남의 모든 경기(35경기)에 무교체로 나서며 건재를 과시한 그의 통산 출전기록은 2년 뒤 정말로 605경기로 늘어났다. 605번의 경기에서 뛰는 동안 그가 세운 기록만도 엄청나다. K리그 최초 600경기 출장, K리그 최초 골키퍼 득점, K리그 최초 200경기 무실점 기록을 세웠고, K리그 최다 경기 출장, K리그 최다 무실점 경기, 현역 최고령 출장 기록 등도 그가 남긴 깨지기 어려운 기록들이다. 골키퍼로 작성할 수 있는 거의 모든 기록에 '최초'와 '최다'의 수식어는 김병지의 이름과 병렬을 이룬다.

특히 2004년 4월 3일부터 2007년 10월 14일까지 3년 6개월 11일 동안 기록한 153경기 연속 풀타임 출전 기록은 그의 철저한 자기관리와 꾸준한 기량을 보여주는 단면이다. 끊임없이 새로운 길을 개척하고 그 영역과 외연을 확장시킨 김병지의 도전은 거듭 계속되었다. 600경기 출장 기록 달성 후 "앞으로 2년 정도 더 뛰어서 꼭 700경기를 채우고 싶다"고 했던 그는 2013년을 앞두고 전남으로 이적해 신화를 연장했고, 결국 역사를 다시 썼다.

이쯤에서 500경기 출장에 성공했을 당시 김병지의 말을 되새겨볼 필요가 있다. 그는 기록에 너무 집착하는 것 아니냐는 시선도 있다는 질문에 "사실 500이라는 건 내 꿈을 상징화한 숫자였을 뿐이다. 불가능해 보이는 꿈에 도달하기까지 그 과정이 의미 있을 거라고 생각했다. 직장인 축구팀에서 뛰다가 프로팀에 입단하고 국가대표가 되어 월드컵까지 출전한 것, 골키퍼로는 최초로 필드에서 헤딩골을 넣은 것, 여러 회의적인 시선을 이겨내고 500경기 출장을 달성한 것까지, 내 축구 인생은 늘 불가능에 대한 도전이었다. 도전이 도전 그 자체로 끝나지 않고 결실까지 맺어 기쁘다"고 답했다.

그러니 2010년은 K리그의 살아 있는 전설, 김병지에게 헌정하는 시즌으로 삼아도 좋지 않을까. 그에 대한 변은 김병지의 답사로 갈음한다.

"항상 도전과 변화를 좋아했다. 골키퍼라는 특수 포지션에서의 생존의지이기도 했다. 골키퍼도 높은 연봉을 받을 수 있다는 것을 노력과 결과로 보여주고 싶었고, 입지나 처우에서 이 포지션을 업그레이드시켰다는 자부심이 있다. 최다 출장 등의 기록도 하나의 이정표가 될 것이다. 특히 실력과 경험을 겸비한 노장 선수들에게는 좋은 동기 부여가 되지 않을까 싶다. 어린 나이에 프로 생활을 시작한 선수들에게도 오랜 시간 좇을 수 있는 목표가 될 테고. 개인적인 영광을 떠나 K리그 역사에 깊이를 더할 수 있게 됐다는 점이 뿌듯하다."

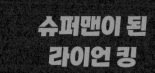

K LEAGUE LEGEND 40

이동국

2011

슈퍼맨이 된
라이언 킹

2015년 전북 봉동 클럽하우스에서 만난 이동국은 '슈퍼맨'이 되어 있었다. 사람들이 축구선수 이동국보다 '대박이 아빠'로 더 많이 알아본다며 웃었다. 당시 그는 TV 예능 프로그램 〈슈퍼맨이 돌아왔다〉에 겹쌍둥이 딸들과 막내아들이 함께 출연하면서 한창 인기몰이 중이었다. 축구화를 벗고 젖병을 든 이동국의 모습은 퍽 낯설었다. 그만큼이나 흥미로웠다. 이동국은 잠시 한눈을 파는 사이 아이들이 저질러 놓은 일들에 당황하면서도 금세 수습에 나서고, 테니스 선수를 꿈꾸던 둘째딸에게는 승부의 냉혹함을 깨닫게 하는 훈육법을 보이기도 했다. 밥도 짓고 이유식도 만들고 시장까지 봤다.

이것저것 다 잘해내고 위기 상황에서 극적 해결사가 되는 슈퍼맨으로서의 면모라면, 일찍이 그라운드에서 수없이 증명했던 바다. 한 시대를 풍미했던 대선배 스트라이커 황선홍은 언젠가 인터뷰 도중 이렇게 읊조렸다. "다시 K리그에서 뛸 수 있다? 그럼 지금의 동국이처럼 공격수로서 세울 수 있는 모든 기록을 만드는 공격수가 되고 싶지."

이동국은 자신이 새로 쓴 K리그 역대 최다골 기록을 스스로 경신하는 중이었다. 매 시즌 득점왕 후보로 거론될 정도로 꾸준했다. 2009년부터 2018년까지 무려 10시즌 동안 해마다 두 자릿수로 골을 넣었다. 골과 도움 기록을 합산한 공격포인트로는 이미 역대 최다 기록을 넘어선 상태였다. 2012시즌 K리그 개막전에서 성남을 상대로 멀티골을 터뜨리며 개인 통산 117골을 기록, 역대 최다골 기록(116골, 우성용)을 갈아치웠다. 6라운드에서는 또 하나의 골을 추가하며 자신의 168번째 공격포인트를 작성했다. 역시 종전 신태용이 갖고 있던 최다 기록(167개)을 돌파했다. 참고로 이동국의 은퇴 시점 통산 기록은 305개다.

스스로 골잡이였을 뿐만 아니라 동료의 골을 돕는 활약으로도 착실히 기록을 쌓아갔다. 그런 이동국에게 2011년은 '모든 것을 갖춘 공격수'로 인정받는 데 변곡점이 된 해였다.

》》 도움왕 등극하며 K리거 최초 개인상 전관왕 달성

2011시즌 K리그 대상 시상식장. 프로 선수라면 누구나 한번쯤 초대받기 원하는 이 자리에서, 타이틀 수상자로 가장 많이 호명된 이름은 단연 이동국이었다. 이동국은 무려 네 차례나 시상대에 섰다. 시즌 MVP, 베스트 일레븐 공격수, 도움왕, 그리고 팬들의 투표로 선정된 팬타스틱 플레이어까지 타이틀을 독식했다.

이날 시상식장에서 이동국은 K리그 역사에 새로운 이정표를 세웠다. 도움왕에 오르며 K리그 개인상 네 개를 모두 수상한 첫 선수가 되었다. 1998년 포항에서 데뷔해 신인상을 수상한 그는 2009년 전북에서 MVP와 득점왕을 동시에 차지했다. 2011년에는 MVP 수상에 도움왕 타이틀까지 추가했다. 신인상, MVP, 득점왕, 도움왕을 모두 수상한 이는 현재까지도 이동국으로 유일하다.

2011년 K리그는 이동국의 해였다고 해도 과언이 아니다. 시즌 개막 후 정규리그 3경기 만에 개인 통산 100호 골 고지를 넘어섰다. 거침없는 기세로 한 해 동안 15골 16도움을 기록했다. 득점 감각이 절정에 오른 때였다. 심지어 골보다 도움 기록이 더 많았다. 시즌별로 보면 2012년의 기록(26골 6도움)이 조금 더 앞서지만, 득점에 관한 밀도는 2011년이 더 높았다. 2012년에는 40경기를 소화한 반면 2011년에는 그보다 적은 29경기에 출전했다. 경기당 평균 1.07개의 공격포인트를 생산했다. 직접 골을

넣든 동료의 골을 어시스트하든, 출전할 때마다 득점에 관여했다는 뜻이다.

이것으로 그는 자신에게 따라다니는 편견을 깼다. 골문 앞에서 주워먹기에 능한 선수라거나 많이 움직이지 않고 느리다는 것 말이다. 100호 골 고지를 돌파한 지 얼마 되지 않아 이에 대한 이동국의 생각을 들어볼 기회가 있었다. 우선 '주워 먹기'에 대한 그의 변이다.

"주워 먹기를 잘 하는 선수는 골을 잘 넣을 수 있는 선수라고 해석할 수 있다. 골을 넣을 수 있는 좋은 위치에 있다는 의미이고, 그런 찬스를 포착하고 결정 지을 수 있는 능력을 갖고 있다는 뜻이기 때문이다."

움직임이 많지 않다는 비난도 골을 넣기 위해 박스 안에서의 플레이에 더 공을 들였기 때문이었을 거다. 하지만 2011년에는 그런 지적마저 근거가 빈약해졌다. 이동국은 이제 보이지 않는 곳에서도 활발하게 움직이며 공간을 만들어내는 선수가 되어 있었다. 때로는 미드필드까지 내려가 연계 플레이를 펼쳤다. 이동국이 상대 수비를 끌고 움직이면 어김없이 공간이 생겼고, 동료에게 완벽한 득점 기회가 열렸다. 이동국의 진화와 함께 전북의 공격력은 훨씬 강력해졌다. 원톱 이동국과 2선 공격수 사이 호흡은 물이 오를 대로 올랐고, 양쪽 측면수비수들도 적극적으로 공격에 가담하는가 하면 교체 카드마저 모두 공격수로 활용하는 '닥공(닥치고 공격) 축구'로 K리그를 평정했다. 만능 공격수가 된 이동국과 함께 전북은 2010년대 K리그 리딩 클럽으로 자리매김한다.

》 라이언 킹은 울지 않는다

이동국의 2011년은 찬란한 성취와 위대한 기록으로 가득 찼다. 그러나 이동국이 가장 좋았던 시절로 꼽는 해는 2009년이다. 이후로 축구화를 벗을 때까지 이어질 '이동국 시대'의 서막이었기 때문이다.

"전북현대에서 몸에 꼭 맞는 옷을 입었다. 팀에 나를 도와줄 수 있는 선수들이 많았다. 최태욱과 에닝요가 양쪽 날개로 있던 2009년이 가장 좋았다. 크로스가 워낙 빠르고 정확했다. 당시 공격 패턴이 나한테 가장 잘 맞았다. 나는 중간에서 해결하는 데 집중하기만 하면 됐다."

당시 이동국은 활발한 움직임과 포스트플레이로 상대 수비수들의 발을 묶었다. 그 틈을 2선의 선수들이 파고들었다. 반대의 경우도 마찬가지였다. 미드필드를 헤집는 루이스가 가운데를 책임졌고 K리그에서 가장 빠른 발을 가진 최태욱과 에닝요가 양 측면에서 지원 사격에 나섰다. 루이스가 상대 수비수들을 끌고 다니다 사이드로 볼을 건네면, 여지없이 돌파로 이어졌다. 상대 수비벽은 더욱 헐거워졌고, 골문 앞에 있던 이동국은 상대적으로 자유로워졌다. 전북의 일관적인 공격 패턴에 대해 상대

팀도 저마다 대비책을 들고 맞섰지만 알고도 막을 수 없는 게 2009년 전북이었다. 그만큼 공격진의 호흡과 연계가 빠르고 훌륭했다.

이들 네 명의 공격수에게 '판타스틱 4(F4)'라는 수식어가 붙었다. F4의 파괴력은 기록으로 증명된다. 1년 동안 22골을 기록한 이동국을 비롯해 최태욱(9골 12도움), 루이스(9골 13도움), 에닝요(10골 12도움) 네 선수 모두 20개 이상의 공격포인트를 기록했다. 그해 전북의 총 득점(82골) 중 자그마치 63골에 해당하는 득점이 이들 네 명의 발끝에서 나왔다.

이동국이 겪은 시련기와 대비되어 더 빛나는 시즌이었다. 앞서 이동국은 부상과 부진의 반복으로 오랜 정체기를 통과하는 중이었다. 잉글랜드 프리미어리그(2007~2008)에서 보낸 시간도 기대에 미치지 못했고, 1년 반 만에 K리그로 돌아왔으나 복귀팀이었던 성남에서 방출당하는 수모까지 겪었다. 사실상 벼랑 끝이었다. 그때 손을 내밀어준 팀이 전북이었다. 최강희 감독의 믿음과 지지에 서서히 자신감을 회복하며 만들어낸 해피엔딩이었다.

2009년부터 2018년까지 이동국은 10시즌 연속 두 자릿수 골을 넣었다. 마흔 살이 가까워질 때까지 꾸준히 득점왕 경쟁을 이어갔다. 베테랑이자 팀의 간판 스트라이커라는 역할과 책임감에 관해 이런 철학을 풀어놓기도 했다.

"공격수로 세 경기당 한 골 정도를 넣으면 나쁘진 않은 평균적인 활약이라고 할 수 있다. 1년에 평균 30경기를 소화한다면 10골을 넣는 셈이다. 그런데 간판 스트라이커라면 그보다는 더 많이 넣어야 한다. 그래야 팀이 의지할 수 있는 선수, 팀이 힘들어지는 순간에 '한 방'을 기대할 수 있는 공격수가 될 수 있다. 그런 믿음을 주기 위해 노력하고 있다."

K리거로 누릴 수 있는 거의 모든 영광을 경험했다. 하지만 성취의 발자국은 단순히 개인의 것으로 머물지 않았다. 팀과 함께 성공 시대를 열면서 연고지 전주에 새로운 바람을 일으킨 것이다. 이동국이 합류할 때만 해도 절반 이상 빈 자리였던 전주월드컵경기장은 이동국의 전성기에 수만 관중의 함성으로 진동하는 '핫플'이 되었다. 경기가 있는 날이면 전북현대를 상징하는 녹색 셔츠나 유니폼을 입고 오가는 젊은이들이 많아졌다. 가족 단위 관중도 큰 숫자로 증가했다. 이동국의 마지막 바람 역시 더 이상 개인의 것이 아니었다.

"전북이라는 팀을 통해 전주가 축구도시로 인정받고 있다. 전주라고 하면 흔히 한옥이나 비빔밥을 떠올리지만 이제는 축구나 이동국이라는 이름을 떠올릴 수 있도록 만들고 싶다. 전북 유니폼을 입고, 전북이라는 팀에 자부심을 표하면서 크는 아이들을 본다. 그럴 때마다 K리그에서 찾기 힘든 색깔의 팀이 될 수 있다고 생각한다. 축구문화가 정착된 도시가 되길 바란다. 홈에서만큼은 멋진 경기로 이겨야 한다. 지더라도 끝까지 긴장감을 갖는 경기, 재밌는 경기를 보여주고 싶다."

이동국은 '살아있는 전설'로 역사를 써나갔다. 2020년 은퇴를 선언하고 23년 프로 생활을 마무리하기까지 통산 548경기 출전에 228골 77도움을 기록했다. 우승 경험은 모두 8차례. K리그 역대 최다 득점과 최다 공격포인트, 필드 플레이어 최다 출전 기록도 보유하고 있다. K리그 MVP 4회(2009 · 2011 · 2014 · 2015), 영플레이어상(1998), 득점왕(2009), 도움왕(2011), K리그 베스트 일레븐 5회(2009 · 201 · 2012 · 2014 · 2015) 등 화려한 수상 이력은 빛나는 훈장으로 남았다.

K LEAGUE LEGEND 40

데 얀

2012

K리그는
'데얀민국'으조 통했다

전설의 시대를 목격하
는 감동에 전율할 때가 있
다. 이를테면 2018 러시아
월드컵 독일전이 펼쳐진
카잔 아레나의 기억 같은
것이 그렇다. 노이어의 볼
을 뺏은 주세종이 텅 빈 골
문을 향해 롱패스를 보내
고 손흥민이 전력 질주해
골을 넣은 순간, 경기장에
울려 퍼지던 한국어 응원

가를 들으며 역사의 일부가 되어가고 있음을 깨달았다. 이런 기억은 인
생을 꽤 풍요롭게 만들어 준다. 오래도록 "그 순간을 봤었지"라고 추억할
수 있기 때문이다.

K리그 팬들에게는 데얀 다먀노비치와 함께한 시간들이 '목격자의 행
운'으로 기억되지 않을까. 2012년 K리그는 명백히 데얀의 해였다. 그해
데얀은 31골을 넣고 K리그 득점왕에 올랐다. 연말 K리그 시상식에서 일
찌감치 예약해둔 득점왕과 베스트 일레븐 공격수 부문은 물론 팬들이 뽑
는 최고의 선수상 '팬타스틱 플레이어', 기자단 투표로 선정되는 MVP 수
상까지 4개의 상을 독식했다.

화려하게 시즌을 마무리한 데얀을 만난 것은 그로부터 두 달 뒤, 새 시
즌 준비에 한창인 구리 챔피언스파크(FC서울 훈련장)에서였다. 아직은 찬
바람이 가시지 않은 새해 초였다. 그를 인터뷰하고 옮겨 쓴 당시 글은 이

렇게 시작한다.

'K리그를 정복하는 것, 역사를 바꾸는 것, 스스로 전설을 뛰어넘는 것. 하나만으로도 최고가 될 수 있는 세상에서 모든 걸 이룬 남자를 만났다. 이번 시즌에도 데얀이 최고의 활약을 보여줄 거라는 사실을 의심하는 이는 없다. 우리는 데얀의 시대에 살고 있다.'

》 서른 살 K리그, 최초 30골 고지 밟은 공격수

2012년 11월 18일, 창원축구센터에서 K리그의 새로운 역사가 만들어졌다. 데얀이 경남을 상대로 29, 30호 골을 연달아 쏘며 역대 한 시즌 최다골 신기록을 세웠다. 킥오프 2분 만에 몰리나의 패스를 받아 시즌 29호 골을 터뜨렸고, 전반 13분에는 페널티킥으로 한 골을 더 보태 30호 골을 만들었다. 골을 몰아치던 기세에 미치지는 못했지만, 남은 4경기에서 한 골을 더 보태며 시즌을 31골로 마무리했다.

시즌 최다골 기록은 그 자체로 대단한 성과였다. 2003년 김도훈이 작성했던 한 시즌 최다 28골 기록을 넘어서는 동시에 프로축구 사상 처음으로 30골 고지를 밟는 주인공이 됐다. 이 기록이 얼마나 대단하냐면, 한 시즌 30골 고지를 밟는 선수가 나온 최초의 사례였으며, 2023년 기준으로도 30골을 넘는 선수는 데얀이 유일해 전무후무한 역사로 남아 있다. 이전까지 역대 최고의 외국인 공격수로 샤샤가 첫손에 꼽혔지만 이제부터는 '데얀 이전과 이후'로 K리그 역사가 설명될 터였다. 앞으로 모든 외국인 선수들은 데얀의 업적과 기록에 도전하는 것으로 그 가치를 입증해야 할 것이었다. 정작 데얀 스스로 느끼는 공기는 언론이나 팬들의 환호로 둘러싸인 것과는 제법 온도차가 있었다. "그런 의미들이 있는지 몰랐다. 외국인이다 보니 어떤 분위기를 체감하는 것에 아무래도 한계가 있다. 한국어를 잘 이해할 수 있다면 신문이나 뉴스에서 나에 대해 뭐라고 쓰는지 확인할 텐데, 일일이 챙겨보지 못한다. 사실 웬만하면 기사를 잘 안 본다. 사람들의 칭찬에 취해 자만하게 될 수도 있기 때문이다. 하지만 훗날 언젠가 내가 남긴 트로피와 사진을 보면 영광스럽고 기분이 좋을 것 같긴 하다."

데얀은 말 그대로 '살아있는 교본'이었다. 적장들이 먼저 인정했다. 조광래 감독은 "K리그 공격수들은 데얀을 롤모델로 배워야 한다"고 말했고 황선홍 감독은 "K리그의 무결점 공격수"라고 극찬했다. 또 다른 감독은 데얀의 플레이가 담긴 비디오를 교재 삼아 국내 공격수들과 토의를 벌이기도 했다. 소속팀의 최용수 감독은 그를 두고 "영리하고 이타적인 선수"라며 "팀을 크게 만드는 선수"라고 칭찬했다.

2007년 인천 입단으로 K리그 도전을 시작한 데얀은 2008년 서울로 이적하고 해를 거듭하는 동안 조금씩 변화하고 성장했다. 인천에서 홀로 팀 공격을 책임졌던 그는 서울 이적 후 올라운드 플레이어로 진화했고, 빙가다 감독 아래서는 더 간결하고도 치명적인 선수가 됐다. 외국인 공격수를 영입하는 가장 큰 이유는 골 결정력 강화다. 데얀은 그에 충실한 공격수였다. 뿐만 아니라 활동량과 공간 창출 능력에서도 역대 최고 수준이었다. 문전에서 시도하는 슈팅은 골키퍼의 동작을 뺏는 타이밍과 예측불허의 방향성을 겸비했다.

무엇보다 골문 앞에서 침착했다. 어떤 위치에서든 슈팅을 시도할 수 있지만, 공격 기회가 막히면 곧바로 다음 플레이로 연계를 유도하는 여유가 있다는 게 현장의 평가였다. 데얀 스스로 "내 약점을 내가 안다. 나는 빠르지 않다. 대신 다리가 느린 것에 비해 생각이 빠르게 때문에 골을 넣을 수 있다"고 말했다. 겨울 휴식기마다 풋살로 타이밍과 골 감각을 키웠다.

"풋살 덕분에 생긴 실력이다. 알다시피 풋살은 축구장보다 훨씬 작은 공간에서 하는 실내 축구다. 축구보다 훨씬 빠른 스피드로 진행된다. 짧고 빠르게 볼을 주고받고, 움직이고, 쉼 없이 돌아가고, 준비가 덜 된 상태에서도 슈팅을 해야 한다. 그러다 보니 각이 없는 위치에서도 슈팅을 하게 되고 슛 타이밍도 빨라졌다. 한국 수비수들은 굉장히 터프하고 밀착마크가 심해 공간을 잘 내주지 않는다. 풋살은 좁은 공간에서 빠른 판단을 내려 간결한 움직임으로 슈팅을 하는 데 큰 도움이 된다."

》 알고도 막을 수 없다… 사상 최강 '데몰리션 콤비'

데얀을 이야기할 때 빼놓을 수 없는 키워드가 있다. 동료 몰리나와의 조합을 뜻하는 '데몰리션 콤비'다. 데얀과 몰리나, 두 선수의 이름 앞글자를 따 '파괴'를 뜻하는 영어단어 데몰리션(Demolition)에 붙인 애칭인데, 그 의미가 절묘하게 어우러졌다. 2012년 FC서울의 우승 중심에 두 선수가 있었다. 데얀과 몰리나가 합작한 공격포인트가 무려 72개였다. 데얀이 31골 4도움, 몰리나가 18골 19도움을 기록했다.

데얀에 가려진 면이 있지만 몰리나의 활약상도 대단했다. 한 시즌 최다 도움과 최다 공격포인트를 경신했고, 최단기간(116경기)에 40골 40도움을 쌓은 선수가 됐다. 데몰리션 콤비는 서울이 한 해 동안 기록한 76골 중 49골을 책임졌다. 팀 득점의 약 65%에 해당하는 수치였다. 어시스트 기록까지 확대해서 보면 팀의 거의 모든 득점에 두 선수가 관여한 셈이다.

화려한 공격진을 자랑하던 팀은 과거에도 있었다. 스타들이 총집결한 2003년의 성남, 닥공 신화를 만들어낸 2009년의 전북이 그러했다. 하지만 공격수 두 명의 존재감이 K리그 전체를 압도한 것은 유례가 없었다. 기술과 슈팅, 프리킥에 골고루 능력을 보이는 몰리나와 골문 앞에서 탁월한 집중력을 유지하는 데얀의 호흡은 말 그대로 환상적이었다. 서울을 상대하는 팀의 감독들은 데몰리션 콤비에 대해 "알고도 막을 수 없는 선수들"이라며 혀를 내둘렀다.

두 선수가 그토록 좋은 호흡을 보일 수 있었던 비결은 역시 이타적인 플레이에 있었다. 서로의 움직임과 습관을 알고 있기에 보다 좋은 기회가 생기는 상대를 위해 헌신하는 일도 마다하지 않았다. 활발한 스위칭 플레이, 공간을 만들어주고 패스를 주고받는 움직임은 그렇게 완성됐다. 몰리나는 "높은 수준의 선수들에게는 특별한 훈련이나 비법이 필요한 것이 아니다. 그저 자연스럽게 콤비가 되어갈 뿐"이라는 말로 둘의 호흡을 설명했다. 데얀 역시 "나도, 몰리나도 서로 패스를 주고받을 때 상대가 어떻게 리액션할지 예상한다"라며 동의했다.

데몰리션의 진가는 수비 가담에서도 드러나는데, 최용수 감독은 이 부분을 공격포인트를 쌓는 것만큼이나 중요하게 생각했다. 두 선수가 전방에서부터 적극적으로 압박에 참여해준 덕에 수비수들이 상대 공격에 맞서 전열을 정비할 시간을 벌 수 있었다. 데몰리션 콤비는 외국인 공격수들이 이기적이고 게으르다는 편견을 모두 깨준 선수들이었다.

데몰리션 콤비가 보여준 팀 정신은 2012시즌 서울의 우승을 설명하는 키워드다. 데얀과 몰리나의 파괴력도 대단했지만, 8월 중순 이후 줄곧 선두를 유지하도록 만든 동력은 선수단 전체가 공유하고 있는 희생정신에 있었다. 최용수 감독은 "팀보다 위대한 개인은 없다"는 말로 선수단을 하나로 묶었다. 특정 선수에게 의존하기보다 모든 선수들이 역할을 분담하고 책임의식을 갖도록 만들었다. 스타플레이어라도 팀 분위기를 해치면 가차없이 다그쳤다.

시즌 초 태업 논란을 일으킨 데얀에게 일침을 가한 것이 대표적인 예. 데얀이 거액의 이적이 무산된 뒤 경기장에서 흔들리는 모습을 보이자 출전 20분 만에 벤치로 불러들였다. "팀과 동료에 대한 신뢰를 저버렸다"는 이유에서다. 자칫 팀 분위기가 와해될 수도 있는 상황이었지만 데얀은 곧바로 감독의 뜻을 이해하고 마음을 돌렸다. 더 놀라운 것은 선수들의 반응이었다. 약속이나 한 듯 데얀에게 전화를 걸고 문자를 보내 위로하고 격려했다. 데얀도 일주일 뒤 출전한 경기에서 골을 터뜨리며 신뢰를 회복했다.

데얀의 신화는 끝나지 않고 더 오래 이어졌다. 2012년 한 시즌 최다골로 역사를 쓸 당시 이미 2년 연속 득점왕(2011, 2012)이었던 그는 2013년에도 19골로 득점 선두에 올랐다. 현재까지 3년 연속 득점왕을 차지한 선수는 데얀이 유일하다. K리그사에 대기록과 함께 영원히 이름을 남기게 된 데얀이 생각하는 '레전드'란 어떤 존재일까.

"팬들에게 좋은 선수이자 좋은 사람으로 기억되면 좋겠다. 라데나 샤샤, 싸빅처럼 한국에 와서 새로운 역사를 만든 선수들과 함께 거론되는 이름에 데얀이 있었으면 좋겠다. 내가 처음 한국에 왔을 때 모든 면에서 샤샤가 롤모델이자 기준점이었듯이, 후에 누군가 '데얀이 나의 성공 모델이었다'라고 말해 준다면 더할 수 없는 영광일 것이다."

K LEAGUE LEGEND 40

황선홍

2013

황새 다시 날다

2013년 6월 경기도 가평이었다. 포항스틸러스의 전지훈련장에서 만난 황선홍은 유쾌하게 말했다. '지금 마음속에서는 우승컵이 왔다 갔다 한다'는 얘기였다. 자기 과신은 아니었다. "마음을 비우려고 노력하고 있다. 올 초 다짐했다. 어떤 상황에서도 흔들리지 않겠다는 것과 욕심을 다스리겠다고. 팀이 어려운 상황일 때 흔들리지 않고 선수들의 방패막이가 되기로 했다. 좋은 일, 예컨대 지금처럼 우승 가능성에 대한 기대감이나 찬사가 늘어날 때는 마음을 다스려야 한다. 결국 나 자신과의 싸움이다."

6개월 뒤 황선홍은 가장 극적인 방식으로 그 싸움에서 승리했다. K리그1 마지막 승부에서 1위 팀 울산을 끌어내리고 포항의 역전 우승을 이끌었다. 앞서 FA컵 우승으로 트로피를 챙겼던 그는 K리그클래식(1부리그)에서도 정상에 오르며 '더블(FA컵-리그 우승)' 달성에 성공했다. 감독 6년차, 포항 부임 3년 만에 일궈낸 성과였다. 선수 시절 자신의 별명인 '황새'처럼 비상했던 그는 지도자가 되어 한층 우아한 나래짓으로 다시 한 번 날아올랐다.

》》 황선대원군의 쇄국축구, 생존의 시대에 거둔 성공

2013시즌 K리그클래식 우승 레이스는 울산과 포항의 양강 구도로 압축되고 있었다. 2013년 14개 팀이 참가한 K리그클래식은 40라운드까지 이어지는 일정이었다. 시즌 내내 선두를 달리던 팀은 포항이었다. 그러나 10월 들어 위기를 맞았다. 31라운드에서 울산에 선두 자리를 내주고 2위로 미끄러졌다. 33라운드를 기점으로 선두 울산과의 승점차는 5점으로 벌어졌다. 38라운드까지 유지되던 이 거리는 39라운드에야 2점차로 다시 좁혀졌다. 포항이 서울에 승리한 반면 울산은 부산에 일격을 맞았다.

공교롭게도 40라운드 최종전은 울산과 포항이 맞붙는 일정이었다. 긴장감이 고조됐다. 두 팀은 12월 1일 우승 타이틀을 두고 울산 문수월드컵경기장에서 정면 대결했다. 울산은 비기기만 해도 우승컵을 손에 넣을 수 있었다. 모험보다 안정이 우선이었다. 그물망 수비와 선 굵은 공격의 '철퇴' 기조를 유지했다. 포항은 결정적 한 방을 노렸다. 그 시즌 강력한 힘을 발휘한 패스 플레이와 제로톱 전술 대신 울산처럼 직선적인 방식으로 대응했다. 작은 틈도 허용하지 않는 일진일퇴 공방이었다. 양 팀 통틀어 9장의 경고가 쏟아졌다. 90분이 넘도록 0-0 균형이 이어졌다. 이대로라면 울산의 우승으로 막을 내릴 분위기였다. 문수에는 승리를 확신하는 홈팬들의 기대가 스멀스멀 피어났다.

그러나 추가 시간이 적용된 후반 50분, 우승컵의 주인공이 바뀌었다. 미드필드 정중앙에서 프리킥 기회를 얻은 포항이 기어이 골을 만들었다. 볼은 양팀 선수들이 밀집한 박스 안으로 떨어졌다. 포항의 공세와 울산의 방어를 오가는 다섯 번의 터치를 거쳐 김원일의 슈팅으로 마무리됐다. 테크니컬 지역을 초조히 오가던 황선홍 감독은 경기 종료 휘슬이 울리자마자 그라운드로 달려갔다. 선수 시절처럼 포효했다. 황선홍이 선수 시절에 이어 감독으로도 한 팀에서 절정에 오르는 순간이었다.

2013년 포항의 더블을 이끈 황선홍의 리더십에는 몇 가지 특이점이 있었다. 풍요의 시대를 뒤로하고 생존의 시대로 진입한 배경 때문이다. 2010년대 들어 포항은 모기업 포스코로부터 과거와 같은 지원을 기대하기 어려운 팀이 됐다. 포스코는 외국인 투자자들의 요구로 축구단 재정지원액수를 매년 줄여갔다. 여기에 비상 경영까지 선언하면서 자금줄을 더 옥죄는 상황이었다. 포항은 한정된 예산으로 팀의 경쟁력을 유지해야 했다.

자의반, 타의반으로 외국인 선수를 선발하지 않고 팀을 운영하는 이른바 '쇄국축구'가 등장한 배경이다. 대신 팀의 유스 출신 선수들을 적극적으로 경기에 투입했다. 이명주, 신진호, 김대호, 김승대 등이 이 시기에 빛난 유망주들이다. 어린 선수들은 포항이 고비를 맞을 때마다 훌륭한 대체 자원이 됐다. 경기를 거듭할수록 가치가 오르는 스타가 됐다. 2012년부터 전술적으로 궤도에 오른 주력 멤버들도 잔류시켜 조직력을 유지했다. 외국인 없이도 성공한 황선홍 감독에게 '황선대원군'이라는 별명이 붙었다.

전술적으로도 주목할 만한 완성도를 보였다. 당시 포항 축구를 상징하는 전술은 스틸타카와 제로톱이었다. 스틸타카는 패싱게임으로 운영하는 방식이 바르셀로나의 티키타카를 연상케 한다는 의미에서 만들어진 말이었다. 좁은 공간을 벗어나고 새로운 공간을 찾아 움직이는 포항

의 패스는 항상 공격 지향이었다. 템포도 빨랐다. 볼을 운반하는 미드필더들의 역할이 중요했다. 포항 미드필드진의 기술과 수행 능력은 리그 최고 수준이었다. 타깃맨 유형의 최전방 스트라이커 없이도 득점이 원활히 가능한 정도였다. 제로톱이 등장한 배경이다.

정작 제로톱은 황선홍 감독의 궁여지책이었다. 상대적으로 부진한 공격수들을 각성시키려는 차원이었다. 효력은 기대 이상이었다. 미드필더들이 돌아가며 득점포를 터뜨리자 이에 자극받은 공격수들도 제 기량을 회복했다. 결과적으로 패스 플레이와 전방의 포스트 플레이를 모두 활용할 수 카드를 쥔 셈이었다. 2012년 FA컵 우승, 2013년 더블 달성 과정에서 이런 전술적 변주로 재미를 봤다.

감독 황선홍은 2011년부터 2015년까지 다섯 시즌을 포항에서 보냈다. 이 기간 동안 팀은 세 개의 트로피(FA컵 2회, 정규리그 1회)를 들어올렸다. 순위표에서 4위 아래로 떨어진 적이 없었다. 그러나 감독으로 성공을 거두기 이전, 우리 모두가 알다시피 황선홍은 한국 최고의 공격수였으며, 이미 프로축구사에 엄청난 대기록을 남긴 선수이기도 했다.

》》 깨지지 않는 대기록, 8경기 연속 득점

1995년 10월 4일 동대문운동장. 하이트배 코리안리그 후반기 포항과 일화의 경기에서 프로축구 출범 13년 만에 전인미답의 고지를 밟는 기록이 작성됐다. 포항의 공격수 황선홍이 전반 21분 김기남의 크로스를 오른발로 살짝 밀어 넣으며 8경기 연속골에 성공했다. 종전 기록은 84년 조영증(당시 LG)이 첫 발을 내딛고 94년 윤상철(LG)이 타이를 이룬 6골이었다.

당시 황선홍의 연속골 행진은 전 구단(7개 팀)을 상대로 이뤄졌기에 더 값지고 놀라웠다. 8월 19일 현대전을 시작으로 전남, 유공, 전북을 상대로 골 기록을 쌓은 그는 9월 6일 대우전에서 해트트릭을 터트렸다. 이후 LG전에서 최다 연속골 타이기록을 세웠고 일화(9월 27일)전에서 7경기 연속골을 기록하며 새로운 고지를 밟았다. 그리고 일주일 만에 가진 일화와의 리턴매치에서 한 골을 보태며 연속골 기록을 8경기로 늘렸다. 한 시즌 동안 모든 팀을 상대로 연속골을 넣는 것은 예나 지금이나 거의 어렵다고 봐야 한다. 과거에는 맨투맨을 기본으로 하는 백스리에 스위퍼 시스템이 주를 이뤘고, 지금은 K리그 참가 팀 수 자체가 많이 늘었기 때문이다.

8경기 동안 10골을 몰아넣었지만 페널티킥은 단 1골에 불과했다. 나머지 9골은 양발과 머리로 만들었다. 골을 합작한 파트너와 득점 위치가 모두 달랐다는 점에서 그 순도와 완성도를 확인할 수 있다. 후반기에만 10골을 몰아친 기세는 단숨에 득점 경쟁 판도를 바꿔놓을 정도였다. 전남의 무서운 신인 노상래가 독주하던 레이스에 뛰어들며 공동 선두에 오르기도 했다. 8경기 연속골 기록은 2023년 현재까지도 깨지지 않고 있다. 2000년 전북에서 뛰던 김도훈이 최다 연속골 타이를 이루긴 했지만 신기록 작성에는 실패했다.

황선홍은 1995년을 "터닝포인트가 된 해"라고 회고했다. 전년도에 지독히 불운했기 때문이다. 1994 미국 월드컵에서의 활약이 기대에 미치지 못해 국민적 지탄을 받았다. 월드컵에서 돌아온 후에는 허벅지 부상으로 시즌을 접다시피했다. 1995년 전반기에도 기대만큼 골이 나지 않았고 슬럼프를 겪었다. 그러나 여름이 되면서 슬슬 풀리기 시작했다. 스스로 "축구선수로 눈을 뜬 시기였다"라고 고백했다. 월드컵에서의 좌절감을 극복하고 자신감이 붙었다. 골도 터지기 시작했다.

물 오른 감각은 이듬해 만개했다. 1996년 K리그에서 18경기에 출전해 13골 5도움을 기록했다. 공격포인트로는 1995년(11골 6도움)보다 더 좋은 기록이다. 황선홍이 K리그에서 가장 좋은 활약을 보였던 시즌이었다. 황선홍은 1996 애틀랜타 올림픽에 와일드카드로 선발돼 K리그 전반기에 참가하지 못했다. 대표팀 차출만 아니었다면 1995년 후반기부터 이어진 좋은 흐름이 더 좋은 기록으로 유지될 가능성이 높았던 셈이다.

》》 중단될 뻔한 기록… 그리고 후일담

황선홍의 축구 인생에 전기를 마련한 8경기 연속골 기록은 사실 한 차례 중단될 뻔한 위기가 있었다. 고비는 9월 16일 LG전이었다. 후반 35분이 지날 때까지 포항이 2-1로 뒤진 상황이었지만 황선홍의 득점포는 침묵했다. 당시 포항의 사령탑이었던 허정무 감독은 경기 종료 10분여를 남겨두고 황선홍을 교체하기로 마음먹었다. 대기 선수였던 전경준이 투입될 준비를 마치고 주심의 사인을 기다리고 있었다.

그때였다. 황선홍이 구상범의 크로스를 오른발 슈팅으로 연결하며 팀 승리에 쐐기를 박는 골을 성공시켰다. 자칫 연속골 행진이 6경기에서 멈출 뻔했던 황선홍은 가슴을 쓸어내렸고, 경기 중 몇 번이나 교체 카드를 만지작거렸던 허정무 감독도 흐뭇한 미소를 지었다. 황선홍은 "6경기 연속골을 넣은 후 새 기록을 세울 수 있겠다는 확신이 생겼다"고 회고했다.

징크스도 생겼다. 8경기 연속골을 넣는 동안 같은 축구화를 신었다. 한두 경기 착용한 축구화는 늘어난 가죽 때문에 새로 바꿔 신는 게 일반적이었지만, 당시 골 감각이 너무 좋아 쉽게 포기할 수 없었다는 후일담이다. "나중에는 축구화 앞 코에 구멍이 날 정도였다. 그래도 계속 골이 들어가니까 검은 테이프로 붙이고 구두약으로 닦기도 했다." 언뜻 들으면 웃음이 나는 징크스 정도겠지만, 따지고 보면 마음가짐의 문제였다. "일종의 의식이었다. 경기 전날 구두약으로 닦으면서 내 마음을 다스렸다. 반드시 골을 넣겠다는, 결연한 의지를 다지는 표현이었다."

간절함은 선수 시절 황선홍의 동력이었다. 간절했던 그 마음이 하늘에 닿아 2002년 월드컵에서 해피엔딩을 만들었다. 이후 지도자로 변신해 2013년 포항 감독으로 맛본 역전 우승도 그 특유의 간절함이 빚어낸 기적이 아니었을까?

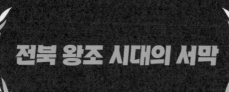

K LEAGUE LEGEND 40

최강희

2014

전북 왕조 시대의 서막

2010년대 K리그에서 트로피를 가장 많이 들어 올린 팀은 어디일까? 물론 이 책을 읽는 독자라면 대번에 답을 떠올릴 수 있을 것이다. 바로 전북현대다. 자그마치 여섯 차례(2011 · 2014 · 2015 · 2017 · 2018 · 2019) 리그 우승 타이틀을 챙겼다. 타이틀을 놓친 시즌이라고 해서 기복이 심한 것은 아니었다. 두 번 준우승(2012 · 2016)하고, 두 번 3위(2010 · 2013)에 올랐다. 2010년대를 꽉 채워 늘 우승 싸움을 하는 팀이었다는 사실이 놀랍다. 물론 2009년 우승과 2020년대에 추가한 2개의 트로피까지 연속성을 본다면 그 위력은 더 커진다. 프로축구는 물론이고 프로 스포츠를 통틀어도 전북처럼 한 시절을 압도한 팀은 흔치 않다.

전북이 K리그를 지배하는 왕조가 되기까지 수많은 인물들이 역사를 직조하는 주인공으로 등장했다. 그러나 전북에 수많은 '처음'을 안겨준 이를 단 한 명만 꼽으라면, 결국엔 최강희라는 이름 하나가 남는다. 2005년 봉동 허허벌판에 최강희의 열정이 찾아왔다. 당시 "선수들과 함께 지낼 수 있는 컨테이너만 들여 줘도 좋겠다"며 구단에 떼를 쓰던 그는 2014년 클럽하우스에서 아침을 맞으며 만면에 미소를 띠고 있었다. 창단 20주년을 맞아 모기업 현대자동차로부터 세계적인 클럽들이 부럽지 않은 클럽하우스를 선물 받은 해였다. 최강희 감독과 선수들은 팀에 세 번째 리그 우승컵을 안기는 것으로 보답했다. 최강희 감독은 율소리 클럽하우스에서 훈련장을 바라보며 "꿈같은 일이 현실로 이뤄졌다"고 했다. 비현실적인 일은 그 뿐만이 아니었다. 그해 전북은 '닥공'이 아니라 수비로 우승했다. 전북의 찬란한 우승 역사에서 그들이 공격보다 수비에 더 신경을 쓴 건 그 시즌이 유일했다.

》》 '닥공' 창시자는 왜 수비로 돌아갔나

'닥공(닥치고 공격)'은 2009년 시즌 개막을 앞두고 최강희 감독이 내건 전북의 기조다. 공격 지향의 전술과 빠른 템포를 유지하는 과감한 운영이 요체였다. 이동국을 정점으로 루이스, 에닝요로 이어지는 삼각편대가 공격을 주도했다. 그때부터 전북은 공격 축구의 첨병이 되었다. 그리고 첫 번째 리그 우승컵을 들어 올렸다. 2011년은 닥공의 전성기였다. 한 골을 내주면 두 골을 넣었다. 경기당 평균 2.22골을 뽑아내는 막강한 화력으로 두 번째 정규리그 우승컵을 품에 안았다.

그런데 공격이 곧 '축구 정의의 실현'이라는 공식으로 완성되는 것은 아니었다. 작용에는 반작용이 따랐다. 전북이 공격 일변도로 나서자 상대의 자세가 바뀌었다. 전북을 만나는 거의 모든 팀이 수비 태세였다. 상대 선수들이 모두 골문 앞으로 내려서 똬리를 틀면 답이 없었다. 상대 골문만 줄기차게 두드리다 역습을 맞고 승점을 내주기도 했다. 골을 더 넣으려고 앞으로 나가다가 뒷공간을 노출했다. 닥공이라는 주술에 걸려 균형이 깨진 모양새였다. 최강희 감독은 "경기 막판에 실점하는 상황이 생기니까 선수들을 자꾸 다그치게 됐다. 색깔을 수정할 필요가 있었다"라고 회고했다.

2014년, 전북은 더 이상 공격만 하는 팀이 아니었다. 프리시즌부터 수비 조직을 다듬었다. 예나 지금이나 전북의 수비력은 중원과 수비라인이 한 덩어리로 교감하는 데서 힘을 발휘한다. 중원이 단단하면 수비진에서 급해지는 상황이 줄어든다. 2009년에는 김상식과 하대성이 강력한 수비력으로 중원을 장악했고, 2014년에는 김남일과 신형민이 짠물 수비에 힘을 보탰다. 이들의 뒤를 투쟁심 높은 수비수들이 지켰다. 이후 정혁, 손준호 등 리그 최상위권 수비형 미드필더들이 차례로 전북의 사령관이 되었다. 전북이 압도적인 강세를 보인 해에는 어김없이 중원과 수비라인의 합이 잘 맞았다.

한편 수비진이 주도하는 전진 압박뿐만 아니라 공격과 미드필드에 자리한 선수들도 수비에 가담했다. 핵심은 속도였다. 모든 포지션의 선수들이 유기적으로, 쉴 새 없이 압박을 가했다. 한교원, 이승기, 레오나르도 등 공격수들의 전방 압박은 그 자체로 상대에 부담이었다. 그 결과 2014년 전북은 최소실점을 자랑하는 팀이 됐다. 38경기에서 22실점만 허용했다. 경기당 평균 실점 기록은 0.57로, 두 경기에 겨우 한 골을 내주는 셈이었다. 그해 최다 실점 팀이었던 꼴찌 상주의 기록(62실점)과 비교하면 그 격차를 실감할 수 있다. 최강희 감독은 "수비를 강조한 건 결과를 중시했기 때문이다. 잠그겠다는 게 아니라 효율적인 축구를 하겠다는 의미였다"라고 말했다.

》》두 차례 변곡점과 왕조 시대의 개막

2014년에야 K리그를 비롯해 5개의 타이틀을 수집했지만, 최강희 감독은 진작부터 '강희대제'로 상찬된 지도자였다. 2005시즌 도중 전북에 부임해 그해 말 FA컵 우승을 지휘했다. 부임 1년도 채 되지 않은 2006년에는 팀을 AFC 챔피언스리그 정상으로 이끌었다. 조별리그부터 결승까지 이어진 토너먼트에서 매 라운드 역전 드라마를 써 나갔다. 라운드마다 2차전에서 역전하는 승부를 반복했다. 특히 다롄스더(조별리그), 상하이선화(8강전) 등 중국 팀들을 차례로 꺾자 중국 언론에서 먼저 경의를 표했다. 청나라 시절 황제 강희제와 한자 이름이 같은 그에게 강희대제(康

熙大帝)라는 별명을 붙였다. 최강희 감독이 크게 도약한 첫 번째 시기였다.

이 과정에서 두드러진 리더십은 전술가로서의 면모다. 최강희 감독은 우선 홈앤드어웨이로 치러지는 두 차례 경기를 180분짜리 경기로 상정하고 시나리오를 짰다. 2차전에서 총력을 쏟을 수 있는 라인업과 전술을 준비했다. 시리아 클럽 알 카라마를 만난 결승에서는 또 달랐다. 텃세가 심하기로 악명 높은 원정에서 2차전을 갖는 만큼, 원정에서 2실점 정도는 내줄 수도 있다는 최악의 상황을 가정했다. 홈에서 열리는 1차전에서 3골 차 이상 승리해야 안심할 수 있다는 계산이 나왔다. 기대에는 좀 모자랐지만 2-0으로 먼저 승리를 챙겼다. 2차전에서는 예상대로 2실점을 허용했지만 교체 출전한 제 칼로가 골을 넣었다. 합계 스코어 3-2, 전북의 승리였다.

선택과 집중의 전략도 주효했다. 챔피언스리그 4강전 이후 일정은 K리그와 병행하기에 여러모로 부담스러웠다. 당시 전북의 K리그 순위는 중하위권으로 처진 상태였다. 최강희 감독은 챔피언스리그에 힘을 쏟는 쪽을 택했다. 챔피언스리그에 베스트 멤버를 세우고 K리그에는 2진급 선수를 내보냈다. 결승전을 앞두고 현지 적응을 위해 주전들을 모두 출국시키느라 K리그 엔트리를 다 채우지 못하는 일도 벌어졌다. 지금은 이런 선택적 집중 전략이 기본과 상식으로 여겨지지만, 당시에는 파격에 가까울 정도로 획기적이었다. 신예 김형범과 염기훈의 날카로운 킥을 활용한 세트피스도 주효했다. 두 선수는 대회를 치르며 일약 스타덤에 올랐다. 전북의 성공 사례는 이후 아시아 무대에 도전하는 K리그 클럽들에게 교본처럼 인식된 여정이었다.

두 번째 변곡점은 2009년이었다. 2006년의 대성공으로 자신감을 얻은 최강희 감독은 이듬해부터 전북을 국내 최강팀으로 만들기 위한 작업에 들어갔다. 빠르고 정교한 공격 축구로 팀을 다듬었다. 측면을 활용한 전개와 크로스, 문전에서의 마무리로 파괴력을 높이는 공격이었다. 리그 최상위권 공격수들이 차례로 합류했다. 스테보와 최태욱(2007), 조재진과 루이스(2008), 이동국과 에닝요(2009)가 전북 유니폼을 입었다.

이동국, 에닝요, 루이스, 최태욱이 모인 2009년부터는 이른바 '판타스틱 4'가 K리그를 휩쓸었다. 2009년 팀이 기록한 득점(70골) 중 무려 40골이 네 선수의 발끝에서 나왔다. 화끈한 공격과 탄탄한 조직력으로 K리그를 평정한 전북은 그해 정규리그에서 우승을 차지했다. 최강희 감독은 임기 내에 FA컵과 챔피언스리그, 정규리그를 모두 잡으며 전북을 명문팀 대열에 합류시켰다. 이후 전북의 행보는 우리가 알고 있는 대로다. 2010년대 내내 우승 싸움을 벌이며 왕조 시대를 열었다. 한 사람의 열정이 마침내 리그 판도를 영원히 바꿔 놓았다.

》》 지장도 덕장도 아닌, 다만 이장

세계적인 명장 알렉스 퍼거슨은 선수 관리에 탁월한 지도자였다. 무려 26년에 이르는 맨체스터유나이티드 재임 기간 동안 선수 영입부터 육성, 소통, 기용 등에 이르기까지 전방위 관리 능력을 보였다. 무엇보다 스타들이 즐비한 팀을 하나의 목표의식으로 묶어내는 동기 부여에 능했다. 최강희 감독이 따른 길이기도 하다. 최강희 감독은 이렇게 말했다.

"스포츠팀은 얼핏 보면 계약관계로 이뤄진 이들의 모임이다. 감독도 계약자, 선수들도 계약자다. 자신이 할 일만 제대로 하면 되는 구조다. 재

있는 건 성적을 내기 위해서는 그 계약관계를 뛰어넘어야 한다는 사실이다. 가족 같은 관계가 되어야 한다. 그 바탕은 신뢰다."

신뢰 관계를 다지는 방식은 선수에 따라 다르다. 이동국의 경우 2009년 전북 이적 후 일주일에 두 번씩 감독과 개인 면담을 했다. 당시 그는 잉글랜드 적응 실패와 성남 이적 후 부진 등으로 위축된 상태였다. 최강희 감독은 "골이 없어도 무조건 선발로 뛰게 할 테니 네 역할에 집중하라"는 말로 그를 격려했다. 이후 이동국은 새로운 전성기를 썼다. 김상식이나 김남일처럼 나이에 대한 편견 혹은 슬럼프로 방황하는 선수들에게도 믿음을 줬다.

선수의 강점을 살리는 포지션 변경도 그 연장선상이다. 이전 팀에서 윙백으로 뛰던 최태욱은 전북에서 윙어로 전진해 '판타스틱 4'의 일원이 됐고, 공격수 심우연은 수비수로 변신해 경쟁력을 회복했다. 감독의 관심은 유망한 선수들에게도 일정한 편이었다. 큰 꿈을 꿀 수 있도록 그릇의 크기를 키워줬다. 당장 돈에 현혹되지 않고 본질에 집중할 수 있도록 꾸준히 메시지를 전했다.

이런 교감 능력은 수원 코치 시절부터 키운 것이다. 코치 시절 그는 선수들과 눈높이를 맞추기 위해 전략 시뮬레이션 게임인 스타크래프트도 했다. 밤마다 숙소를 빠져나가 PC방에서 게임을 하는 선수들을 잡으러 다니는 게 일과였던 때다. 당시 그는 도대체 얼마나 재밌길래 아이들이 저토록 빠졌나 싶어 직접 게임을 했다고 한다. 그러다 자신도 밤을 새는 지경에 이르자 중독성을 깨달았다. 장시간 게임에 몰두하면 다음날 컨디션 저하는 물론 어깨나 허리, 허벅지 근육 등이 뭉치고 부상의 위험이 커진다는 사실을 확인했다. 그래서 최강희 감독이 선수들에게 게임 금지령을 내리는 것은 설득력이 있다. 단순히 '하지 말라'는 것에 그치는 것이 아니라 왜 위험한 것인지 설명해줄 수 있기 때문이다.

사회 전반에도 관심이 많았다. 정치, 경제, 사회, 심지어 연예 분야까지 어떤 주제를 다뤄도 깊은 식견을 보였다. 팬들과의 소통에도 적극적이었다. 한때는 싸이월드 미니홈피와 팬클럽을 통해 팬들과 직접 교류하기도 했다. 인터넷 용어, 신조어, 유행어, 유행가를 대부분 꿰고 있던 감독이다.

특유의 해학과 통찰로 수많은 어록을 남긴 지도자이기도 했다. 율소리 클럽하우스를 두고서는 "광화문 한복판에 있어야 할 건물이 배추밭에 들어앉은 셈"이라고 우스개를 부리면서도 "단순히 우리 시대의 행복으로 끝나는 게 아니다. 앞으로 전북에 입단하는 축구인 후배들이 다 이용할 수 있는 선진 인프라가 마련됐다. 더 이상 바랄 게 없다"며 벅찬 소감을 털어놓았다. 클럽하우스 개관과 트로피 수집을 기점으로 전북은 그라운드 안팎에서 문화를 만들어가는 팀이 됐다. 경기가 있는 날이면 전주

시내에 전북 유니폼을 입고 다니는 사람들이 많아졌다. 관중석은 온통 녹색으로 물들었다. 전주와 전북을 넘어 전국구 인기 구단이 됐다.

최강희 감독은 여러 유형의 리더십을 고루 갖춘 특별한 캐릭터였다. 상대에 따라 정공법과 변칙술을 두루 활용하는 전략 전술을 보면 지장과 용장의 모습이 섞였고, 선수 관리에 탁월한 능력과 인망을 보면 덕장의 면모도 풍겼다. 스스로는 어떤 부류로 평가하고 있었을까?

"글쎄……. 나는 이장 아닌가? 이곳에서 선수들을 '전북화' 시키고 있으니. 나는 봉동이장으로 불리는 게 가장 좋다."

확실한 건 2014년의 그가 행복했다는 사실이다.

"지금까지 꿈꿔왔던 것들이 다 이뤄진 걸 보면 행복한 게 맞다. 어떤 책에 보니까 인간의 삶에 행복한 순간은 아주 잠깐이고 나머지는 고통과 고난의 연속이란다. 그런데 그 작은 행복이 다른 고통의 순간을 다 잊게 해준다고 한다. 우리 삶과 똑같다. 승리하거나 우승하는 순간은 아주 잠깐인데, 그 순간을 위해 일 년 내내 힘들게 훈련하고 준비하는 거다. 그런데 또 이렇게 우승하면 힘들었던 순간을 다 잊는다. 그 맛에 이 일을 계속하는 거지, 뭐."

K LEAGUE LEGEND 40

정대세

2015

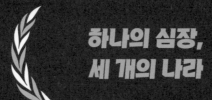

하나의 심장,
세 개의 나라

2010년 6월 15일 남아프리카공화국 요하네스버그 엘리스파크 스타디움. 2010 월드컵 G조 첫 경기에 나설 브라질과 북한의 선수들이 그라운드에 도열했다. 44년 만에 월드컵 무대를 밟은 북한 대표팀의 행보는 흘러간 시간만큼이나 두꺼운 베일에 싸여 있었다. 그들의 상대인 브라질은 세계 최강으로 손꼽히는 우승후보였다. 그러나 선수 면면만으로도 화려한 브라질이 사람들의 시선을 오래 붙들어 두지 못했다. 북한 국가가 울려 퍼지는 순간, 앙다문 입술 위로 하염없이 눈물을 쏟아낸 정대세 때문이었다. 정대세의 눈물은 전 세계 축구팬들의 머릿속에 의문부호를 남겼다. 도대체 무슨 사연이기에?

2년 6개월 뒤, 정대세는 새해 벽두를 깨우는 이적 소식으로 K리그를 노크했다. 독일 FC쾰른을 떠나 수원삼성과 입단 계약을 맺고 푸른 유니폼으로 갈아입는다는 소식이었다. 월드컵에서 활약한 북한 축구대표 출신 공격수의 수원행은 축구계 대형 이적 뉴스였다. 동시에 정치, 사회 등

축구 울타리 너머까지 관심을 확장시키는 이슈였다. 일본에서 태어났지만 한국 국적(일본 국적법상)으로 자랐고, J리그와 K리그에서 활약하는 동시에 북한의 인공기를 가슴에 달았던 복잡한 배경의 사나이. 그러나 정치나 이념으로 그를 이해하려는 시도는 번번이 실패한다. 정대세는 그저 축구공 하나로 지도 위에 그어진 국가의 경계선을 넘나들 뿐이다.

2015년 수원 클럽하우스에서 만난 정대세는 이렇게 고백했다.

"축구 하면서 지금이 가장 재미있는 시기다."

그의 나이 서른둘. 축구인생에 새로운 지평을 연 해였다.

》》나카무라 켄고의 한 마디, "네가 드디어 깨달았구나"

2015년에도 K리그의 질서는 전북이 주도했다. 전년도에 수비와 공격의 균형을 유지하며 왕좌를 탈환하더니 새 시즌을 앞두고 에두와 에닝요 등을 영입하며 창끝을 더 날카롭게 다듬었다. 예상대로 초반부터 선두로 치고 나갔다.

전북의 독주를 견제한 팀은 수원이었다. 2013년 수원 사령탑이 된 서정원 감독은 부임 3년차에 팀을 우승후보로 다시 올려놓았다. 당시 팀에 만연한 '수원병(고액 연봉에 따른 스타의식)'을 깨고 조직력을 다진 결과였다. 2014년 준우승에 이어, 2015년에는 감독과 선수 모두 우승을 목표로 내걸 정도로 자신감을 회복한 상태였다.

모기업으로부터 지원받는 예산이 줄어들었지만 아직은 힘이 있었다. 염기훈, 정성룡 같은 스타플레이어가 건재했다. 권창훈을 비롯해 민상기, 연제민, 구자룡 등 유스 출신 선수들이 일취월장 성장세를 보이며 팬들을 기쁘게 한 시기였다. 2014년 K리그 득점왕에 오른 산토스도 변함없이 득점 활약을 이어가는 중이었다. 여기에 결정적으로 힘을 실어 준 선수가 정대세였다.

정대세는 지난 2년과 확 달라진 모습으로 그라운드를 누비고 있었다. 득점에 집중하는 본연의 역할 뿐 아니라 동료의 골을 돕는 이타적인 플레이로도 팀에 기여하는 중이었다. '인민루니'라는 별명에서 알 수 있듯 정대세는 신체적인 능력에서 강점을 보이는 스트라이커였다. 적극적인 몸싸움, 폭발적인 스피드, 파워 넘치는 슈팅 등이 장기였다.

동시에 그의 한계이기도 했다. 더 좋은 선택지를 두고도 독단적이고 탐욕적인 플레이를 고집해 팬들의 빈축을 사기도 했다. 그렇게 뛰고서도 득점 기록은 2013년 10골(23경기), 2014년 7골(28경기)이었다. 월드컵을 경험하고 분데스리가까지 거쳐 온 공격수에 대한 기대치에 비하면 평이한 기록이었다. 정대세 스스로 "이전까지는 개인스포츠를 하고 있었다"고 인정했다. "내가 잘 되면 좋고, 안 되면 싫었다. 팀이 이겨도 내가 만족스럽지 않으면 싫었다."

2015년의 정대세는 달랐다. "내가 드러나지 않아도 팀이 잘하고 결과가 좋으면 좋다"라고 말했다. 정대세의 변화가 극적으로 드러난 경기는 4월 18일 서울과의 슈퍼매치였다. 알다시피 슈퍼매치는 K리그 대표적인 라이벌전이다. 양 팀의 전력이나 흐름에 상관없이 단판 승부 같은 긴장감과 열기로 가득한 경기다. 정대세는 2골 2도움을 기록하며 팀의 5-1 대승을 이끌었다.

다섯 골이나 터뜨린 수원의 폭발력도 대단했지만, 자그마치 네 골에 관여한 정대세의 플레이도 놀라웠다. 동료에게 더 좋은 기회가 올 때면 힘을 뺐다. 자신에게 오는 패스를 가벼운 터치로 문전으로 보냈다. 그렇게 이상호와 염기훈의 골을 도왔다. 수원 입단 이래 최고라고 할 만큼 가벼운 몸놀림이었다. 정대세는 "서울전은 내 인생의 베스트 게임이었다"라고 고백했다.

정대세는 일본 대표 미드필더였던 전 동료 나카무라 켄고에게 서울전 하이라이트 영상을 공유했다. 자신이 가장 존경하는 선수이자 절친한 친구에게 칭찬을 듣고 싶었다. 나카무라는 이런 답을 보내왔다.

"네가 드디어 깨달았구나. 내가 항상 말했지? 네가 좋은 위치에 있는 선수한테 패스를 주면 더 큰 선수가 될 거라고."

그의 말대로 정대세는 새로운 지평을 연 상태였다. 이전까지 자신의 강점을 보여주는 데 집중했지만, 그럴수록 더 꼬였다. 자신감을 완전히 상실해 무기력에 시달리기도 했다. 우치다 아쓰토의 조언은 그 시절 정대세를 깨운 또 다른 메시지였다. 일본 대표 출신 수비수인 우치다는 "슈팅만 하는 공격수를 막는 게 가장 쉽다"라고 했다. 그 메시지에 정대세는 충격을 받았다고 했다.

"슈팅 때리는 것보다 패스 주는 게 훨씬 쉽다. 한국에서는 특히 어시스트 기록도 챙겨 주니까 동기부여가 된다. 사실 이전에도 동료의 위치나 움직임이 시야에 들어왔다. 그때는 내가 슈팅을 때리고 싶다는 욕심이 더 컸다. 지금은 패스를 주면 동료들이 골을 넣어줄 거라는 믿음이 생겼다고 할까. 염기훈 형은 슈팅보다는 크로스가 더 좋은 선수라고 생각했다. 그런데 내가 패스를 주기 시작하니까 골을 엄청 넣더라. 내가 축구 선수로 엄청 성장한 것 같다."

21경기 출전에 6골 5도움. 자신감을 회복하며 물오른 감각을 보여주던 정대세의 활약은 그러나 7월 12일로 중단됐다. 수원과 계약 만료 6개월을 앞두고 J리그 시미즈 S펄스로 이적하면서다. 시미즈는 수원에서 지급하는 연봉의 2배 이상을 보장했다. 축구 인생의 정점에서 서서히 다음 단계를 고민하던 정대세는 고액 연봉을 제시하는 팀의 제안을 거절하기 힘들었다. 수원 서포터스는 정대세의 마지막 홈경기가 된 8일 전남전에서 '언제나 응원할게 대세', '땡큐 14(정대세 등번호)'라고 적은 플래카드를 내걸어 그를 환송했다. 서정원 감독은 "올해 기량을 되찾은 주축 선수를 보내는데 좋아하는 감독은 없을 것"이라며 안타까워했다.

그해 수원은 전북보다 승점 6점이 모자라 준우승에 만족해야 했다. 역사에 가정은 의미 없다지만, 공격에 새롭게 눈뜬 정대세가 하반기까지 함께 했다면 수원은 승점 경쟁에 조금 더 힘을 얻고 우승까지 노려보지 않았을까?

》》K리그에서 활약한 자이니치 선수들

정대세 이전에도 북한 대표 출신으로 K리그에서 활약한 선수들은 있었다. 정대세에 앞서 수원 유니폼을 입었던 선수로 안영학도 있다. 이들을 소개하려면 자이니치라는 정체성에 대한 이해가 필요하다. 재일교포 3세로 일본과 한국을 오가며 활동하는 스포츠 칼럼니스트 신무광 씨는 저서 『우리가 보지 못했던 우리 선수』에서 자이니치를 이렇게 소개한다.

"자이니치(在日). 일제 강점기 때 일본에 끌려간 뒤 조국으로 돌아오지 못한 한민족과 그 후손들을 일본에서는 자이니치라고 부른다. 국적도 없이 국제 미아가 되어 '일본에 있을 뿐 일본에 속하지 않는다'는 냉대와 차별이 담긴 말이다."

자이니치는 한국인의 후손이자 조선적을 가진 '경계인'이기도 하다.

조선적은 국적이 아니다. 일본이 2차 세계대전에서 패전하고 1947년 외국인 등록령을 발효하면서 한반도 출신자들을 일괄 조선적으로 분류한 일종의 기호다. 1965년 한국과 일본의 국교 수립 이후 '한국' 국적이 따로 표기되기 시작했다. 한반도 출신 사람들은 '한국'으로 변경할지 '조선'을 유지할지 선택해야 했다. 신무광 씨는 "조선적을 유지한 이들 중에는 북한을 지지하는 이들도 있었지만, 조국의 분단을 긍정하고 싶지 않아 그대로 둔 경우도 많았다"고 설명한다.

시간이 흐르면서 이들의 후손은 한국과 북한, 일본의 경계를 오가는 이들이 되었다. 일본에서 태어났으나 아버지의 혈통에 따라 국적이 정해졌다. 조국의 분단으로 한국과 조선이라는 국적으로 나뉘지만, 실제로는 전쟁을 경험하거나 그 비극의 기억이 없는 세대이기도 하다. 일본의 문화를 습득하며 자랐지만 일본 사회에서는 차별의 대상이다. 일본에서 나고 자란 한국 국적의 정대세(아버지의 국적은 한국, 어머니의 국적은 조선적)가 북한대표가 되고, 북한대표로 활약한 량규사(할아버지 고향이 경남 하동)와 안영학(할아버지와 외할아버지의 고향이 전남 광양)이 K리거가 된 아이러니는 실상 경계가 없는 경계인의 삶이었기 때문이다.

이들은 자신을 규정한 울타리 밖에서 가능성을 시험하고 가치를 인정받고 싶어 했다. 그 야망과 욕심을 축구에 투영했다. 정대세와 안영학이 함께 대표팀 주축으로 활약하던 시기에는 북한이 월드컵 본선에 오르는 기적을 쓰기도 했다. 이쯤이면 정대세가 월드컵에서 쏟아낸 눈물의 의미를 이해할 수 있을 것이다.

여담이지만 안영학이 K리그에서 가장 감동했던 순간은 언제일까? 바로 사람들이 자신의 이름을 제대로 불러주었을 때이다. 일본에서 그는

'앙영하'라는 발음으로 불렸다. 한국에서는 경기장에서 그를 연호하거나 길에서 만나는 사람들 모두 음절마다 정확한 발음으로 그의 이름을 불러주었다. 그럴 때마다 그는 '내가 한국인이구나'를 실감했다고 한다. 안영학은 2008년 동아시안컵에서 수원의 언더셔츠 위에 북한 대표팀 유니폼을 입고 출전한 것으로 화제를 모으기도 했다. 당시 그를 포착한 사진기자의 사진을 보면 인공기를 단 북한의 흰색 유니폼 아래 수원의 엠블럼이 선명하게 비친다. 그 이질적인 조화가 묘한 감동을 전달했다. 안영학은 일본으로 돌아가 은퇴한 후에도 축구 월간지 「포포투」에 매달 칼럼을 기고하며 꾸준히 소식을 전해왔다. 그의 글에는 늘 한국에 대한 애정과 그리움, 고마움이 묻어났다.

2023년 현재 량규사와 안영학, 그리고 정대세의 뒤를 이어 네 번째 북한 대표 출신 선수가 K리그에서 활약 중이다. 바로 수원삼성의 안병준이다. 2019년 K리그2 수원FC 입단으로 한국 생활을 시작한 그는 특별한 적응기간 없이 '득점머신'으로 존재감을 뽐냈다. 2020년, 2021년 연달아 K리그2 득점왕에 오르기도 했다. 2022년 7월 수원삼성으로 이적해 명가 재건에 힘을 보태고 있다.

이들에게 조국을 물으면 "나의 조국은 재일"이라는 답이 돌아온다. 한국도, 북한도, 일본도 아닌 재일. 오직 스스로의 실존으로만 증명하는, 지도에도 없는 나라다. 이들에게 K리그는 그 경계를 확장하는 소중한 무대로 존재한다.

K LEAGUE LEGEND 40

정조국

2016

ONE FOR ALL,
ALL FOR ONE

2015년 12월, 정조국은 미국에 머물고 있었다. 모처럼 가족과 함께 찾은 여행지였다. 고단한 시즌을 뒤로하고 휴식을 취하며 몸과 마음을 회복했다. 그렇다고 고민이 아주 사라진 것은 아니었다. 정조국은 스스로에게 계속 되물었다.

'다음 시즌에도 FC서울에 남을 것인가?'

아직은 답을 내리지 못한 상태였다. 머릿속에 자신의 축구 인생을 펼쳐 놓고 좌표를 읽어 나갔다. 서울은 그가 사랑한 팀이었다. 2003년 입단해 프랑스 시절과 경찰청 복무 시절을 제외하면 줄곧 서울에서만 뛰었다. '원클럽맨'으로 산 시간만 10년이 넘었다. 대신고를 졸업하고 입단한 시기부터 서른이 넘은 나이까지 자신을 응원해 준 팬들은 가족 같은 존재였다.

하지만 2015년은 그에게 험난한 시기였다. 좀처럼 출전 기회를 잡지 못했다. 아드리아노, 박주영에 밀려 선발 명단에 들지 못하는 시간이 많아졌다. 조커로 기용된 윤주태보다 후순위였다. 2군으로 내려가는 굴욕까지 경험했다. 한 시즌 동안 겨우 리그 11경기에 출전했다. 그마저 10경기는 교체 출전이었고, 선발 출장은 단 한 차례였다.

정조국을 향한 시선도 달라졌다. 구단도 팬도 미디어도 서서히 기대감을 접는 분위기였다. 구단에서는 1년 더 해보자고 제안했지만 뛰지 못한 채로 남는 선수가 되기는 싫었다. 결정적으로 아들 태하의 말에 충격을 받았다는 이야기는 널리 알려진 일화다. 아내와 함께 서울월드컵경기장을 즐겨 찾던 태하가 물었다. "아빠는 축구 선수인데 왜 안 뛰어?"

정조국은 당시의 충격을 이렇게 기억한다.

"누구도 나에게 그렇게 질문한 적이 없었다. 아내도 궁금했을 거고 부모님도 걱정하셨을 거다. 그래도 그런 얘기는 일절 꺼내지 않았다. 다들 나를 배려했을 거다. 아들이 묻는 순간 정신이 번쩍 들었다. 할 말이 없었다. 변명도 할 수 없었다. 내가 잘하는 선수라는 걸 증명할 길이 없었다."

정조국은 오랜 고민 끝에 이재하 당시 서울 단장에게 장문의 메시지를 보냈다. 진솔하게 속내를 털어놓았다. 요약하면 이렇다.

"뛸 수 있는 곳으로 가고 싶습니다. 서울을 떠나겠습니다."

》》 득점 레이스의 물줄기를 바꾸다

그로부터 1년 뒤 정조국은 K리그1 시상대에서 환하게 웃고 있었다. 2016년 광주 유니폼으로 갈아입고 득점왕에 오른 것이다. 리그 31경기에 출전해 20골을 기록했다. 베스트 일레븐 공격수 부문에도 선정됐다. 그것도 모자라 MVP까지 수상했다. 역대 시상식에서 MVP 수상자는 늘 우승팀이나 준우승팀 선수의 몫이었다. 8위라는 광주의 순위를 감안하면 파격에 가까웠다. 그만큼 개인의 활약상이 뛰어났다는 의미다. 프로 데뷔후 한 시즌 최다 득점을 기록한 기념비적인 해이기도 했다.

"솔직히 말하면 득점 감각이 최고인 시즌은 아니었다. 골 감각으로 따지면 2008년과 2010년이 더 좋았다. 다만 2016년에는 모든 면에서 좋아졌다. 나이(32세)도 적지 않았는데 슈팅 외에 다른 움직임까지 괜찮아졌다. 운도 많이 따랐다."

정조국의 강점은 슈팅이다. 골문을 향한 슈팅이 강하고 정확하다. 그래서 별명도 '패트리어트(미사일)'다. 2016년 정조국은 페널티킥으로도 7골이나 넣었다. 그만큼 슛의 강도와 정확성에 자신이 있었다. 흔히 필드골보다 페널티킥 득점을 수월하게 여기는 것이 사실이지만, 요즘처럼 키커의 습관과 특성, 과거 데이터를 분석하는 시대에는 그것도 쉬운 일이 아니다. 정조국은 페널티킥 상황도 설정해 놓고 후배 골키퍼들과 훈련을 통해 감각을 유지했다.

외국인 공격수들과의 경쟁을 이겨낸 것으로도 의미가 있었다. 통상 K리그 득점 레이스는 외국인 공격수들이 주도한다. 당연한 흐름이다. K리그 각 팀들이 즉시 전력으로 데려오는 외국인 선수는 대부분 '결정적 한방'을 갖춘 공격수다. 국내에서는 찾기 힘든 강점과 개성을 갖고 있는 선수들이기에 고액 연봉을 지급하고, 또 그만큼의 활약을 기대한다. 당장 2010년대 득점왕에 오른 이름부터 확인해 보자. 2011년부터 3년 연속 득점왕에 오른 데얀, 2014년 산토스, 그리고 조나탄(2017), 말컹(2018), 타가트(2019), 주니오(2020)에 이르기까지 외국인 공격수들이 득세했다. 이

가운데 김신욱(2015)과 정조국(2016)만 국내 공격수다. 특히 정조국은 2012년 데얀 이후 4년 만에 나온 20골대 득점왕이었다. 당시에도 시즌 막바지까지 아드리아노(서울), 티아고(성남) 등 외국인 선수들의 추격을 견제해야 했다. 따지고

보면 2003년 프로 데뷔 후 팀내에서부터 줄곧 경쟁의 연속이었다. 2016년 득점왕 수상은 경쟁을 통한 단련의 결과였다.

"데뷔 후 정말 많은 외국인 선수들과 경쟁했다. 프로로서 경쟁은 당연하지만, 왜 저렇게 비싼 돈을 주면서 매번 새로 외국인 공격수를 데려올까 싶었다. 지나고 보니 그 선수들과 경쟁하면서 나도 많이 성장했다."

특히 서울 시절 데얀에게 크게 자극받았다. 데얀은 골문 앞에서 완벽한 스트라이커에 가깝다는 평가를 받던 경쟁자이자 동반자였다.

"나도 그렇지만 데얀도 골에 대한 집착이 강했다. 훈련에서부터 어떻게든 골을 넣으려고 했다. 데얀은 골도 잘 넣지만 볼 터치 회수도 많았다. 볼을 받기 위해 많이 움직인다는 말이다. 그런 선수를 보면서 경쟁에서 이겨내겠다는 오기가 생겼다. 같이 경기를 할 땐 최고의 파트너였다. 내가 도움을 많이 받았다. 데얀 같은 선수가 있어서 나도 발전했다."

》》팀 플레이가 즐거운 스타플레이어

정조국은 일찍이 스타덤에 오른 선수였다. 대신고 시절 한 시즌 4개 대회 득점왕을 독식하며 초고교급 선수로 주목받았고, 연령별 대표팀을 거치고 국가대표팀에 발탁되는 등 엘리트 코스만 밟았다. 2002한일월드컵에서는 히딩크호에 합류한 유일한 고교 연습생이기도 했다. 개인의 활약상으로든 팀의 후광이든, 오랫동안 무대 중심에 서는 게 더 익숙한 스트라이커였다.

광주에서 보낸 한 시즌은 그에게 새로운 시야를 갖게 해준 시기였다. 남기일 감독이 이끌던 당시 광주는 특정 스타에 의존하는 팀이 아니라 조직력으로 움직이는 팀이었다. 기동성을 기반으로 공수 전환이 잦았다.

상대를 강하게 압박하면서 짧은 패스를 통해 전진하는 스타일이었다. 남기일 감독이 정조국을 영입하려 하자 주변에서는 만류하는 분위기였다. 나이를 고려할 때 스피드도 빠르지 않고 기술이 특별하다고도 할 수 없는 정조국을 데려오는 데 반신반의하는 시선이었다. 그러나 정조국에게는 강력한 슈팅과 결정력이 있었다. 전년도에 스트라이커 부재로 고전했던 광주에게 필요한 능력이었다. 그 결과는 우리가 아는 대로다.

무엇보다 정조국은 팀 플레이에 자신을 맞췄다. 적극적으로 뛰면서 팀의 압박에 힘을 실었다. 종종 박스를 벗어나 아래로 내려와서도 패스를 통한 연계와 전환의 고리 역할을 했다. 남기일 감독은 "정조국이 전술적인 면에서 희생하고 있다"며 칭찬을 아끼지 않았다. 정조국은 동료들에게 공을 돌렸다.

"골은 내가 넣었지만 그 과정에서 광주의 모든 선수들이 관여했다. 광주에도 정말 열심히 하는 선수들, 기술 좋은 선수들이 많았다. 선수들이 '골대 앞에서는 조국이 형에게만 주면 된다'고 농담했지만, 그건 결코 나의 골이 아니라 팀의 골이었다."

하나를 위한 모두, 모두를 위한 하나(ONE FOR ALL, ALL FOR ONE). 팀으로 만든 골을 하나씩 적립하면서 정상으로 오르는 길은 즐거웠다. 예전에는 미처 보지 못했던 것들이 눈에 들어오기 시작했다.

"광주가 어려운 환경이었던 것은 사실이다. 하지만 오히려 놀랐던 점도 있다. 광주에 젊고 가능성 있는 선수들이 많았다. 그 선수들과 생활하면서 서울에서는 미처 느껴보지 못했던 마음가짐을 봤다. 나 자신을 돌아보는 계기가 됐다. 나를 보면서 나와 비슷한 처지에 있는 선수들과 후배들이 자극을 받기도 했을 것이다. 그것만으로도 충분히 의미 있다고 생각한다."

결국 환경이 아니라 마음가짐의 문제다. 간절함을 갖고 있다면 문제를 해결할 수 있는 방법을 찾게 되고, 난관을 뚫는 데 온 힘을 쏟아낼 수 있다. 다시 그해를 떠올리는 정조국이 씩 웃으며 말했다.

"솔직히 아주 통쾌했다. 나를 한물간 선수로 평가하던 사람들에게 경기에 뛰고 골을 넣는 것으로 증명해냈으니까. 가장 큰 복수를 한 셈이다. 무엇보다 아들 태하의 질문에 골로 답해줄 수 있어서 행복했다."

어떤 이치는 이렇게 때가 되어야 자연스럽게 깨닫는다. 2016년은 정조국에게 그런 해였다.

2016년 겨울 이재성을 인터뷰했다. 새해 특집 인터뷰를 위해 '유니폼이 아닌 옷을 입고 와 달라'고 요청한 참이었다. 전북 클럽하우스 대기실에서 그를 기다렸다. 숙소에서 나온 이재성은 흰색 셔츠에 검은색 슬랙스 차림이었다. '기본 패션템'으로 깔끔하고도 멋스러운 분위기를 연출했다. 그런데 정작 내 시선은 이재성의 두 발에 뺏긴 상태였다. 편해 보이는 검은색 단화의 양쪽 발등에 각각 '1'과 '7'이라는 숫자가 하얀색으로 프린팅되어 있었다. 자신의 등번호인 '17'을 양 발에 옮긴 것이었다. 2017시즌 K리그 기대주라는 콘셉트와도 잘 맞았다.

그날 만남은 2017시즌 활약상의 예고와도 같았다. 그해 이재성은 K리그 클래식(1부리그)에서 가장 빛나는 별이 되었다. 연말 시상식에서 베스트 일레븐 미드필더 부문에 선정됐을 뿐만 아니라 MVP까지 수상했다. 전북에 입단해 3년 만에 오른 자리였다. 리그 우승 4회(2014 · 2015 · 2017 · 2018), AFC 챔피언스리그 우승 1회(2016), 영플레이어상 수상(2015)까지 더하면 전북에서 영광의 날들만 보낸 셈이다.

행운의 시그니처가 된 '17'을 신고 뚜벅뚜벅 걸어간 이재성은 독일에 도착했다.

마인츠05에서 치른 분데스리가 두 번째 시즌(2022-2023시즌), 그는 역사에 남을 경기를 펼쳤다. 시즌 최종전 상대인 보루시아도르트문트는 11년 만에 우승할 기회를 코앞에 뒀다. 바이에른뮌헨보다 2점 앞선 상황, 마인츠를 이기면 우승이다. 이재성은 호락호락하지 않았다. 수비와 공격을 부지런히 오가며 공간을 만들고, 도르트문트의 수비진을 혼란에 빠트렸다. 왼쪽 측면에서 기어코 완벽한 크로스를 선보이며 팀의 두 번째 골을 도왔다. 그렇게 도르트문트의 꿈을 꺾었다. 공교롭게도 '17번' 신발을 신고 등장한 과거의 그날, 이재성은 도르트문트를 자신의 드림팀으로 꼽았다.

최강희 감독의 절대적인 지지를 받으며 '닥공 축구'의 중심이 된 이재성이 독일로 날아가 자신의 드림팀을 좌절시키기까지, 이재성의 모든 발자취가 비범하지만 2017시즌에는 조금 더 오래 머물 필요가 있다. 그가 K리그 MVP로 우뚝 서며 월드컵과 유럽의 꿈을 본격적으로 꾸기 시작한 해였다. 이재성은 그 시절을 이렇게 정의한다.

"나의 가장 찬란했던 순간."

》》 재성이 없으면 1.5군, 재성이 있으면 1군

고려대 3학년 이재성이 전북 입단 제안서를 받았다. 주변은 만류하는 분위기였다. 신인들의 무덤에 왜 제 발로 찾아가냐고 이재성을 말렸다. 고심 끝에 이재성은 전북행을 결정했다. 벤치에만 앉는 한이 있더라도 최고의 선수들을 가까이서 보고 배울 수 있기 때문이었다. 마침 프로축구연맹에서 23세 이하 선수 2명을 선수 명단에 포함해야 한다는 새 규정도 발표했다. 이재성은 이 제도를 활용하다 보면 한두 차례 기회가 생길 것으로 확신했다. 2014년, 이재성은 그렇게 자유 선발로 전북에 입단했다.

최강희 감독이 국가대표 지휘봉을 내려놓고 전북으로 복귀하는 해이기도 했다. 선수단 전체가 운동장에 모인 첫날, 최 감독은 "우리의 이번 시즌 목표는 우승"이라고 외쳤다. 조금씩 적응하자는 마인드로 전북에 도착한 이재성은 그 말에 '아차' 싶었다. 순진한 얼굴로 적응기라고 말할 때가 아니었다. 이곳은 전쟁터였다. 이동국(FW), 김남일(MF), 레오나르도

(MF), 이승기(MF), 신형민(MF), 한교원(MF)으로 꽉 찬 전북에서 살아남고, 우승까지 해야 했다.

다행히 이재성에게는 무기가 있었다. 수비력이다. 고려대 시절 서동원 감독 밑에서 배운 상대에게 밀착하듯 달라붙는 끈질긴 수비력을 이재성은 갖고 있었다. 최 감독은 이재성의 첫 훈련에서 그의 강점을 곧바로 알아봤다. "너처럼 수비하는 미드필더는 보지 못했다. 그걸 잘 살려봐라." 최 감독의 한마디는 곧 이재성에게 날개가 되었다. 3월 15일 인천유나이티드에서 성공적으로 데뷔하며 그해 리그 26경기 4골 3도움을 기록했다. 전북은 2년 만에 다시 정상 자리를 되찾았다. '괴물 신인'과 함께 전북이 새 시대를 맞이하는 순간이었다.

이재성은 두 번째 시즌부터 전북의 중심으로 완벽히 자리잡았다. 리그 34경기에 출전해 7골을 넣고 5개의 도움을 기록하며 또다시 전북에 우승컵을 안겼다. 그해 영플레이어상을 타고, K리그 베스트 일레븐 미드필더 부문에 이름을 올리며 개인상 2관왕까지 달성했다.

2016 시즌에는 어시스트만 열한 차례 올리며 '닥공' 축구의 핵심이 되었다. '닥공'의 숨은 핵심은 수비다. 공격수들이 마음껏 치고 올라갈 수 있도록 뒤에서 수비가 든든하게 받쳐줘야 한다. 설령 공이 뒤로 흘러나오더라도 언제든지 수비진에서 막을 수 있다는 서로 간의 믿음도 필요하다. 그 중심에 이재성이 있었다. 동료들이 원활하게 공격할 수 있도록 공간을 만들었고, 공을 빼앗겼을 때 잽싸게 수비 진영으로 내려가 상대의 패스 경로를 차단했다. 공격진에 자유를 주고, 수비진의 부담은 줄여주는 역할이었다.

대선배 이동국이 "재성이가 있으면 1군, 없으면 1.5군"이라고 말한 건

농담이 아니었다. 이재성은 "감독님은 나를 늘 풀타임을 뛰게 하셨다. 감독님이 추구하는 축구에서 내가 밸런스를 잘 맞춰주는 선수라고 하시면서 말이다"라고 했다. 그해 전북과 이재성은 ACL 우승까지 거머쥐며 아시아 정상에 섰다. 프로 데뷔 3년차에 이미 화려한 커리어를 완성한 이재성이 더 보여줄 모습은 무엇일까? 2017년, 그를 향한 기대감이 더욱 커질 수밖에 없었다. 그런 기대의 시선에 반해 이재성은 걱정을 가득 안고 2017시즌을 맞이했다.

"2016 시즌에 전북이 승부조작 혐의로 승점이 많이 삭감되었다. 또, 2017시즌 ACL 진출권도 박탈됐다. 이전 시즌까지 늘 많은 경기를 소화해왔다. 촘촘한 경기 일정에 맞춰 컨디션을 맞췄다. 내 몸은 올 시즌도 많은 경기를 뛸 준비가 되어 있는데 갑자기 대회가 하나 사라져서 어떻게 시즌을 준비해야 할지 감이 오지 않았다. 설상가상 시즌 개막을 이틀 앞두고 훈련 도중 부상을 입었다. 당장 내년에 월드컵도 있고, 네 번째 시즌인 만큼 더 증명해야 하는데 시작부터 쉽지 않겠다는 생각이 들었다."

》》 시작은 미약했으나, K리그 MVP로 끝나리라

이재성이 빠진 전북은 좀처럼 1위를 지키기 어려웠다. 8, 9라운드에서 2연패를 하며 겨우 잡은 1위를 다시 놓쳤다. 5월 14일, 마침내 이재성이 돌아왔다. K리그 11라운드 울산현대전에서 교체로 복귀한 후, 12라운드 전주종합경기장에서 열린 인천전에서 선발로 나와 복귀 골까지 터뜨렸다. 이재성은 "2017년에서 가장 기억에 남는 순간"이라고 표현한다.

이재성을 다시 등에 업은 전북은 본격적으로 1위 탈환에 돌입했다. 최 감독의 이재성 활용법에도 변화가 생겼다. 지난 3시즌 동안 이재성의 수비 가담 능력을 적극적으로 활용했다면, 2017시즌부터는 공격 모드에 불을 붙였다. 이재성을 공격형 미드필더로 세우거나, 오른쪽 윙어로 활용하는 횟수가 많아졌다.

"매 시즌 감독님이 나를 활용하는 방식이 조금씩 비슷했지만 2017년에는 공격 조합을 꾸릴 때마다 늘 나를 염두에 두셨다. 선수 조합에 맞춰 내 위치가 조금씩 바뀌었다. 기본적인 임무는 팀 균형을 맞추는 일이었다. 그러면서 내게 '너는 공격적인 모습도 있는 선수다'라고 귀띔하셨다. 좀 더 공격적으로 해도 된다고 말이다. 내가 균형을 잡아야 한다는 압박감에 사로잡혀 뒤에 처져 있는 경우가 많은데, 감독님은 내게 더 공격적으로 나서도 된다고 하셨다. 시즌 출발이 아쉬웠던 만큼 감독님의 말씀

이 더 강하게 와닿았다. 전북이라는 팀에서 내가 중심 역할을 하는 이유를 남은 경기에서 반드시 보여주겠다고 다짐하는 계기가 됐다. 어느새 나는 K리그를 대표하는 선수가 되어 있었고, 국가대표 선수로서도 증명하고 싶었다. 내년에 월드컵도 있었기에 내게 2017시즌은 도전과도 같았다."

이재성의 숨겨진 공격 본능이 깨어났다. 22라운드 광주FC전, 23라운드 FC서울전에서 2연속 골을 터뜨리는가 하면 30라운드 포항스틸러스전에서는 멀티골까지 기록했다. 전북이 1위를 탈환한 지는 이미 오래였다. 절정은 파이널A였다. 강원FC 원정에서 전반 6분 로페즈의 골, 후반 11분 이승기의 골, 후반 25분 에두의 골을 도왔다. 도움 해트트릭은 그렇게 완성됐다. 바로 다음 경기인 제주유나이티드전에서도 김신욱의 어시스트를 받아 팀의 첫 골을 터뜨리며 승리로 이끌었다. 이동국이 세 번째 골을 넣으며 개인 통산 200골 고지를 밟았다. 그날 전북은 조기 우승을 확정 지었다. 그야말로 전북의 파티였다. 해당 시즌 이재성은 8골 10도움이라는 개인 최고 기록을 세웠다. 이재성의 골을 돕거나, 그가 도움을 준 이들의 면면을 살펴보면 그야말로 '최강 군단'이다. 이동국, 에두, 로페즈, 김신욱, 에델, 김보경 등 초호화 공격 자원이 포진해 있었다. 이 사이에서 이재성은 어떻게 공격력을 뿜낼 수 있었을까?

"나는 좋은 선수들과 뛸 때 더 좋은 선수가 된다. 그때 전북은 퀄리티 있는 선수들로 가득했다. 그러다 보니 선수들에 대한 믿음이 컸다. 얼마든지 뒤를 맡기고 전진할 수 있었고, 누구나 골을 넣을 수 있으니 마음껏 패스하고 크로스를 올릴 수 있었다. 내가 반드시 이 자리를 지켜야 한다는 부담감이 없으니 움직임이 자유로웠다. 잘하는 선수들과 뛰면 그래서 재미있다. 전북에서는 정말 재미있게 축구 했던 기억밖에 없다."

노력하는 자는 재능 있는 자를 이길 수 없고, 재능 있는 자는 즐기는 자를 이길 수 없다고 한다. 이재성은 노력과 재능, 즐기는 마인드를 모두 갖고 있었다. 그를 이길 자가 없으니, 이재성의 2017 K리그 MVP상 수상은 이상할 게 없다. K리그 득점왕(22골) 수원삼성 조나탄, 강원FC 살림꾼

이근호를 제치고 별 중의 별이 됐다. K리그 베스트 일레븐 미드필더 부문에도 이름을 올리며 다시 한번 2관왕의 영예를 안았다. 이재성은 "전북의 우승 덕분"이라며 팀에 공을 돌렸지만 그가 최고의 시즌을 보냈다는 사실에는 누구도 이견을 달 수 없었다.

전북 천하 시대를 누렸다. K리그 최고의 선수로 우뚝 섰다. 이재성의 유럽을 향한 열망은 점점 커지다가 2018 러시아 월드컵을 다녀온 후 활활 타올랐다. 전북은 그런 이재성을 말릴 수 없었다. 2018년 여름, 이재성은 독일로 향했다. 행선지는 분데스리가 2부 홀슈타인 킬. 전북에서 유럽으로 직행한 첫 번째 사례가 됐다. 3년 후에는 마침내 1부 리그 마인츠로 향해 주전 선수로 활약 중이다. 벌써 유럽의 꿈을 이룬 지 5년이나 흘렀는데 이재성은 한 번도 전북을 잊은 적이 없다. 그의 가장 찬란했던 순간은 도르트문트를 꺾은 그날이 아닌, 여전히 전북이다.

"유럽은 나 혼자만의 도전이 아닌 전북과 함께하는 도전이다. 전북이라는 팀이 있어 MVP도 탈 수 있었고, 국가대표가 될 수 있었다. 지금 이 자리에서도 꿈을 계속 실현할 수 있다. 전북 출신이라는 사명감을 가지고 계속 좋은 모습을 보여주겠다. 또 다른 누군가가 기회를 잡을 수 있도록 말이다."

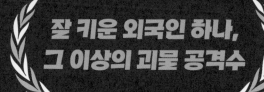

K LEAGUE LEGEND 40

말컹

2018

잘 키운 외국인 하나,
그 이상의 괴물 공격수

브라질은 세계에서 다섯 번째로 큰 나라다. 경제력으로는 세계에서 열두 번째 규모를 자랑한다. 전통적으로 콩(대두)과 냉동육, 옥수수 같은 농축산품이 주요 수출품이다. 대한무역진흥공사(KOTRA)의 브라질 무역 통계 분석에 따르면 2022년에는 광물성 연료와 원유가 수출을 주도했다. 리우데자네이루 · 상파울루 앞바다 해상 유전에서 추출하는 원유 수출액이 568억 달러(약 74조원)를 상회했는데, 러시아-우크라이나 전쟁으로 러시아산 원유 수출이 제한되면서 브라질 석유업계가 반사이익을 받은 것으로 보인다.

대관절 브라질의 수출 품목이 우리와 무슨 상관이라고?

여기에 인적 자원을 추가해 보자. 브라질은 매년 새로운 축구 스타들을 배출하는 나라다. 컨베이어 벨트 시스템처럼 재능과 기술과 예술로 조립한 인재들을 전세계에 끊임없이 공급하고 있다. 경제 대국에 걸맞지 않은 심각한 경제적 불평등 때문인데, 브라질 인구 가운데 절반이 빈곤층에 속한다. 가난하게 태어나면 죽을 때까지 그 굴레에서 벗어나지 못한다는 게 현지의 인식이다. 그래도 헤쳐나갈 방법은 있다. 재능을 이용하는 것이다.

축구는 그중 하나로, 보통의 남자 아이들은 축구를 택한다. 브라질 빈민가에서 축구는 구원이다. 위대한 '축구황제' 펠레부터 호나우두, 호나우지뉴, 네이마르에 이르기까지 우리가 알고 있는 브라질의 스타 대부분 어린 시절 빈민가에서 맨발로 공을 차며 자랐다. 찬란한 성취와 성공을 거둔 스타들의 배경에 불우하고 가난했던 시절의 이야기가 빠지지 않는다.

여기, 브라질에서 한국으로 날아온 말컹의 사연도 크게 다르지 않다.

》 K리그 평정한 말컹 신드롬

2018년 3월 4일 창원축구센터에는 기분 좋은 긴장감이 감돌았다. 긴 겨울잠을 끝낸 K리그가 개막하는 날이었다. 동시에 홈팀 경남FC가 3년 만에 1부리그에서 경기를 치르는 날이기도 했다. 창원축구센터를 찾은 관중수는 5,117명이었다. 전년도 평균 관중수(2,182명)의 두 배였다. 경기장 곳곳에 새 시즌에 대한 기대감이 묻어났다.

이날 주인공은 브라질 출신의 공격수 말컹이었다. 원정팀 상주상무를 상대로 해트트릭을 터뜨렸다. 전반 10분 만에 문전에서 흘러나온 볼을 잡아 오른발 슛으로 선제골을 뽑아냈다. 후반 6분 추가골을 넣은 데 이어 16분에는 승리에 쐐기를 박는 골을 완성했다. K리그 개막전에서 해트트릭이 나온 것은 무려 13년 만의 일이었다. 승강제를 도입한 2013년 이후로는 처음이었다.

말컹은 득점 후 큰 체격에 어울리지 않게 수줍은 미소로 세리머니를 펼쳤다. 평소 좋아하던 걸그룹 트와이스의 히트곡 'TT' 대표 안무를 따라했다. 'TT' 안무는 이러지도 저러지도 못해 눈물이 나는 마음을 귀엽게 표현한 퍼포먼스다. 그러나 그해 말컹의 길은 선명했다. 문전에서 그의 움직임은 확신으로 가득 찼다. 눈물 흘리는 날보다 웃을 일이 더 많았다. 압도적 피지컬과 파워 넘치는 슛, 골문에 집중하는 움직임으로 꾸준히 골을 적립했다.

시즌을 마무리할 때까지 K리그1 31경기 출전에 26골 5도움을 기록했다. 경기당 1개의 공격포인트를 만드는 괴력을 보였다. 그가 골을 넣을 때마다 축구팬들은 '말컹이 말컹했다'고 했다. 기대에 걸맞은 활약상이었다는 말이다. 득점왕도 그의 몫이었다. 제리치(24골, 강원), 주니오(22골, 울산), 무고사(19골, 인천) 등 외국인 공격수들이 유난히 맹위를 떨치던 그해 득점 레이스에서 최고의 파괴력을 보인 공격수로 인정받았다.

'스타 탄생'같은 느낌의 개막전이었지만, 그 활약은 일찌감치 예고됐다. 말컹은 2017년 K리그 챌린지(2부리그)에서 3관왕에 오른 실력자였다. MVP, 득점왕, 베스트 일레븐 공격수 부문 타이틀을 휩쓸었다. 「2017 K리그 테크니컬 리포트」에 따르면 말컹은 득점(22골), 유효슈팅(48), 슛 시도(155), 득점관여(33), 도움(4) 등 공격에 관한 모든 지표에서 최상단을 차지했다. 사실상 경쟁자가 없는 독무대였다. 다만 '1부리그에서도 통할까?'라는 의심의 시선은 있었다. 말컹은 개막전 활약상으로 그런 우려마저 잠재웠다.

그런데 말컹은 K리그에 올 때부터 완성형의 선수였을까? 아니다. 말컹을 영입했던 김종부 감독조차 반신반의했다. 당시에는 "높이만 있는 선수"라고 평하기도 했다. 월등한 신체 조건에 순발력까지 갖췄지만, 전술적 플레이는 덜 여문 수준이었다. 말컹은 김종부 감독과 함께한 시간 동안 기술과 전술 이행에 비약적인 성장을 보였다. 후에 김종부 감독은 "활동 범위가 많이 넓어졌다"면서 "여러 위치에서 여러 방법으로 득점할 수 있는 선수다. 팀 차원에서 말컹에게 계속 좋은 기회를 만들어줘야 한다"고 말했다.

팀에 빠르게 녹아들 수밖에 없는 환경이기도 했다. 말컹은 경남 함안의 클럽하우스에서 생활했다. 일반적으로 외국인 선수는 구단으로부터 고액 연봉 외에 가족과 함께 지낼 집과 자동차 등을 제공받는다. 말컹에게는 그런 지원이 없었다. 당시 경남이 선수단 연봉에 쓸 수 있는 돈은 20억원 수준이었고, 말컹에게 특별한 대우를 할 형편이 아니었다. 말컹의 에이전트인 신지호 추즈스포츠 대표는 "역으로 말컹도 절박한 상황이었다. 열악한 환경이나 조건은 문제가 아니었다. 축구를 할 수 있는 팀이 필요했다"고 말했다. 이렇다할 위락 시설도 없고 말도 통하지 않는 곳에서 말컹이 할 수 있는 일은 축구밖에 없었다. 축구에 몰두했기에 빠른 적응도, 대활약도 가능했다는 설명이다.

》》 말컹 앞세운 경남, 2018 K리그1 이변의 주인공

그간 K리그를 거쳐 간 브라질 선수들은 무수히 많다. 그러나 말컹의 성장사는 여느 선수와 같지 않다. 말컹이 축구를 시작한 나이는 만 17세다. 브라질에서 축구선수를 희망하는 아이들이 대부분 8세 전후로 '아카데미(유소년 육성반)'에 들어가는 것과 비교하면 굉장히 늦은 시기였다. 말컹은 원래 농구선수였다. 농구 감독인 아버지의 영향을 받았다. 진로를 바꾼 것은 부모의 이혼 때문이었다.

어머니의 생계를 돕기 위해 상파울루의 프로축구팀 테스트에 참가했다. 한국 돈으로 10만원 정도 하는 월급을 받아 어머니께 드렸다. 문제는 끈기 부족이었다. 운동에 집중하지 못했다. 기분 내키는 대로 운동해 지도자들에게 힐난도 들었다. 사회성도 부족해 소통에 문제를 겪었다. 흔들리는 아이 말컹을 잡아 줄 어른을 만나지 못한 것도 불운이었다. 결국 브라질 내에서는 축구 선수로서의 진로가 막히는 벼랑 끝에 섰다.

그때 경남의 위임장을 받아 선수를 찾던 에이전트 신지호 대표에게 말컹에 관한 정보가 들어갔다. K리그에서 뛰던 브라질 선수 한 명이 신 대표에게 들려준 정보는 이랬다. "이뚜아노 클럽에 말컹이라는 선수가 있어요. 통제하기 어려운 성격이란 게 문제인데, 그 친구가 마음먹고 뛰는 날에는 아무도 걔를 못 막아요."

신 대표와 김종부 감독은 우선 말컹의 강점과 가능성에만 집중했다. 키와 슈팅 파워, 순발력을 조화롭게 활용한다면 팀에 분명 도움이 될 선수였다. 경남의 한정적인 예산에서 데려올 수 있는 최선이기도 했다. 그 결과는 앞서 소개한 대로다. 2017년 시즌이 끝난 뒤에는 큰 폭으로 오른 대우를 약속하는 이적 제안을 받기도 했다. 그러나 말컹은 국내외 다수의 '러브콜'을 마다하고 경남에 남았다. 자신의 가능성을 알아봐 준 김종부 감독과 경남에 대한 의리였다. 말컹을 앞세운 경남은 2018년 승격에 머물지 않고 K리그1 2위에 오르는 기염을 토했다. 객관적 전력에서 기대가 낮을 수밖에 없는 시·도민구단, 그리고 승격팀이라는 한계를 딛고 이뤄낸 성과였다.

더 큰 기적은 2018년 겨울에 찾아왔다. 1부리그를 평정한 말컹은 이제 '괴물 공격수'가 되어 있었다. 경남에 거액의 이적료를 안기고 중국 허베이FC로 이적했다. 국내에서는 이적료가 50억원 수준인 것으로 알려졌다. 이적전문사이트 트랜스퍼마크트에서 추정하는 금액은 530만 유로(약 74억원)였다. 2020년 전북에서 상하이상강으로 이적한 로페즈(546만 유로, 약 76억원)와 함께 K리그 역대 최고액 수준이다.

　가난과 불화와 우울로 얼룩진 과거는 기적의 순간을 더 극적으로 만드는 배경이 됐다. 말컹에게 축구는 구원이었고, K리그는 바닥을 딛고 일어서게 만든 무대였다. 어떤 이에게 K리그는 생을 이어가게 만드는 희망이자 삶의 전환점이 되기도 한다. 말컹을 보면 바로 그렇게 느낄 수 있다.

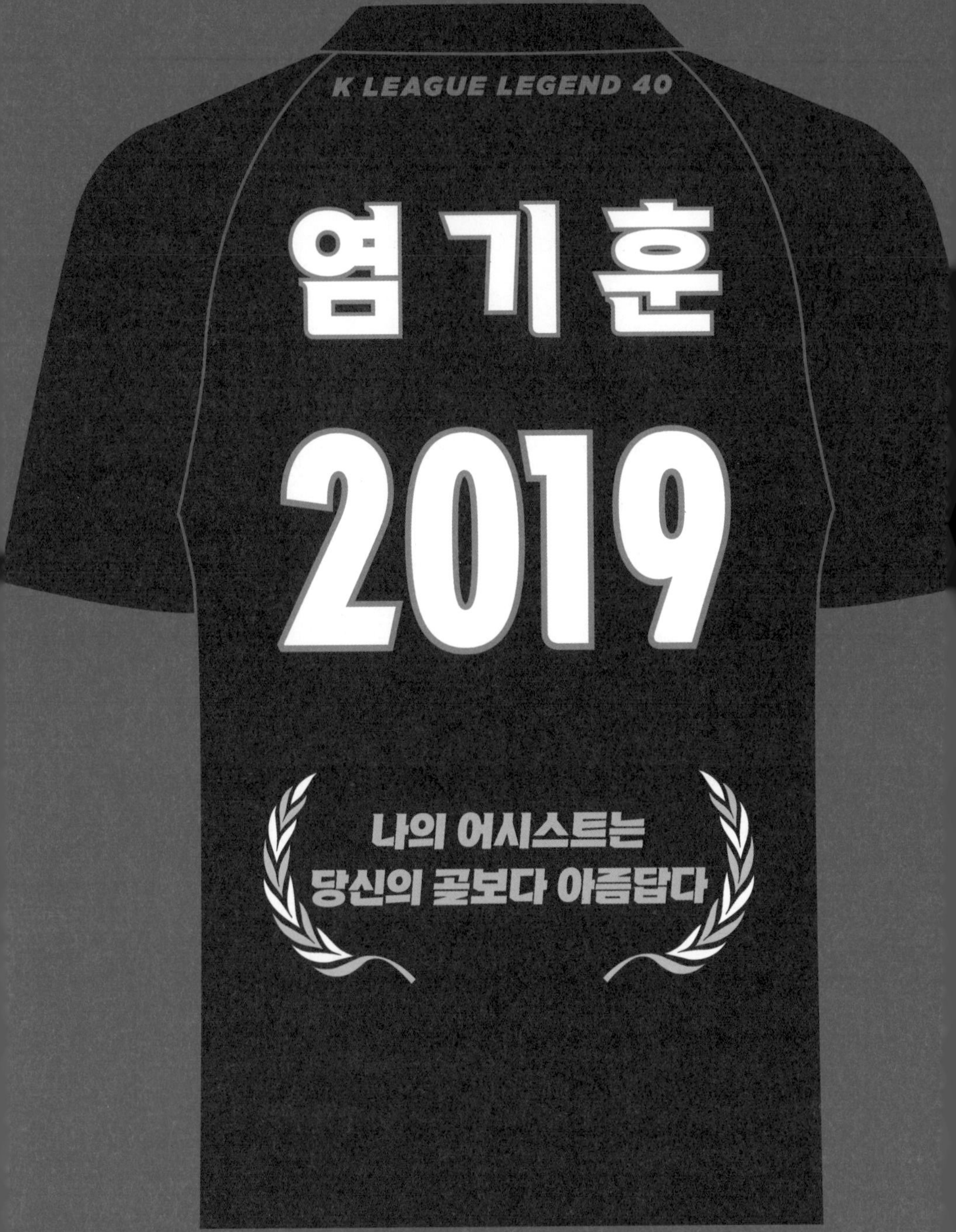
K LEAGUE LEGEND 40
염기훈
2019
나의 어시스트는
당신의 골보다 아름답다

염기훈을 만났다. 시즌이 개막하기도 전에 은퇴를 예고한 2022년의 어느 날이었다. 선수 생활의 마무리를 그리고 있던 그에게 물었다. 잠시 눈을 감았다가 다시 떴을 때 과거의 어느 순간으로 돌아간다면, 그 순간이 언제이면 좋겠냐고 질문했다. 염기훈은 일말의 망설임도 없이 답했다.

"아직도 욕 먹고 있는 남아공월드컵 그 순간이요. 아르헨티나전에서 슈팅하기 전으로 돌아가면 좀 더 집중해서 컨트롤을 잘해 놓을 수 있지 않을까 싶어요."

염기훈은 자신의 축구 인생에서 월드컵을 빼 놓을 수 없는 이슈라고 언급했다. 단순히 득점에 실패했기 때문은 아니다.

"이후로 저의 실력이 말도 안 되게 향상됐어요."

이것은 그 '말도 안 되는' 날들이 이어지던 한철에 관한 이야기다.

》 최단기간 70-70 클럽 가입, 어시스트의 제왕

2019년 4월 17일, 춘천 송암스포츠타운이었다. 강원FC와 수원삼성의 K리그 6라운드 경기가 끝나갈 무렵이던 후반 추가시간, 염기훈이 페널티 박스 앞에 섰다. 염기훈은 날카로운 프리킥으로 강원 골망을 흔들었다. 이미 1-0으로 앞선 수원은 염기훈의 골을 더해 2-0으로 완승했다. 언뜻 보면 평범한 골이었다. 한 시즌 동안 벌어지는 수많은 경기 중 하나였고, 승패를 바꾸는 결정적인 골도 아니었다.

그렇지만 골의 가치는 결코 평범하지 않았다. 염기훈의 축구인생과 K리그 역사에 의미 있는 골이었기 때문이다. 염기훈의 프로통산 70호 골이었다. 당시 104도움 기록을 갖고 있던 염기훈은 이 골로 70골-70도움 클럽에 가입했다. 70-70 클럽 가입은 2017년 이동국에 이어 역대 두 번째였다. 2022년 기준으로 이 고지를 밟은 선수는 두 명밖에 없다. 특히 염기훈은 351경기 만에 70-70 클럽에 가입해 460경기 만에 달성한 이동국보다 109경기나 앞섰다. 그리고 "80-80 클럽에도 가입하고 싶다"며 새로운 목표를 내걸었다.

염기훈의 기록은 골보다 도움 기록이 월등하다는 점에서 흥미롭다. 기술적으로 구분하면, 득점은 스스로의 의지와 집중력에 따라 성공 여부가 갈리지만 도움은 반드시 공격 파트너의 마무리가 동반되어야 한다. 소위 '택배'라는 양질의 패스를 공급해도 문전의 파트너가 마무리하지 못하면 의미가 없다. 동료가 마무리에 성공해야 도움 기록으로 남는다. 염기훈은 그만큼 정교한 크로스와 패스를 보냈다. 역으로, 한 골을 득점하기 위해 시도하는 슈팅이 무수히 많다는 점을 떠올려 보면 그간 공격 시퀀스에서 염기훈이 올린 크로스가 얼마나 많았을지 가늠하기 쉽지 않다.

2022년 기준 염기훈이 K리그에서 기록한 도움 수는 모두 110개. K리그 역대 최다 도움 기록이다. 염기훈은 그 비결에 대해 이렇게 말했다. "윙포워드로 왼 측면에 서다 보니 크로스를 시도할 상황이 많았다. 상대가 왔을 때 어떻게 크로스를 해야 하는가에 대한 고민을 했다. 상대가 다리를 뻗기 전 먼저 올리려면 어떻게 움직여야 할지, 먼 거리에서 보내는 크로스와 가까이에서 전달하는 크로스, 골라인까지 붙여 향하는 크로스처럼 다양한 상황과 타이밍을 고민하며 훈련했다. 특히 골키퍼와 수비수 사이로 보내는 크로스에 주력했다."

프로 초년생이었던 전북 시절부터 베테랑이 된 수원 시절에 이르기까지, 호흡을 맞춘 공격수들의 숫자도 많았다. 스타일과 성향이 다 다른 선수들에게 그만큼 잘 맞춰 줬다는 뜻이다. 염기훈은 수원에서 만난 공격수들에게 늘 당부했다.

"내가 볼을 잡으면 제일 먼저 너를 볼 거야. 크로스 타이밍엔 수비수와 골키퍼 사이로 무조건 올려놓을 거니까 그 공간을 찾아 들어 가."

그중에서도 가장 호흡이 좋았던 파트너는 2013년부터 2017년까지 수원에서 활약한 산토스다. 염기훈의 손짓과 발짓에 산토스의 몸이 자동으로 반응하는 정도였다. 2017년 5월 3일 포항전에서 합작한 득점이 그랬다. 염기훈이 왼쪽 터치라인에서 시도한 스로인을 산토스가 받아 페널티 박스 안에서 감각적인 슛으로 골망을 갈랐다. 염기훈이 기록한 110개의 도움 중 유일하게 '스로인 도움'으로 남은 장면이다.

"산토스는 크로스든 뭐든 골키퍼와 수비수 사이를 잘 찾아 들어갔다. 내 크로스를 정말로 잘 이해해준 선수다."

수원과의 오랜 동행도 대기록 작성을 가능하게 한 배경이다. 염기훈은 2006년 전북에서 데뷔해 울산을 거쳐 2010년부터 수원에 정착했다. 물론 이렇게 오래 머무는 선수가 될지는 스스로도 몰랐다. 2015년 여름에는 사우디아라비아의 한 클럽으로부터 거액의 연봉(110만 달러 추정)에 이적 제안을 받기도 했다. 염기훈의 회고에 따르면 "경기에서 무얼 시도해도 다 되던 때"다.

당시 서른두 살이었던 염기훈에게는 큰돈을 만질 수 있는 사실상 마지막 기회였다. 염기훈의 에이전트는 아예 사우디로 먼저 건너 가 염기훈의 마지막 선택만 기다리고 있었다. 그때 수원 구단의 마지막 설득과 아내의 한 마디가 염기훈의 선택을 바꿔 놓았다. 구단에서는 은퇴 후 지도자 기회를 제공하겠다고 약속했다. 아내는 "주장인데 시즌 중간에 나가는 건 무책임해 보일 수 있다"고 조언했다. 염기훈은 심장이 움직이는 대로 잔류를 선택했다. 수원과는 3년 6개월이라는 조건으로 장기 재계약을 맺었다.

이후 핵심 공격수이자 주장으로 팀에 기여했음은 물론이다. 그해 10월 4일 광주전에서는 도움으로만 해트트릭을 작성하기도 했다. 통산 71도움으로 신태용의 68도움을 넘어 K리그 역대 최다 도움 기록자가 된 순간이었다. 이후로 염기훈은 도움을 추가할 때마다 자신의 기록을 경신하는 선수가 됐다. 그렇게 K리그 역사의 일부가 되었다.

》'프리킥 깎는' 왼발의 지배자

염기훈의 축구 인생을 압축하면 '왼발'과 '프리킥'이라는 키워드가 남는다. 축구에서는 유독 왼발잡이와 오른발잡이를 구분하는데, 축구가 방향성에 영향을 많이 받는 스포츠이기 때문이다. 왼쪽 윙과 오른쪽 윙이 처한 상황이 다를 수밖에 없고, 왼쪽 수비수와 오른쪽 수비수가 수행하는 전술적 역할도 달라지곤 한다. 오른발잡이에 비해 상대적으로 희소성이 있는 왼발잡이 선수들은 그래서 더 주목 받는다.

염기훈도 그런 선수 중 한 명이다. 왼발로 무수한 드라마를 만들어냈다. 수원삼성 서포터들이 응원가로 쓰는 '염기훈 콜'은 정체성 그 자체다.

"수원의 사나이 염기훈은~ 수원 위해 왼발을 쓸 거야~ 염기훈은 왼발의 지배자!" 공교롭게도 수원의 왼 측면에는 특별한 선수가 많았다. 창단 멤버 고종수부터 염기훈, 홍철, 김민우, 권창훈 등이 대표급 왼발잡이다. 최근에는 이기제가 그 계보를 잇는다. 특히 염기훈과 홍철, 김민우가 함께 활약한 2010년대 후반은 소위 '수원 좌파'의 파괴력이 K리그에서 맹위를 떨친 시절이다. 염기훈은 "그 둘과는 눈만 마주쳐도 모든 움직임이 맞아 떨어졌다"고 했다.

"다른 팀 선수들이 '수원은 왼쪽만 막으면 되잖아'라고 할 때 우리끼리는 '막을 테면 막아 봐'라고 생각했다. 상대가 우릴 막겠다고 수를 써도 우리가 활로를 다 뚫었다. 그 합이 너무 좋고 재밌었다."

염기훈을 상징하는 또 다른 키워드는 프리킥이다. 염기훈은 프로 데뷔 후 줄곧 소속팀의 전담 키커였다. 프리킥으로 골이나 골에 근접한 장면을 많이 만들었다. 프리킥의 감도가 비약적으로 좋아진 것은 2011년 고종수를 만나고서다. 고종수 역시 수원 창단 멤버로 한 시대를 풍미한 왼발의 스페셜리스트였다. 당시 수원의 코치로 염기훈에게 아낌없이 조언을 건넸다

"처음에는 훈련장에서 나 혼자 프리킥 훈련을 했다. 볼을 차고 있으면 클럽하우스 2층에서 누군가가 나를 관찰하는 느낌이 들었다. 고종수 코

치님이었다. 처음에는 숙소 안에서 보시더니 그다음에는 1층으로 내려왔고, 그다음에는 훈련장에서 지켜봤다. 어느 순간부터는 내가 프리킥 훈련을 할 때 같이 나와서 노하우를 전해 주셨다."

이미 왼발 킥에는 일가견이 있는 것으로 평가받던 염기훈이지만, 고종수에게 프리킥을 사사하는 날들은 마치 『방망이 깎던 노인』의 장인과 다를 바 없었다. 고종수 코치는 '킥을 찰 때 휘어지는 각도를 스스로 알아야 원하는 지점으로 넣기 위한 계산이 가능해진다'고 조언했다. 박스 근처에서 킥 훈련을 마무리할 즈음에는 '공을 딱 3개만 놓고 이미지를 그리라'고도 했다. 예컨대 후반 40분대 팀의 마지막 공격 상황에서 프리킥이 주어졌을 경우 어떻게 찰 것인지 같은 구체적 상황을 설정해 놓고 그 감을 익히는 훈련이었다.

그 결과 염기훈은 K리그에서 프리킥으로 가장 많은 득점을 올린 선수가 됐다. 2022년 기준 염기훈의 개인 통산 득점 기록은 77골인데, 이 중 17골을 프리킥으로 성공시켰다. 에닝요와 함께 K리그 통산 프리킥 득점 공동 선두다. 물론 그 17골 모두 왼발로 만들어냈다.

염기훈은 2022년 말 은퇴식을 미루는 것으로 시즌 초의 선언을 번복했다. 대신 플레잉코치가 되어 마지막 현역 생활을 겸하고 있다. 2023년 현재 77골 110도움을 기록 중이다. 축구의 미덕인 협업의 가치를 떠올리게 하는 기록으로 살아 숨 쉬고 있다.

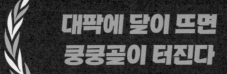

혼란의 계절이었다. 봄이 왔으나 봄이 아니었다(春來不似春). 코로나19 바이러스가 전 세계를 덮쳤다. 팬데믹으로 모든 일상이 멈춰 섰다. 새 시즌 개막 카운트다운에 들어간 K리그는 무기한으로 연기되고 있었다. 프로축구뿐만 아니라 국내 모든 프로 스포츠가 중단됐다. 프로축구와 함께 야구도 개막을 미뤘고, 겨울 스포츠인 배구와 농구의 시즌 막판 운영도 순조롭지 못했다. 우승팀을 가려야 하는 시기에 조기 종료를 선언했다. 한국만의 사정은 아니어서, 세계 대부분의 경기장이 문을 닫았다. 브라질, 독일처럼 감염자가 폭증한 나라에서는 축구장이 환자 수용시설로 활용되기도 했다. 2020년 예정됐던 대형 스포츠 이벤트 모두 기약없이 연기됐다.

한국프로축구연맹은 2월 29일 개막 예정이던 K리그 일정을 전면 수정했다. K리그 개막은 5월 8일로 미뤄졌고 리그 전체 일정도 종전 38라운드에서 27라운드로 축소됐다. 사회적 거리두기 정책에 따라 경기는 무관중으로 치뤄졌다. 1983년 프로축구 출범 이래 관중없이 개막전을 맞이한 건 처음이었다.

함성이 소거된 경기장은 공허했다. 골이 터져도 그 감흥이 예전 같지 않았다. 공을 차는 소리와 골망을 가르는 소리만 메아리가 되어 경기장을 울렸다. 관중이 사라지고 나서야 그들이 90분을 채우는 절대적인 존재였음을 확인했다. 프로 스포츠의 시작이자 마지막은 팬이었다. 코로나 시대에 깨달은 '무관중의 역설'이었다.

관중 부재에 아쉬워하지 않은 팀이 없지만, 그 공백을 가장 크게 느낀 팀은 대구FC였다. 2018년 FA컵 우승으로 창단 이래 첫 타이틀을 챙긴 대구는 2019년 전용구장 DGB대구은행파크를 개장하며 인기 구단으로 도약하는 중이었다. '대팍'으로 불리는 홈구장과 이곳에서 탄생한 응원문화 '쿵쿵골'은 개장 시즌 K리그의 히트상품이 됐다. 이 시기 특히 대팍에서 빛을 발한 선수가 있다. 브라질 출신 공격수 세징야다. 대구 팬들은 그를 '대팍의 왕'이라 부른다.

》》 밈(meme)일지라도, 동상 건립 논의된 최초의 선수

잉글랜드 맨체스터유나이티드의 홈구장 올드트래포드에는 이 팀을 거쳐 간 축구인들의 동상이 있다. 맷 버스비를 비롯해 데니스 로, 보비 찰튼, 조지 베스트, 알렉스 퍼거슨의 동상이 구장을 지킨다. 리즈 유나이티드의 홈구장 엘런 로드에는 빌리 브렘너의 동상이 자리하고, 스웨덴 말뫼에는 즐라탄 이브라히모비치의 동상이 고향 팀의 구장과 함께한다. 공통점은 후대에까지 오래도록 기념할 만한 역사를 만든 인물들이다.

세징야는 K리그에 동상 건립이 논의된 최초의 선수다. 정색할 필요는 없다. 세징야에 대한 팬심을 밈(meme; 유행 콘텐츠)으로 소비하는 것에 불과하니까. 그렇지만 세징야의 공헌도는 우스개가 아니다. 대구가 2부리그에서 1부리그로 승격해 FA컵에서 우승하고, 상위권에서 경쟁력을 보이는 팀이 되기까지 주요 승부처마다 그가 공을 세웠다. 대구가 꿈같은 성장을 거듭하는 동안 세징야는 늘 그 역사의 일부로 존재했다.

세징야와 대구의 첫 인연은 2016년으로 거슬러 올라간다. 당시 2부리그에 있던 대구에 입단해 첫 시즌부터 맹활약했다. 리그 36경기 출전에 11골 8도움을 기록했다. 이후로 매 시즌 20개 안팎의 공격 포인트를 만들었다. 득점과 도움에 모두 능한 공격 센스로 기복 없는 활약을 펼쳤다. 상대 수비를 헤집고 농락하는 드리블과 정교한 프리킥이 그의 무기였다.

특히 2019년 '대팍'이 개장한 후로 세징야의 프리킥은 관중을 결집시키는 신호가 되었다. 세징야가 상대 진영에서 프리킥을 차기 위해 호흡을 가다듬을 때면 관중석에서 바닥을 구르는 '쿵쿵' 소리와 함께 '골!'이라는 거대한 함성이 경기장에 진동했다.

2020년 9월 16일 세징야가 대기록을 작성한 현장은 그래서 더 아쉬웠다. 이날 세징야는 성남을 상대로 전반 10분 데얀의 골을 어시스트한 데 이어 37분에는 역으로 데얀의 도움을 받아 골을 기록했다. 1골 1도움으로 팀의 3-2 승리를 이끈 활약상도 순도 높았지만, 그것으로 끝이 아니었다. 이날 도움을 추가하며 K리그 통산 55골 40도움을 기록한 세징야는 40-40 클럽에 가입했다. K리그 역대 21번째 가입자이자 외국인 선수로는 데니스(성남), 에닝요(전북), 몰리나(서울), 데얀(당시 수원)에 이은 역대 다섯 번째였다. 하지만, 세징야가 40-40에 성공하고 팀이 승리를 했어도 함께 어울려 축하할 팬들이 없었다.

이날의 아쉬움은 2년 뒤 풀었다. 5월 22일 강원과의 홈경기에서 50번

째 도움을 올리고 50-50 클럽에 가입했다. 이번에는 팬들이 함께했다. 관중석에 'LONG LIVE THE KING 대팍의 왕 만세'라는 플래카드가 펄럭였다. 세징야는 경기 후 공식 인터뷰를 통해 "그 플래카드를 보고 기분이 무척 좋았다"면서 "오랫동안 왕이 되어 달라는 의미 같다. 그걸 감당할 수 있는 그릇이 되겠다"라고 말했다.

세징야는 두 차례 재계약을 통해 K리그에서 장수하는 외국인 선수가 됐다. 대구와 함께 절정의 기량을 보이던 시기 중동과 중국 등 거액을 제시하며 이적을 제안한 클럽도 있었다. 그러나 세징야의 선택은 대구 잔류였다. 구단이 그에게 은퇴 후 지도자의 길을 제시했고, 세징야는 단순한 계약 관계를 넘어 팀에 대한 애정으로 남았다.

조광래 대구 사장은 세징야를 두고 "대구와 함께 성장한 선수"라면서 "세징야처럼 훈련 태도가 성실하고 팬들에게 항상 감사하는 마음을 표현하는 자세를 가진 선수는 K리그에서 성공할 수 있다"라고 평했다.

세징야는 2022시즌 중반부터는 주장 완장을 차고 있다. 그가 처음 한국에 왔을 땐 그저 한 명의 축구선수였지만, 이제는 대구라는 도시의 아이콘 중 하나로 인정받는다. 이쯤이면 '동상 밈'을 즐기는 대구 팬들의 마음을 이해할 수 있다.

》》 '쿵쿵골'은 어떻게 탄생했나

DGB대구은행파크는 2019년 개장과 동시에 K리그의 명물이 됐다. 그러나 전용구장으로 완공되기까지 작업은 길고도 신중했다. 앞서 홈구장으로 활용하던 대구스타디움은 프로축구 팀이 쓰기에는 지나치게 컸다. 시 외곽에 위치해 접근성도 떨어졌다.

2016년 행정가로 대구FC에 부임한 조광래 사장은 "관중들이 축구의 묘미를 경험할 수 있는 축구전용구장"을 확보하고 싶었다. 시민들이 즐겨 찾을 수 있으려면 도심에 위치해야 했다. 재개발 계획이 있던 대구시민운동장 부지가 눈에 들어왔다. 대구시에 종합운동장을 축구전용구장으로 리모델링할 수 있도록 설득 작업을 펼쳤다.

전용구장으로 짓는 데 이견을 보이는 시선도 있었지만 "축구를 통한 구단 운영"을 철학으로 내세워 그 당위를 설명했다. 수 차례 공청회와 토론회를 거쳐 대구 시민들의 의견을 수렴하고 시의회를 설득했다. 축구에 관심이 많은 시장과 축구인 출신 사장의 진심이 맞닿았다. 결국 시와 시민사회의 동의를 끌어내는 데 성공했다. 경기장명칭권과 운용권도 획득했다.

전용구장 설계 단계에서 조광래 사장은 건축가와 함께 미국, 독일 등을 다니며 경기장을 견학했다. 여러 경기장을 직접 둘러보고 얻은 지식으로 설계 단계에서부터 최적의 시야각을 결정했다. 조광래 사장은 "유럽 축구장에서는 내려보는 각도로 지어야 한다는 것을 알게 됐다. 공이 관중 시야 밑에 있기 때문이다"라고 설명했다. 관중석과 그라운드 사이도 7미터에 불과하다. 지붕도 올렸다. 지붕은 비나 눈처럼 악천후를 대비한 시설인 동시에 관중들의 집중력을 높이는 기능도 한다. 지붕을 올리는 데만 100억원이 투입됐다. 압권은 관중석 바닥에 알루미늄판을 깐 것이었다. 미국의 미식축구(NFL) 경기장에서 힌트를 얻었다. 관중들이 발을 구를 때마다 알루미늄 바닥을 통해 응원 소리의 역동성이 배가되도록 만들었다.

"NFL 경기장에서 보니까 박수만으로는 채우지 못하는 진동이 알루미

늪 바닥을 통해 느껴졌다. 나도 그곳 관중들을 따라 해봤는데 배까지 울리면서 신이 났다. 건축가는 '우리나라에서는 위험해서 안될 것'이라고 걱정했다. 한국에 돌아오자마자 안전성을 문의해 봤다. 여러 점검 과정을 통해서 문제가 없다는 답을 받았다. 이 경기장 특성을 살리는 발 구르기 응원이 나올 수 있도록 팬들과도 의논했다. 그게 '쿵쿵골'이다. 밤에 들으면 더 난리나는 소리다."

2019년 3월 DGB대구은행파크가 개장했다. 제주와의 개장 경기에 전석이 매진됐다. 만원 관중 앞에서 대구는 2-0으로 승리했다. 조광래 사장은 "수많은 굴곡이 있던 삶이었지만, 그 어느 때보다 가슴 먹먹한 순간이었다"라고 회고했다. 시작일 뿐이었다. 그해 대구는 9차례 전석 매진 신화를 쓰며 평균관중 1만 시대를 열었다. 2012년 국내 최초의 시민구단을 탄생시킨 지역임에도 오랫동안 축구 불모지로 여겨진 대구는 '대팍 시대'와 함께 K리그의 중심에 섰다.

세징야는 언젠가 축구화를 벗고 팀과 함께 써 내려간 역사에 마침표를 찍게 될 것이다. 대팍 시대를 열고 팀의 철학과 문화를 새로 정립한 조광래 사장의 임기도 언젠가는 끝날 수밖에 없다. 그래도 경기장은 팬들과 함께 남는다. 대팍에 새로운 전설이 나타나고 새 역사가 쓰일 때마다 '쿵쿵골'의 함성이 그라운드를 돌고 돌 것이다. 그때 K리그는 에두아르도 갈레아노가 『축구, 그 빛과 그림자』에서 스타디움에 전한 헌사를 우리의 것으로 떠올릴 수 있을지도 모른다. "부에노스아이레스의 라봄보네라에서는, 반세기 전의 북소리로 인한 진동이 아직도 느껴진다…… 밀라노에서는 주세페 메아차의 환영이 자신의 이름을 딴 스타디움을 뒤흔드는 골을 계속해서 넣고 있다."

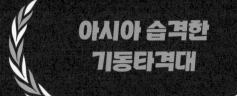

포항스틸러스 경기가 있는 날이면 서포터스 존에 등장하는 걸개가 있다. 이런 문구가 쓰여있다.

'족보 없는 축구는 가라'

월드컵 스타의 이적료가 얼마이며 리그 내 연봉 킹이 누구인지가 더 큰 관심사로 다뤄지는 세상에서 족보 운운이라니, 너무 시대착오적이지 않은가. 그런데 이 유물과도 같은 격문은 종종 종교에 가까운 믿음을 만든다. 돈과 힘의 논리가 지배하는 현실을 비틀 때다.

2021시즌 포항은 또 한 번 통념을 깨는 성과를 냈다. 중하위권 정도로 평가되던 전력으로 AFC 챔피언스리그 결승에 올랐다. 저 족보에 담긴 팀의 역사와 정체성을 빼놓고는 설명하기 힘든 성취다. 2010년대 이후 포항은 소위 '스타빨'을 기대할 수 없는 팀이 됐다. 모기업 포스코의 지원으로 넉넉하게 팀을 꾸리던 것도 옛일이다.

한국프로축구연맹이 2022년 기준으로 공개한 'K리그 연봉 지출 현황'에 따르면 포항 구단이 선수들에게 쓰는 금액은 약 77억 원이었다. K리그 1에서 가장 많은 투자로 팀을 운영하고 있는 전북현대(약 197억 원)의 절반 수준이다. 몸값만으로 전력을 셈하거나 선수의 능력을 평가한다면 포항의 자리는 순위표 바닥권이 어울릴지 모른다. 2021년 전북이 통산 9번째 리그 우승에 성공하면서 이런 믿음은 더욱 공고해졌다. 전북은 2017년부터 5년 연속 타이틀을 유지하며 완전히 새로운 이정표를 세운 참이었다.

전북의 '절대왕정' 시대에 반기를 든 팀이 포항이었다. 포항은 김기동 감독이 부임한 2019년부터 K리그와 아시아 무대를 넘나들며 전력 이상의 성과를 냈다. 2019년 K리그1 4위, 2020년 K리그1 3위, 2021년 AFC 챔피언스리그 준우승, 2022년 K리그1 3위로 꾸준히 호성적을 유지했다. 그중에서도 2021년 아시아 무대 정상 도전기는 이변과 파란의 연속이었다. 김기동 감독을 필두로 골리앗 잡는 다윗이 된 포항에 '기동타격대'라는 수식어가 붙었다.

》 결핍을 창의적으로 바꾸는 리더십

2021년 11월 K리그를 대표해 AFC 챔피언스리그 결승에 오른 팀은 포항이었다. 시즌 초반의 전망을 떠올리면 놀라운 성과였다. 전년도 팀의 주축으로 활약했던 선수 다수가 다른 팀으로 이적하고 입대했기 때문이다. 아시아무대 도전은커녕 조직력을 기대하기도 어려웠다.

그런 포항을 도운 것은 뜻밖에도 코로나19 팬데믹이라는 특수 상황이었다. 세계 각국이 거리 두기를 시행하던 때였다. AFC는 '코로나 버블' 시스템으로 챔피언스리그를 진행했다. 홈 앤드어웨이로 경기를 치르던 종전과 달리 한곳에서 경기를 몰아 치르는 방식이었다. 스테이지별로 안전 권역을 지정해 일정 기간 동안 선수단 및 관계자들의 동선을 제한했다.

포항은 태국 방콕에서 진행된 조별리그를 통해 조직력을 극대화했다. 김기동 감독은 6월 22일부터 7월 7일까지 2주 남짓 이어진 조별리그를 사실상 합숙훈련처럼 활용했다. 팀 전체가 같은 시설에서 밥을 먹고 훈련하고 경기에 나섰다. 팀당 6경기씩, 사흘 간격으로 진행하는 일정이었다. 자연스럽게 조직력이 생기고 전술 수행에도 완성도가 높아졌다. 새로 합류한 선수들과 신예들이 이 기간 동안 적응을 끝냈다. 시즌 초반 어수선했던 분위기가 정돈됐다.

장거리 원정을 오가는 피로감 없이 조별리그를 통과했다. 녹아웃 스테이지에서도 집중력을 발휘했다. 단판으로 진행되는 토너먼트에서는 전력 싸움보다 기 싸움과 그 대처에서 승부가 갈리곤 한다. 16강 원정에서 세레소 오사카를 제압하고 돌아온 포항은 좀 더 편한 마음으로 8강전을 준비할 수 있게 됐다. 동아시아 8강전과 4강전이 전주에서 열렸기 때문이다. 나고야 그램퍼스와 8강전에서 전주를 사실상 안방처럼 쓴 포항은 3-0으로 완승했다.

4강 대진은 하필 K리그에서도 오랜 기간 얽히고설킨 악연의 라이벌전이었다. 전주월드컵경기장에서 포항과 울산의 '동해안 더비'가 열리는 진풍경이 연출됐다. 라이벌전답게 90분 동안 한 골씩 주고받으며 팽팽한 균형을 유지했다. 승부차기로 돌입한 경기에서 웃은 팀은 포항이었다. 울산의 첫 키커 불투이스가 실축한 반면 포항은 임상협부터 권민규, 김성주, 전민광, 강상우가 모두 슈팅에 성공했다. 승부차기 5-4, 포항의 극적인 승리였다.

정상으로 향하는 여정 내내 김기동 감독의 리더십이 두드러졌다. 선수로, 코치로, 결국에는 감독으로, 포항이 추억하는 수많은 명승부의 현장에 늘 그가 있었다. 김기동 감독은 온몸으로 체화한 암묵지를 기반으로 디테일한 분석을 더해 유리한 싸움을 만들었다. 아쉬운 살림, 한정된 자원, 늘어나는 부상자를 두고 가용 자원의 효율성을 극대화했다. 김기동 감독은 "우리 한계를 의식하기보다 어떻게 하면 상대를 힘들게 할 수 있을까 그 지점에서 고민이 시작된다"고 말했다.

결핍은 창의성을 낳기도 한다. 창의성은 이미 가진 것을 활용하는 법을 깨치는 데서 나온다. 포항은 아시아 무대에서 변칙 포메이션을 적극적으로 활용했다. 센터백이 풀백의 임무를 맡고, 풀백은 윙어로 올라서거나 중앙 미드필더 역할을 대신했다. 2선 미드필더가 최전방에 나서는 제로톱 전술도 썼다. 힘과 힘이 부딪칠 때는 스피드로 공략하고, 압박이 예상되는 자리에는 활동량과 볼 소유가 좋은 선수를 통해 대응했다.

비단 2021년만의 일은 아니다. 매 시즌 핵심 선수가 다른 팀으로 이적해도 김기동 감독은 늘 새로운 스타를 만들어낸다. 포항 관계자가 "이 성적을 유지하는 건 전적으로 감독의 힘"이라고 인정할 정도다. 그런가하면 선수들과 격의 없이 소통하는 친근한 감독이기도 하다. 선수들과 교감하고 그들의 장점을 끌어내는 능력이 탁월하다. 그 자신이 고졸 선수로 프로에 데뷔해 마흔 살 넘어 노장으로 K리그를 누빈 경험이 있기에 가능한 일이다.

다시 2021년으로 돌아가면, 12년 만에 아시아 왕좌 탈환에 나선 포항의 도전은 준우승으로 막을 내렸다. 알힐랄(사우디아라비아)의 홈에서 킥오프 20초 만에 선제골을 허용하면서 사실상 승부가 갈렸다. 후반 17분

에는 바페팀비 고미스에 또한 골을 내줬다. 끝까지 분투했으나 승부를 뒤집지는 못했다. 결과는 아쉬웠지만 결승까지 보여준 포항의 변칙 전술과 응집력은 박수 받기에 부족함이 없었다. 의심과 낙심이 판치는 현실에서, 스스로를 믿는 이들의 가능성이 어떤 역사를 만들어내는

지 보여준 여정이었다.

》꾸준함으로 완주하는 '보통의 선수'에 관하여

김기동은 현역 시절 K리그에 새로운 이정표를 세운 인물이기도 했다. 2011년 10월 22일, 포항과 전남의 경기에서 포항 유니폼을 입고 통산 500경기 출장의 대기록을 작성했다. 500경기 출전 기록이 새삼스러운 것은 아니었다. 이미 2년 전 김병지가 먼저 밟은 고지였다. 그럼에도 김기동의 기록과 그 가치가 주목을 받은 것은 필드 플레이어였기 때문이다.

포지션 특성상 골키퍼는 주전으로 낙점 받으면 비교적 꾸준히 출전 기회를 보장 받는 편이다. 그에 비해 필드 플레이어는 경쟁의 연속이다. 감독에 따라, 전술에 따라 그 활용도가 달라지기 마련이라 출전 횟수를 유지하기 쉽지 않다. 특히 김기동처럼 전방위로 움직이는 미드필더의 경우, 활동량을 뒷받침하는 체력이 없으면 중용되기 어렵다. 체력도 한결같을 수는 없다. 나이가 들수록 신체 능력은 떨어질 수밖에 없다. 일정 수준의 경기력을 유지하면서 대기록을 만들기까지 김기동이 얼마나 치열하게 살아왔는지 가늠할 수 있는 대목이다.

이런 성실성은 당시 포항 사령탑이었던 황선홍 감독의 마음에도 닿았다. 김기동이 현역 생활 막바지에 기록을 쌓을 수 있었던 것은 감독의 배려 덕분이었다. 당시 김기동은 주전으로 뛰기보다 벤치에서 머무는 시간이 더 많았다. 황선홍 감독은 그에게 짧은 시간이라도 계속 뛸 수 있도록 기회를 줬다. 이런 말로 의미를 부여했다. "김기동은 타 선수들에게 귀감이 되는 선수다. 평소 훈련하는 모습이나 태도를 보면 도와줄 수밖에 없는 성품을 갖고 있다. 이런 선수를 예우하지 않을 수 없다."

김기동은 1991년 포항에 입단해 2011년 포항에서 은퇴했다. 프로 데 뷔의 꿈은 1993년에 이뤄졌다. 유공으로 이적해 박성화 감독으로부터 출전 기회를 받았다. 이후 평생의 은인인 발레리 니폼니시 감독을 만나면서 만개했다. 러시아 출신의 니폼니시 감독은 후대에 오랫동안 회자할 '황금의 미드필드진'으로 한국프로축구에 충격을 안긴 지도자였다. 백포라인을 기반으로 미드필드에서 아기자기하게 풀어나가는 패스 위주의 축구를 구사했다.

허리에서 유기적으로 움직이며 간결하고 섬세하게 풀어가는 패스플레이가 핵심이었다. 피지컬과 속도 중심의 축구에 익숙했던 팬들은 부천 (유공)이 펼치는 기술축구를 흠모하게 됐다. 스스로 "키도 작고 체격도 보잘 것 없던 선수"라고 했던 김기동은 그렇게 그라운드 위에서 거인이 될수 있었다. 훗날 지도자가 되어 진흙 속에서 진주를 찾아내는 눈을 갖게 된 배경이다.

김기동은 필드 플레이어로 20년간 장수했다. 그 비결로 "다른 이들의 그늘에 가려지거나 2인자 역할을 하는 것에 스트레스를 받지 않았다"면 서 "축구화를 신고 뛴다는 것 자체에 행복을 느꼈다"고 말했다. 선수 생활 황혼기에는 "나이 들수록 경기장에서 보이는 게 더 많고 축구를 하는게 더 즐거워진다"고도 했다. 많게는 15년 이상 나이차 나는 후배들과 뛰면서도 지치거나 뒤지지 않았던 이유다.

김기동은 K리그에서 뛰는 대다수 '보통의 선수'들을 상징한다. 꾸준히 그리고 성실하게 쌓은 하루하루는 언젠가 역사가 된다. 온몸으로 K리그를 살아낸 김기동이 그 증거다.

K LEAGUE LEGEND 40

이청용

2022

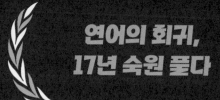

연어의 회귀,
17년 숙원 풀다

2019년 여름 구자철을 인터뷰했다. 2018-19시즌 독일 분데스리가를 마치고 휴식기를 맞은 그는 처가가 있는 제주에서 '놀멍쉬멍(놀면서 쉬면서)' 시간을 보내는 중이었다. 2018 러시아월드컵을 끝으로 사실상 국가대표팀에서 은퇴했지만 아직은 선수로서 한창인 때였다. 인터뷰 말미 구자철은 두 눈이 번쩍 뜨이는 이야기를 슬쩍 흘렸다. K리그 복귀에 관한 속내였다.

"좋은 기회가 되면 K리그로 돌아오고 싶어요."

진심이냐고 묻자 주저 없는 답이 돌아왔다.

"저는 K리그에서 기회를 받았고, 성장했고, 독일까지 갈 수 있었어요. 그래서 K리그를 사랑해요. 더 성장하는 무대가 되면 좋겠고요. K리그가 정체되지 않았으면 해요."

이듬해 2월 기성용과 이청용의 K리그 복귀설이 나왔을 때, 구자철을 떠올렸다. 구자철은 말했다. "성용이나 청용이와 자주 얘기해요. 우리가 아직 잘 뛸 수 있을 때 K리그로 돌아와서 보여주자고."

약속대로 세 선수는 차례로 K리그에 복귀했다. K리그에서 성장해 K리그에서의 활약을 발판으로 더 크고 넓은 무대로 나갔던 이들은 마치 연어의 회귀처럼 K리그로 돌아오는 길을 택했다. 2020년 '쌍용'이 먼저 움직였다. 이청용이 독일 보훔을 떠나 울산현대로 향했고, 기성용은 뉴캐슬 유나이티드와 계약을 해지한 뒤 친정팀 FC서울로 복귀했다. 2년 뒤에는 구자철이 제주유나이티드에 합류했다. 한 시절 한국축구를 끌고 간 스타들의 복귀에 K리그가 들썩였다.

그리고 2022년, 세 선수 중 한 명이 K리그1 시상식에서 가장 찬란하게 반짝이는 별이 됐다. 이청용이었다.

》》 이청용 리더십, '원팀' 울산의 구심점

2022시즌 K리그1 우승팀은 울산현대였다. 무려 17년의 기다림 끝에 되찾은 우승컵이었다. 이청용은 울산의 주장으로 팀 우승을 견인했다. K리그1 각 구단 감독과 주장, 미디어 투표로 선정되는 시즌 MVP 주인공도 이청용이었다. 시상대에서 트로피를 손에 쥔 이청용은 정작 다른 선수들의 이름을 거론했다.

"이번 시즌 좋은 활약을 보여준 김진수, 신진호, 김대원이 나보다 더 MVP 자격이 있었다고 생각한다. 무엇보다 우리 팀에서 이 상에 제일 잘 어울리는 선수는 가장 많은 골과 도움을 기록한 엄원상이다. 내 개인적인 생각으로 MVP는 엄원상이다."

가장 높은 자리에서 자신을 낮추고 공을 돌린 이청용이었지만, 그의 말과 달리 실제 활약상은 그다지 겸손하지 않았다. 이청용은 2022년 K리그1 35경기에 출전했다. 3골 2도움이라는 공격포인트 기록은 다소 평이해 보이지만, 라운드별 베스트 일레븐에 8차례나 선정됐을 정도로 맹활약했다. 공격포인트가 없던 날에도 최고의 활약을 펼쳤다는 의미다.

이청용이 볼을 잡아 앞으로 건네면 대부분 울산에 결정적인 득점 기회가 났다. 중앙이 밀집되어 있으면 측면으로 볼을 뿌리고, 공간이 보이지 않으면 스스로 볼을 몰고 전진했다. 울산 공격에 창의를 불어넣는 움직임이었다. 공격지역에서의 패스 횟수는 497회에 달했는데, K리그 전체 미드필더 중 두 번째로 높은 수치였다. 문전에서 볼 관여가 많았다는 것은 그만큼 위협적인 기회를 많이 만들어내는 선수였다는 의미다.

활동 범위도 넓었다. 공격 2선에서뿐만 아니라 중앙 미드필더에 가까운 역할을 소화했다. 경기 중 팀 상황에 따라 윙백 자리로 내려 앉아 공수를 모두 지원하거나 방향을 전환하며 흐름을 주도하기도 했다. 이청용은 바코, 아마노 준과 함께 적극적으로 연계 플레이를 펼쳤다. 울산이 볼을 점유하는 시간을 늘리면서 점진적으로 공격을 전개하는 색깔을 갖게 된 배경이다. 수비에도 기여했다. 전방 압박과 수비 가담 등 몸을 사리지 않는 플레이로 종횡무진 활약했다.

무엇보다 부드러운 리더십으로 팀의 조직력을 끌어올렸다. 홍명보 감독은 시상식에서 엄원상에게 공을 돌린 이청용의 수상 소감을 두고 "그것이 바로 이청용의 리더십"이라고 말했다. 이청용은 십대 시절이던 2004년 프로에 데뷔해 2008년 국가대표에 발탁됐다. 2010년, 2014년 월드컵도 경험했다. 잉글랜드 프리미어리그에 진출해 전성기를 보낸 뒤 독일 무대까지 경험했다. 이런 커리어를 가진 베테랑이 겸손의 옷을 입었다. 국가대표 선수들이 즐비한 울산이 '팀'으로 뭉칠 수 있었던 이유다. 좋은 선수란 각성하게 만드는 선수다. 2022년 울산에서 이청용은 그런 존재였다.

》 역학 관계 뒤집힌 울산 우승 스토리

2022시즌 K리그1에서 두드러진 특징은 역학 관계의 역전이었다. 울산이 전북을 누르고 17년 만에 리그 우승컵을 들어올렸고, 만년 강등 후보였던 인천유나이티드와 강원FC가 파이널A(상위 6팀)에 진입했다. 예상을 깨고 파이널A로 올라선 팀이 있다는 말은 상위권에서 싸워야 할 팀이 파이널B(하위 6팀)으로 떨어졌다는 이야기다. 수원삼성과 FC서울이 대표적이다. 최고 스타들을 보유하고 리그를 양분하며 막강한 전력으로 해마다 우승권에서 경쟁하던 라이벌 구도도 옛일이 됐다. 앞서거니뒤서거니 탈 강등 싸움을 벌이는 동반자 처지였다. 결국 수원은 승강 플레이오프까지 내몰렸다. K리그2 안양을 만나 생존을 건 싸움을 벌인 끝에 가까스로 잔류하는 것으로 유쾌하지 않은 새 역사를 썼다.

그러나 2022시즌의 대미를 장식한 팀은 역시 울산으로 기억될 것이다. 2022년 10월 8일, 울산월드컵경기장에서 벌어진 현대가 더비가 백미였다. 선두 울산과 2위 전북의 35라운드 맞대결. 전북이 맹렬한 추격으로 승점 5점차까지 따라붙은 상태였다. 만약 이 경기에서 전북이 승리한다면 남은 세 경기 결과에 따라 역전 우승도 가능했다. 앞서 3년 동안 전북이 정상에 올랐던 길과 비슷한 시나리오였다. 반대로 울산의 과제는 단 하나였다. '가을 트라우마'를 극복해야 했다. 2019년부터 3년 연속 막판에 미끄러지면서 전북에 역전 우승을 헌납하다시피 했던 울산이었다. 우승컵의 향방이 정해지는 경기이자 K리그 최고 빅매치를 보기 위해 21,459명의 관중이 몰렸다. 시즌 최다 관중이었다.

그리고 울산은 홈구장에서 역사를 만들었다. 전북을 2-1로 누르고 우승을 확정 지었다. 단순한 승리가 아니었다. 90분 경기는 추가시간의 클

라이맥스를 위한 빌드업에 불과했다. 치열한 공방을 주고받던 초반 선제
골을 넣은 팀은 전북이었다. 전반 33분 백승호의 코너킥이 송민규를 거
쳐 바로우의 왼발슛으로 이어졌다. 전북이 먼저 환호했다. 반격에 나선
울산의 공격은 풀릴 듯 풀리지 않았다. 설영우, 이청용, 엄원상의 슈팅은
번번이 골키퍼에 걸리거나 골대를 맞고 나갔다. 페널티킥이 선언됐다가
VAR 판독으로 취소되기도 했다. 그럴 때마다 문수구장에는 관중들의 탄
식이 길게 번졌다.

흐름을 바꾼 것은 홍명보 감독의 교체 카드였다. 교체 출전한 마틴 아
담이 후반 51분 추가시간에 페널티킥으로 동점골을 터뜨렸다. 승리로 경
기를 끝낼 수 있었던 전북은 찬물을 뒤집어쓴 분위기였고, 반대로 울산
은 순식간에 뜨거워졌다. 추가시간의 추가시간이 적용된 후반 54분, 이
번에도 마틴 아담이었다. 이규성의 코너킥을 헤더로 마무리했다. 극적인
역전승이었다.

승점차를 8점으로 벌린 울산은 이제 남은 경기에서 1승만 추가해도
우승을 확정할 수 있었다. 오차는 없었다. 다음 상대였던 강원에 2-1로
승리하며 정상에 올랐다. 2005년 이후 17년 만에 맛본 감격이었다.

지난 3년과 비교해 울산이 가장 달라진 점은 우승 열망을 현실로 만
들어내겠다는 선수들의 멘탈 변화였다. 목표를 향해 흔들림없이 나갈 수
있도록 만든 이는 홍명보 감독이었다. 선수단 내부에서 나온 목소리였다.
이청용은 "감독님이 오신 뒤로, 약점이었던 멘탈 문제가 좋아졌다. 선수
들이 확신을 갖고 한 방향으로 나아간다"라고 말했다.

울산에는 스타플레이어가 많다. 공격진의 이청용과 엄원상부터 골문
의 조현우에 이르기까지, 전 포지션에 걸쳐 국가대표 혹은 대표급 선수

들이 즐비하다. 개성 넘치고 자의식 강한 선수들을 하나로 결속시키기는 쉽지 않다. 과거 울산의 약점으로 지적된 문제이기도 했다. 이런 면에서 홍명보라는 이름은 그 자체로 특효가 있었다.

한국 축구의 신화를 이끈 선수 시절부터 연령별 대표팀을 거친 지도자 경험, 행정가(대한축구협회 전무이사)로 쌓은 실무 감각까지 두루 갖춘 그의 말은 권위를 갖는다. 특히 짧고 강렬한 메시지를 통한 동기부여에 능하다. 구단 자체 제작 다큐멘터리 〈푸른 파도〉를 보면 시즌 내내 감독이 전달하는 팀 토크가 선수들을 어떻게 자극하고 결집시키는지 확인할 수 있다. 감독과 선수 사이 신뢰가 전제되어야 함은 물론이다.

전북과 맞대결에서도 이런 메시지를 전달했다고 한다. "오늘 홈 관중 2만 명 넘게 온 것 봤어? 우리가 더 나은 경기력을 보여야 할 이유야. 다른 사람이 아닌 여러분이, 울산이 주인공이어야 해."

선수들은 자신을 믿는 리더를 따른다. 이날 울산은 전북에 선제골을 허용하고도 후반 추가시간 연속골에 성공하며 2-1 역전승을 거뒀다. 마지막에 승부를 뒤집는 힘은 대체로 정신력에서 나오고, 2022년 울산은 역전으로 챙긴 승리가 많았다.

더불어 울산 구단의 세심하고 공격적인 마케팅에 팬심이 응답하기 시작했다. 울산은 2022시즌 관중 동원에서 평균관중수 8,743명으로 리그 2위에 올랐다. 1위 서울(8,786명)에 아주 근소한 차이로 밀렸을 뿐이다. 리그에서 우승한 뒤에는 큰 폭으로 상승했다. 2023년 5월 기준으로 울산의 평균관중수는 무려 16,982명이다. 울산 역사의 다음장에는 축구가 일상의 문화로 자리잡은 이야기가 새로 쓰일지도 모른다.

에필로그

축구는 인물로 기억된다고 믿는 편이다. 우리가 축구의 역사에서 특정한 시기를 떠올릴 때, 그것은 한 사람의 재능과 개성 혹은 그가 만들어낸 위업과 동의어일 때가 많기 때문이다. 『K리그 레전드 40』은 그런 선수들에 관한 이야기를 담았다. 프로축구사에 '처음'의 기쁨을 안겨준 선수들, 다시없을 대기록을 만든 선수들, 독특한 개성으로 즐거움을 안긴 선수들의 이야기를 나누고 싶었다. 이들의 이야기가 개인의 성공으로 머물지 않고 후대에도 영감이나 영향력을 끼치는 기억이 되면 좋겠다고 생각했다.

2013년에 나온 『K리그 레전드』가 '스타'에 초점을 맞춘 것이라면, 이번에는 좀 더 다양한 관점으로 K리그를 추억하고 싶었다. 광양의 축구열기(노상래), 하부리그 출신 늦깎이 스타(김영후), 시·도민구단에서 경험할 수 있는 기적(정조국, 말컹, 세징야), K리그가 품은 자이니치(정대세) 이야기 등을 추가했다. 초판에 등장한 인물 중에서도 2013년 이후 성과가 더 두드러지는 인물은 타임라인을 재배치해 내용을 수정했다. 선수는 아니었지만, K리그 발전에 큰 영향을 끼친 이들도 함께 다루었다.

대부분 「포포투」 시절 진행한 인터뷰에 추가 취재를 통해 정리한 내용이지만, 「시사IN」 등 여러 매체에 쓴 글을 다시 손보기도 했다. 마감 작업에 선뜻 동참해준 후배 정재은은 든든한 지원군이었다. 이재성 편 원고를 직접 쓰고 마감 전반에 '특급 어시스트'를 보내왔다. 더불어 이 책은 브레인스토어의 인내 덕에 세상에 나왔다. 마감 일정을 훌쩍 넘긴 필자의 불성실을 견뎌준 홍정우 대표와 축구에 진심인 김다니엘 편집자, 이예슬 디자이너에게 감사의 마음을 전한다.

무엇보다 이 책의 처음이자 끝인 레전드들께 감사하다. 그들의 땀에 빚져 완성한 책이다. 축구팬들에게 그들의 이야기를 전할 수 있어서 행복하다.